U0128203

客家研究
Hakka
Studies

叢書主編：蕭新煌 教授

本書由國立中央大學海外客家研究中心
及巨流圖書股份有限公司共同策劃出版

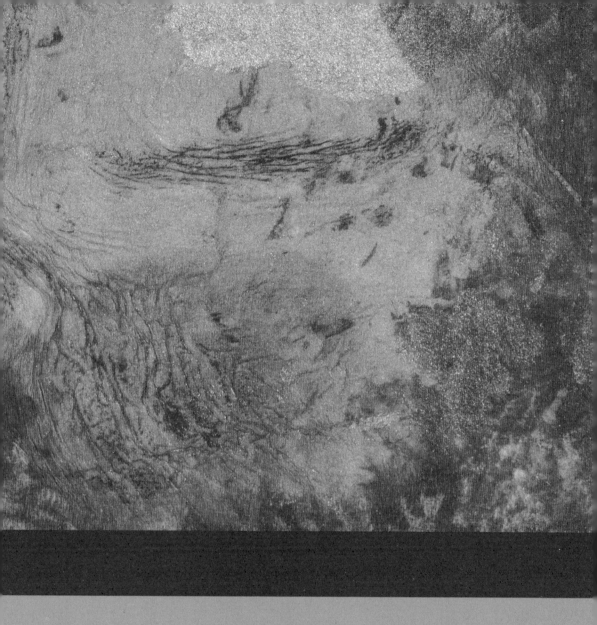

東南亞客家族群性
的多樣展現

蕭新煌、張翰璧　主編

巨流圖書公司印行

國家圖書館出版品預行編目（CIP）資料

東南亞客家族群性的多樣展現 / 蕭新煌, 張翰璧, 白偉權, 張書銘, 陳琮淵, 張容嘉, 黃信洋, 劉瑞超作；蕭新煌, 張翰璧主編. -- 初版. -- 高雄市：巨流圖書股份有限公司, 2024.08
　面；　公分
ISBN 978-957-732-720-8(平裝)
1.CST: 客家 2.CST: 族群問題 3.CST: 區域研究 4.CST: 文集 5.CST: 東南亞
536.21107　113010515

東南亞客家族群性的多樣展現

主　　　編　蕭新煌、張翰璧
作　　　者　蕭新煌、張翰璧、白偉權、張書銘、陳琮淵、張容嘉、黃信洋、劉瑞超
發 行 人　楊曉華
編　　　輯　邱仕弘
封 面 藝 術　李宇香（Yu-Hyang Lee）
封 面 設 計　毛湘萍
內 文 排 版　弘道實業有限公司

出 版 者　巨流圖書股份有限公司
　　　　　　802019 高雄市苓雅區五福一路 57 號 2 樓之 2
　　　　　　電話：07-2265267
　　　　　　傳真：07-2233073
　　　　　　購書專線：07-2265267 轉 236
　　　　　　E-mail：order1@liwen.com.tw
　　　　　　LINE ID：@sxs1780d
　　　　　　線上購書：https://www.chuliu.com.tw/
臺北分公司　100003 臺北市中正區重慶南路一段 57 號 10 樓之 12
　　　　　　電話：02-29222396
　　　　　　傳真：02-29220464
法 律 顧 問　林廷隆律師
　　　　　　電話：02-29658212

刷　　　次　初版一刷 · 2024 年 8 月
定　　　價　500 元
I S B N　978-957-732-720-8（平裝）

主編簡介

蕭新煌

美國紐約巴法羅大學（The University at Buffalo）社會學博士。現任中央研究院社會學研究所兼任研究員、國立中央大學客家研究講座教授、國立暨南大學榮譽講座教授、臺灣亞洲交流基金會董事長、國立政治大學東南亞研究中心執委會主席、總統府資政。最新的客家研究相關出版，包括《三分天下：台灣客家族群政治的轉型》（合著，2023，巨流）、《客家飲食文化的跨國經驗》（合編，2023，客委會客發中心）、《台馬客家帶的族群關係：和諧、區隔、緊張與衝突》（合編著，2022，中大出版中心）、《海外客家研究的回顧與比較》（合編，2021，中大出版中心）、《臺灣的海外客家研究》（合編，2021，巨流）。

張翰璧

德國 Bielefeld 大學社會學博士。現任國立中央大學客家語文暨社會科學學系特聘教授、中央研究院亞太區域研究專題中心合聘研究員。學術專長為族群與多元文化、性別與客家婦女、族群經濟、東南亞客家研究。曾出版過《東南亞客家及其族群產業》、《東南亞女性婚姻移民與臺灣客家社會》等書籍數十篇文章。研究領域集中在東南亞客家、客家女性、客家族群產業等議題。最近幾年的研究聚焦在東南亞（主要在馬來西亞）和台三線的客家聚落，希望可以透過學科和跨地域的比較研究，建構族群空間的概念。

作者簡介
（按章次排序）

白偉權

馬來西亞華裔，國立臺灣師範大學地理學系博士，在台期間曾任國立中央大學客家學院博士後研究員、中華民國地理學會秘書、國家教育研究院學術名詞審譯委員會編輯委員、東吳大學兼任助理教授。現為馬來西亞新紀元大學學院中文系助理教授兼東南亞學系主任、馬來西亞董教總地理科學科顧問、《當今大馬》專欄作者。研究旨趣包括馬來西亞區域地理、歷史地理、華人研究、地名學。

張書銘

國立政治大學國家發展研究所博士，現職國立中央大學客家語文暨社會科學學系博士後研究員。曾榮獲臺灣社會學會碩士論文獎（2002-2003）、中央研究院人文社會科學中心亞太中心博士培育獎助（2012-2013）、臺灣東南亞學會博士論文獎（2015）、教育部人文及社會科學博士論文改寫專書計畫獎助（2017）。著有《越南移工：國家勞動輸出政策及其社會發展意涵》（臺北市：五南出版社，2018）。研究興趣為：東南亞移民與移工、越南研究、發展研究、海外華人、越南客家等。

陳琮淵

現為淡江大學歷史學系助理教授兼東南亞史研究室主持人。曾任教於華僑大學、參編《華僑華人文獻學刊》與《華僑華人藍皮書》。目前擔任「亞太與國際研究叢書」主編、「發展研究叢書」執行編輯，以及 *Translocal Chinese: East Asian Perspectives*（《海外華人研究》）執行

編輯。研究領域為東（南）亞史、婆羅洲華人與研究方法，文章見諸於 Development and Change、《臺灣社會學刊》、《臺灣東亞文明研究學刊》，編著譯有 Development and Beyond、《馬來西亞華人社會史新探》、《印尼山口洋的神廟與乩童傳統》等十多部。

張容嘉

國立清華大學社會學研究所博士，現職為國立東華大學民族發展與社會工作學系助理教授。曾任客家委員會客家文化發展中心研究發展組副研究員、國立中央大學客家語文暨社會科學學系及國立陽明交通大學通識教育中心博士後研究員。學術專長為族群研究、文化社會學。研究重心關注於族群與多元文化、東南亞客家及海外華人社會、博物館展示與文化研究等相關議題。著有《客家想像的全球多樣化：浮現與蛻變》一書，相關文章曾發表於《思與言》、《全球客家研究》等刊物。

黃信洋

國立政治大學社會學博士，研究專長為文學社會學、全球客家研究、族群博物館研究、社會創新研究，現為國立臺灣科技大學通識教育中心助理教授兼教學課程組組長。曾任國立臺南護理專科學校長期照顧實務技術研究中心助理研究員、國立陽明交通大學通識教育中心博士後研究員、國立陽明交通大學國際客家研究中心博士後研究員，以及國立政治大學國際發展書院博士級學術導師。

劉瑞超

國立臺灣大學人類學博士。現為國立中央大學客家語文暨社會科學學系兼任助理教授、中原大學設計學士原住民專班兼任助理教授。曾任客家委員會專門委員、全球客家研究聯盟執行秘書、國立中央大學客家學院海外客家研究中心兼任研究員、國立陽明交通大學客家文化學院博士後研究員等。研究領域包括族群研究、觀光人類學、東南亞華人社會與文化、客家研究、臺灣原住民族研究。著有《沙巴客家的形成與發展》、《承蒙－客家臺灣·臺灣客家》、《客家地方典慶和文化觀光產業—中心與邊陲的形質建構》、〈臺三線客家帶客原關係的再探與重構〉等著作。

目　錄

第三篇　音樂、博物館與文化遺產

導論

東南亞客家「新族群性」的形塑與呈現

蕭新煌、張翰璧

「族群」的定義，大致可以操作化成以下的說明：「一群因為擁有共同的來源，或共同祖先、共同文化或語言，而自認為、或是被其他人認為，構成一個獨特社群的一群人」，包括客觀特徵與主觀認同（王甫昌，2003：10）。如此常見的一般定義確實能快速地理解族群之定義，然而卻容易將族群視為一個「既存事實」。因此 Roger Brubaker 提醒我們不應將族群、種族及民族視為實質整體，而應視為實際類別、文化習慣、認知基模、論述架構、組織常規、制度形式、政治計畫與可能發生的事件（Brubaker, 2002: 167）。換言之，將族群化、種族化與國族化看作是政治、社會、文化與心理的過程。認知觀點將我們的分析目光聚焦於人們如何觀看世界，理解其自身經驗與詮釋事件。主要的問題在於如何觀看社會世界與詮釋社會經驗。基模（schema）概念有助於闡釋與具體化族群的「觀看方式」（ways of seeing）（Brubaker and Loveman, 2004: 43）。在此觀點下，分析的類別並非群體（group），而是依脈絡而不同的群體性（groupness）。當我們將注意力從群體轉移至群體性時，且將其視之為發生的事件（events），則可讓我們考慮到或解釋特殊凝

聚力以及密集感受到的集體團結時刻，而不需要將群體性的高度展現視為永久持續的，或具有定義性的。反之，群體性亦有可能不會發生，或無法具體呈現（Brubaker, 2002: 168）。在此情況下，團體不必然是在探討族群現象時相應的對象，反而要探討群體形成（group building）的過程。換言之，族群團體在怎樣的主客觀條件下形成和產生的才是我們關注的焦點。

　　從認知角度出發的族群相關研究，讓我們可以避免群體主義，但同時有助於解釋我們為何如此僵固於以群體主義作為社會想像；認知觀點並非將社會世界以實質概念來理解為種族、族群與國族的合成物（composite），認知觀點陳述的是社會與心智過程，其支撐了從種族、族群與國族概念〔出發〕的社會世界之觀點（vision）與分立（division）。種族、族群與國族是產生於我們的感知（perception）、詮釋、分類與認同過程。他們並非在世界上的真實事物，而是觀看世界的觀點，換言之，種族、族群與國族非本體，而是經由認識所產生的真實。這種「群體」的概念，通常帶有界性（boundedness）、同質性、立場（偏見），並以相對性的角度來思考團體間的關係，將群體性（groupness）視為問題意識，而非視為理所當然的存在（Brubaker and Loveman, 2004: 46）。

　　族群性（ethnicity）一詞早自 1940 年代被學者用來作為分析概念，但直到 1972 年，該詞被收錄至牛津英文辭典（*Oxford English Dictionary*），1975 年 Nathan Glazer 與 Daniel Patrick Moynihan 在共同編著的 *Ethnicity: Theory and Experience* 中提到 ethnicity 是一個「新的概念」且持續在轉變中，從原來與異教徒相關的意義轉變為「一個族群（ethnic group）的特徵或性質」（Glazer and Moynihan, 1975: 1）。族群性為一種人群分類的範疇，是在社會互動的脈絡下，認知到與對方

有文化差異的群體之間所具有的某種形式的關係（Eriksen, 1993）。此外，族群性是在特定歷史、政治、社會與經濟脈絡下產生，因此人類學家 Brackett F. Williams（1989）指出，一個充分的族群性理論應該要能夠解釋在民族國家中族群性與其他認同形構的過程中，其他類別之歷史上與當代的意識形態連結。Katherine Verdery 則以 Fredrik Barth（1969）所提出的三個論點為基礎：（1）作為組織型態之族群性；（2）族群性來自於差異區分，並非文化內容物；（3）族群性依情境而不同。他在1994 年提出的「新族群性」（new ethnicity），其意涵則包括了性別、種族、階級、資本主義以及變化中的國家權力形式。

美國 1960 年代黑人民權運動不僅開啟邁向種族平等之路，歐裔白人中產階級更因此開始尋找自己的族裔認同，此舉打破了「美國是大熔爐」的迷思（Westin, 2010: 20）。針對民主國家的移民對於團體文化所產生的認同訴求，1975 年美國社會學者及人類學者紛紛出書，討論當代社會所產生的「新族群性」（Bennett, 1975；Glazer and Moynihan, 1975）。Bennett（1975: 3-4）指出當代新族群性具有兩個特性：一是以傳統文化象徵建立自我認同的一部分，二是強調行動策略，將族群性視為社會參與的動員策略。當族群成員將內部分享的靜態文化，轉換成動態的社會參與策略和個人層次的溯源認同時，就涉及族群邊界的再定義。基本上，族群性是在互動關係中產生（Gluckman, 1958[1940]），而新族群性也具有相似的社會互動過程，只是產生的脈絡不同。

在美國，新族群性指的是南歐和東歐的第三、第四代成員尋求自我認識的過程。從更廣泛的意義上，新族群性亦包括其他族群團體（例如愛爾蘭人、挪威人和瑞典人、德國人、中國人和日本人等）之自我意識的重建。這種新族群性的自我意識重建的基礎，不必然（1）要會說英語以外的外國語言；（2）生活在某一種亞文化（subculture）中；（3）

生活在緊密聯繫的族群關係或社群中；（4）屬於某個強調同鄉情誼的組織；（5）回應某些族群性的訴求；（6）狹隘的讚揚自己的民族性或文化（Novak, 1996: 346-347）。新族群性意味對於美國社會「熔爐式」之同化政策的批評與反省。問題根源在於美國自 20 世紀初所冀求的「美國化」（Americanization）以及「大熔爐」（melting pot）迷思，將不同種族、不同來源的「美國人」合為「一」，然而實際上這「一」是以 1890 年之前來自西北歐基督新教教徒為主，卻是將其他人種排除在外，至今依舊如此。這種以移民後裔為行動者，在公民權利（尤其是文化公民權）的基礎上，自覺地的建構與追尋族群身分與認同的過程，呈現出族群研究的新趨勢，即「新族群性」的發展。

　　換言之，新族群性不必然需要族群語言或是文化作為認同的基礎，但是卻需要國家或是社會尊重個人或是團體所承載的文化，尤其是族群身分。新族群性對於當代社會的影響可分成三個層次。

　　首先，個人認同的層次：個人處在享用高度自由與變動的社會中，必須不斷的建構與確認自我的認同，這些認同包括族群身分。

　　第二，社會生活的層次：任何社會生活脈絡中都有「我群」、「他群」的區分，當不對等的群體關係產生，將會導致族群衝突的出現。

　　最後，差異政治的層次：強調的是公共政策的修補功能，改變權力運作的現況。

　　民主政治的原理就是無視「差異性」而制定「普遍性」政策的概念，而且公共政策的「普遍性」必然會損害某些特定「公民」的權利，這些被損害的差異性權利，將在文化公民權的基礎上被修補。

　　以東南亞華人移民為例，顏清煌（2007：405-416）依照中國與世界的政治變革對海外華人社會的影響，將海外華人社會的特性區分成三個階段：明清時期、兩次世界大戰以及戰後華人社會。（1）明清時期：

方言群對峙，缺乏團結；（2）兩次世界大戰：工商企業興起與資本家出現，海外華人民族主義興起；（3）戰後：從華僑轉移到華人，戰後殖民地獨立，海外華人必須在中國和居留國間擇一效忠，因此與中國關係日漸疏遠，移民中斷探親。也從戰後這個時期，他們開始關心參與所在地政治活動，教育文化趨向本地化，經濟趨向企業化。

顏清煌認為海外華人社會的未來發展趨勢應是轉變成居留國社會組成的部分，與中國、臺灣的關係，以及華人傳統文化與價值都會趨向薄弱。從華僑到華裔，海外華人隨著思想、社會現代化，將會更適應居留國當地的經濟環境，並且參與在地政治。

王賡武（2005）也持相同觀點，他將海外華人定義為居住在中國領土以外的人，尤其是居住在外國，並且成為該國公民的人。因此海外華人的定義範圍排除了臺灣和香港、澳門的人，以及自我否認是華人，並且與華人的儀禮、實踐和制度無關係的人（王賡武，2005：185）。換言之，已有外國國籍並且歸屬於外國的華族，就不能再稱為「華僑」。歷史上的東南亞華僑，主要指涉的是19世紀末到20世紀40年代後期，這期間中國給予華僑相當權利，同時也向華僑要求盡其義務。但對戰後出生在東南亞的華人，已不再使用華僑這個語詞了。也就是說顏清煌與王賡武的看法事實上沒有太大的差異。他們皆認為戰後局勢的變遷對於東南亞華人的認同影響，兩者皆著重在海外華人的本地化；海外華人的民族性認同亦逐漸轉變為當地民族國家的認同。

換言之，不同世代的華人，所呈現的「族群」意涵、「族群認同」等均不相同，會受到國家政策、社會位置與人群互動的影響。相同的，客家的族群性也會在上述的歷史與移民在地化過程中，呈現不同的建構方式與內涵，並在現代民族國家出現的脈絡中逐漸形成新的族群性。這種族群性建立在公民權的基礎上，並以血緣為認同要素所產生的新族群

認同。它可能以團體的集體方式呈現，包括政治、社會、文化、藝術各領域的客家族群集體行動與表現；但也可能是個人認同的追尋和再確認。簡言之，當代社會所產生的客家新族群性，強調的是公民權為基礎的多樣文化與社會面向的族群認同，公民權不但不會消滅族群認同，反而在某相當程度，引導和促成新的族群性。即產生了「新族群性」。

因此，本書「東南亞客家『新族群性』的形塑與呈現」，將以「新族群性」的視野為基礎，比較東南亞各國客家族群認同的轉變，分析客家族群性如何在當代歷史的過程與社會脈絡中，被塑造為重要與可信的分類範疇。換言之，客家「新族群性」是否出現？如果出現，其形成過程與呈現方式又分別為何？

本書是客家委員會為了培育年輕的客家研究學者，所補助的「東南亞客家『新族群性』的形塑與呈現」整合計畫之成果。

本計畫由蕭新煌擔任總主持人，張翰璧為協同主持人，本書作者中的張書銘、陳琮淵、黃信洋、劉瑞超為共同主持人。但本書也邀請白偉權和張容嘉兩位國內外年輕客家學者共襄盛舉，各投稿一篇。本書主題多聚焦在島嶼東南亞地區的新馬印，共有八篇文章，分成三篇。

第一篇的主題是再探客家族群性變貌，有針對當代馬來西亞泛客家化的分析，以及越南客家族群的深入研究。第一章是白偉權寫的「泛客家化：當代馬來西亞客家新族群性的發展」。文中指出馬來西亞華人在嚴峻的族群政治背景下，其華人意識以及客家意識並未減弱，反倒有加強的趨勢在「客家」日常生活中十分常見，與「客家」相關的文化活動也越來越多。但是，所謂的客家意識的強化，並不是對於客家或所屬原鄉有很深的認知，而是透過社會領域的傳統實踐以及經濟領域中的日常消費。無論是會館或是商業機構，都紛紛以各種方式及平台展演各自心目中理想的「客家」形態，成為當代客家內涵得以不斷發展的平台。

「泛客家」之後的內涵在消費經濟和文化展演需求這兩項機制的推動下，為客家文化帶來了新的可能性。這種文化創造和回饋是一個雙向的過程，由商家和社團組織成為文化的創造者，他們同時也在民間、文化機構和網路訊息中得到創造的想法。換言之，客家新族群性的內涵正處於形塑的過程，並成為未來新族群性形成的基礎。

　　第二章是張書銘的「同奈㑝人即客家：越南客家研究的回顧與討論」。有關越南的客家研究，以往多聚焦在崇正會館而開展，崇正會館也是越南華人文化中最具體的客家意象，而「同奈客家」即為目前生活於南部同奈省的㑝人，同奈㑝人雖身為華族且口說客家話，但卻與過去我們所熟知的西堤客家存在著不同差異，可以說是一種非典型的海外客家。張書銘透過紮實的田野調查與研究，釐清目前關於越南客家族群的一些分歧看法與原因；特別是有關同奈㑝人客家身分的討論，及其與西堤客家之間的差異。他認為「西堤客家」與「同奈客家」的差異，除了客觀的語言和宗教信仰文化之外，很多是來自於主觀的社會性建構。最關鍵的是法國殖民時期將之命名為海寧㑝族，使得這群原本居住於中國與越南邊境的客家人，被法國殖民政府賦予了海寧㑝族如此創造性的新族群身分。也因為過去對於海寧㑝族的政治命名過程不瞭解，使得一些研究者對同奈㑝人的客家身分產生知識斷裂，以致將他們排除於客家研究範疇領域之外。

　　第二篇討論的主題是族裔經濟與宗教。第三章是陳琮淵的「戰後砂拉越客家產業的發展及其族裔經濟變貌（1949-2000）」，以砂拉越為例進行族裔經濟的研究。文中指出，隨著社會發展及產業轉型，新生代客家人的職業及創業選擇，已出現更多可能性及選擇空間，使特定族裔及家族經營的傳統行業受到不小衝擊。客家人在若干特定產業的集中趨勢及優勢地位不免為之稀釋。客家人是否仍高度參與部分特定傳統行業，

擁有產權及經營優勢？作者回顧戰後砂拉越的客家產業發展，發現砂拉越年輕世代的客家人已不再像父輩般聚居在一起從事同樣行業，但仍清楚地知道自己的身分（祖籍地），也認同客家文化及習俗。華人族群的邊界雖不若過去般壁壘分明但仍然存在，血緣、社交及既有利益在可見的未來仍會持續起著維繫方言群邊界的作用。

　　第四章是張書銘的「我族打大番：越南同奈偃人客家的宗教信仰與族群邊界」，延續第一篇的第二章結論：同奈偃人即客家。本章從宗教信仰的角度，分析偃人客家擁有的文化特質和族群特徵，其中包括偃（客家）話、社王信仰、案首公公信仰、打大番、對共同起源「海寧」的信念以及族群的認同感。在客觀因素上，越南學者對於同奈偃人與五幫華人之間差異的認知，大部分是來自於對其宗教信仰文化的觀察。然而，張書銘發現偃人客家族群與越南地方政府互動時自稱「華偃」，而打大番儀式則轉化為「祈求平安」儀式。在與華人互動時自稱「我族」，打大番儀式則是加上了華人佛教界的「萬人緣」法會名稱。這些不同的自稱與儀式名稱的轉化，顯示出偃人的族群邊界是經由與其他族群的互動關係而確立的。偃人為了與更大社會生活範圍的越南人和其他華人族群共處，選擇了接受過去將其稱為海寧偃族的歷史共業；並且在面對不同的他者群體時，清楚地知道要以何者身分與之互動。但偃人客家清楚自己所處社會情境下自身的族群位置。這種靈活性是來自於過去法國殖民時期的政治命名、戰爭影響被迫南遷、南遷後與西堤華人的競爭與合作等歷史經驗，還有統一後面對地方政府統治，以及和其他族群互動時的一種生存發展策略。

　　第三篇的主題是音樂、博物館與文化遺產。第五章是張容嘉以馬來西亞流行音樂為例，探討音樂創作之新族群性的發展，在國家政治與經濟的脈絡下，分析客家音樂創作者面對當代馬來西亞的政治過程與社會

變遷過程，以及對於自身的客家族群身分所展現的認同想像。研究發現馬來西亞年輕世代的客家創作者展現一種形成中的新族群性（新客家性），以採取輕鬆詼諧或戲謔的態度，強調在地性、生活性的客家經驗認同；同時與其他國家的客家人以及在地其他族群維持平等合作的關係。在馬來西亞限縮的族群政治空間裡，馬來西亞客家人，身處在相對於馬來人的弱勢華人群體，以及華人內部的客家少數群體（雙重弱勢），當代馬來西亞客家年輕人的新族群性（或新客家性）其實是以一種更為幽微的方式展現，或者可說是尚在形成中的新族群性——從在地性出發，肯認自己同樣也是在地的主人身分，進一步肯定自身的客家族群文化。

第六章討論的主題是東南亞的客家博物館，黃信洋借用蕭新煌的「源流論」與「在地論」典範轉移觀點（蕭新煌，2018），比較分析新加坡、印尼與馬來西亞客家博物館，所展現出來的不同客家意象。進而分析這些於當代文化脈絡下發展出來的東南亞客家博物館，究竟會以何種方式來凸顯與展示客家的集體族群形象。一般而言，東南亞的客家博物館都還是會論及與中國客家原鄉的關聯性（「源流論」），但有更高比例的展示內容也已經具有在地意象（「在地論」）。此外，臺灣的「藍衫」、「花布」、「硬頸精神牌匾」等也開始在東南亞的客家博物館出現。

第七章是陳琮淵對於砂拉越客家獅隊的研究。作為大馬獅藝的組成部分，客家獅有其獨到之處，在面對馬來族群為主的國族文化時，馬來獅成為華人文化的重要文化象徵，馬來西亞獅藝的興盛與 1970 年代以來華社強調團結凝聚、發揚華人文化以應對中央政府族群政策相關。其中，砂拉越的客家獅，也透過石隆門的青年客家獅隊，將客家獅推廣到「友族」社群及全馬各地。砂拉越石隆門客家獅所體現的族群交融與文化創新，象徵了年輕一代客家人已擺脫了血統論及尋根想像的認同框

架，在傳承客家民藝的同時，也展現出相當的文化自信，似乎也隱含經濟邏輯對於客家「新族群性」出現的影響。

最後一章是劉瑞超的「製作文化遺產——沙巴客家的族群性展現」。沙巴的文化遺產的製作，最重要的背景是華人／客家人的在地化。近年來馬來西亞華社興起地方文史的風潮，在地的華人對所生長的村落、城鎮、地方進行相關的歷史調查，並進行地方史的寫作。在上述大脈絡的架構下，本章以東馬沙巴客家近年參與製作文化遺產的行動為例，檢視客家族群性的轉變。研究發現，年輕世代的客家人，有別於傳統客家會館的成員，在生活、社群關係、歷史想像、社群認同上，更加關注於跨族裔、連結在地視野的認同展現。尤其關注在地的集體記憶，有關殖民時期的文化資產、戰爭的共同記憶等，都在在成為他們打造當代「沙巴漢」認同的主要元素。透過了製作文化遺產的行動，展現其「面向在地」與「面向國家」的新族群性，而有別於傳統客家會館老一輩「面向原鄉」的那種重源流、重原鄉的族群性展現。

參考文獻

Bennett, W. John, ed., 1975, *The New Ethnicity: Perspectives from Ethnology*. St. Paul: West Pub. Co.

Brubaker, Rogers, 2002, "Pathophysiological Characterization of Isolated Diastolic Heart Failure in Comparison to Systolic Heart Failure." *JAMA* 288(17): 2144-2150.

Brubaker, Rogers and Mara Loveman, 2004, "Ethnicity as Cognition." *Theory and Society* 33: 31-64.

Comaroff, Jean and John Comaroff, 1999, "Occult Economies and the Violence of Abstraction: Notes from the South African Postcolony." *American Ethnologist* 26(2): 279-303.

_____, 2009, *Reflections on the Anthropology of Law, Governance and Sovereignty*. Routledge Press.

Glazer, Nathan and Daniel Patrick Moynihan, 1975, *Ethnicity: Theory and Experience*. Harvard University Press.

Gluckman, Max, 1958[1940], *Analysis of A Social Situation in Modern Zuzuland*. Manchester: Manchester University Press.

Novak, Michael, 1997, *Unmeltable Ethnics: Politics and Culture in American Life*. New York: Loutledge.

Verdery, Katherine, 1994, "Ethnicity, Nationalism and State-making: Ethnic Groups and Boundaries: Past and Future." Pp. 33-58 in *The Anthropology of Ethnicity: Beyond 'Ethnic Groups and Boundaries'*, edited by Hans Vermeulen and Cora Govers. Amsterdam: Het Spinhuis.

Westin, Charles, 2010, "Identity and inter-ethnic relations." Pp. 10-51 in *Identity Processes and Dynamics in Multi-Ethnic Europe*, edited by Charles Westin, José Bastos, Janine Dahinden and Pedro Góis. Amsterdam: Amsterdam University Press.

王甫昌，2003，《當代臺灣社會的族群想像》。臺北：群學。

王賡武，2005，《移民與興起的中國》。新加坡：八方工作室。

林開世，2014，〈對臺灣人類學界族群建構研究的檢討：一個建構論的觀點〉。收錄於林淑蓉等編，《重讀臺灣：人類學的視野：百年人類學回顧與前瞻》，頁 217-252。新竹：清華大學。

黃應貴，2018，〈族群、國家治理、與新秩序的建構：新自由主義下的族群性〉。收錄於黃應貴主編，《族群、國家治理、與新秩序的建構：新自由主義化下的族群性》，頁 1-58。臺北：群學。

顏清湟，2007，〈從歷史角度看海外華人社會變革〉。收錄於陳劍主編，《從歷史角度看海外華人社會變革》，頁 403-418。新加坡：新加坡青年書局。

蕭新煌，2018，〈台灣客家研究的典範移轉〉，《全球客家研究》10：1-26。

第一篇

再探客家族群性變貌

第一章

泛客家化：當代馬來西亞客家新族群性
的發展

白偉權

一、緒論

　　社會上，人們往往有多重不同的身分認同，它可以是種族、語言、地緣、階級、性別的，相當多樣且複雜。在馬來西亞華人社會當中，福建、廣府、潮州、客家、海南等幫群是華人重要的身分認同依歸。其中，「客家」是馬來西亞華人五大幫群之中，唯一不是以祖籍地命名的幫群，其來源分布橫跨廣東、福建、廣西，語言複雜，但它也有著一定程度的相似性，因此統稱「客家」。[1]客家人的認同極具動態性，他們移植到馬來半島年代久遠，過去當地雖然有「客」（Keh/Kheh）這一社群的存在，但「客」人社群內部支系眾多，因此不見得團結，在早期許多馬來半島的械鬥經驗當中，今天同屬客家人的嘉應、惠州相互械鬥的案

1　在 1931 年的人口普查報告書便指出，客家人其實是中國當中的一個跨越不同省的民系，他們有著自己的語言和特色：*"The Khehs or Hakkas are a race apart in China; they are distributed over several provinces but retain their own language and characteristics."*（Vlieland, 1932: 78）。

例屢見不鮮。[2]

　　事實上，「客家」內部組成複雜，語言與文化各異，像是惠州、嘉應、大埔、永定等客籍人士的語言均有很大的差異，[3]相互溝通困難，在文化風俗上，惠州人有自己的武術和舞麒麟、永定有自己的土樓建築、河婆人有擂茶、大埔人則有算盤子，因此「客家」本質上並非是一個整體，而是零碎的地緣組合。來自不同府縣的移民只是因為他們或其祖先在原鄉身分上同屬非本籍的「客籍」，因而在族群邊界上被排除在本籍或土著的界線之外，而被歸類為「客」，屬於本貫主義下的「客」（施添福，2013、2014a、2014b）。相比現今所見到的「客家」作為一個整體，並非理所當然，乃是 20 世紀以來，經過一系列建構的結果，是方言主義下的「客家」（施添福，2013）。

　　以臺灣這個移民社會的經驗而言，「客家」同樣不是理所當然的整體，由於治理體系的不同，國家將客籍人士按照其祖籍來源劃分，統稱「粵人」（施添福，2010），到了日治時代，則開始出現以廣東省和福建省及底下的府或州作為分類的人口統計，其中，廣東省只有嘉應和惠州，福建省的客家群體則出現在汀州。到了 19 世紀末才開始出現「客人」的身分認同。戰後，更有客家運動的推展。歷經過百年的在地化加上國家力量的打造，臺灣的客家早已出現在地化以及文化再建構的現象，因此就有了北部客、南部客、六堆客等等，油桐花、藍染、樟腦、義民也成為臺灣的客家意象，成為體現臺灣客家性的元素。

2　在 19 世紀中葉，雪蘭莪和森美蘭的械鬥兩方為嘉應和惠州，霹靂的械鬥則是惠州和增城人。

3　劉瑞超（2013：258）在研究當代沙巴客家人時，也有發現砂拉越河婆人會認為客家群體內部語言差異很大，由於「不一樣，抓不太到，有的用猜的」，進而在與沙巴客家組織時，選擇以華語進行溝通。

　　反觀馬來西亞，20世紀之後，客家人同樣逐漸擺脫原鄉地緣的界線逐漸走向整合，但客家人長期以來與原鄉互動密切，未形成像臺灣一樣鮮明的在地化色彩。在國家獨立之後，加上冷戰的時代背景，客家人在短時間內被迫與原鄉切斷往來，同時開始接受新的國籍身分，此時也有更多第二乃至第三代毫無原鄉背景的人逐漸成為社會的主流。

　　雖然如此，馬來西亞華人在嚴峻的族群政治背景下，其華人意識以及客家意識並未減弱，反倒有加強的趨勢，「客家」日常生活中十分常見，與「客家」相關的文化活動也越來越多。值得注意的是，所謂的強化並不表示人們對於客家或所屬原鄉有很深的認知，新一代華人大多對原鄉生疏，對祖籍地名[4]也不太有概念，那麼原來的客家內涵是如何在當代人主導下而發展的？轉變後的客家族群面貌呈現出什麼特色？而此一新族群性的產生背後的機制為何？這是本文所關心的議題。

　　底下，本文將回顧19世紀至20世紀初馬來西亞客家內涵由地緣意識到方言群意識的轉變過程，接著討論獨立之後作為族群單位的會館如何因應新的時代挑戰，同時維繫客家意識，使得客家意識成為不同地緣客家族群的最大公約數。有別於個人身分和文化領域的討論，本文最後一部分從社會和經濟的角度出發，透過當代馬來西亞客家社群在傳統節日活動，以及日常消費生活的具體案例，檢視當代馬來西亞客家人在原鄉概念薄弱下，如何實踐其心目中的「客家」，研究將展現當代「客家」的特色以及探討其形成的機制。

4　也包含祖籍地名的行政空間層級，例如有的祖籍地名是府（如潮州），有的是縣（如同安），有的是縣以下的小地名（河婆），但現今華人往往無法清晰分辨。

二、19 世紀至 20 世紀初的「客」與「客家」

　　客家人在馬來半島這個幫群林立的華人社會中，很早就已經有自己的組織體系及社群認同，例如在馬六甲的三多廟，便是置外於福建人所主導的青雲亭，成為廣府和客家人所凝聚的廟宇。在 19 世紀初新加坡的望海大伯公廟也是如此，其中可以發現有群體以「客社八邑」的名義向廟宇致贈匾額。此一客社八邑所指的便是嘉應五屬加上豐順、永定、大埔的客籍人士，他們在新加坡的幫群社會當中，以「客社八邑」自居。此外，在新加坡早期最大的會黨組織義興公司內部，也有按照方言群分類的支系，其中客家義興便是其中之一，在英國人的檔案中是以「Kehs」稱之。[5]

　　與新加坡有著密切關係的新山，在 1880 年代，也見到有「客社總墳」的存在，而當時的新山還未有客家的會館組織。查殖民政府在分類上，其實也將這些客家人歸入名為「Keh」的分類當中，當時「Hakka」的稱呼還未普及，當地人普遍也以「客社」來自我稱呼。[6]

　　然而，「客社」或「客」在馬來亞地區並非是內容劃一的，在馬來半島北部的檳城，當地的客籍社群則以「五屬」的姿態出現。在其核心廟宇大伯公街福德祠當中，可以見到該廟在 1909 年重修之後廟門柱子的題詞便署名「惠州、嘉應、大埔、永定、增城五屬同奉」。廟門內部中央則是一個庚戌年（1910 年）立，由「沐恩五屬眾等敬立」的「惠嘉增埔永恩」的匾額（圖 1）。即使到了民國十三年（1924），其銅製香

5　見海峽殖民地審事官（Magistrate of Police）Gottlieb 於 1869 年 10 月向英殖民部長官提呈有關新加坡華人秘密會社的報告書 CO273/35, Pp. 328-349。

6　「社」在馬來半島有組織團體、社群之意，例如新山的客家人有客屬同源社，福建人有福建大社。

爐，還是署名「惠州嘉應大埔永定增城五屬同人敬立」。從中可知檳城的「五屬」並不等同於新加坡的「五屬」（即嘉應五屬）。

圖 1　檳城大伯公廟的五屬匾額
資料來源：作者攝於 2023 年 8 月 5 日。

　　事實上，檳城五屬社群由來已久，我們可以從早在嘉慶十八年（1813），這些「沐恩眾弟子」所贈送的「五方父老」匾額中看得出五屬認同的端倪。因此從馬來半島南、北部的經驗看來，早期馬來亞地區並未有很完整的「客家」認同體系，而是一些在原鄉屬於客籍的人士在馬來亞相互聚集，而以原居地的府、縣為自我認知的依歸，因此可以見到新加坡客社「八邑」和檳城「五屬」諸如此類按不同地區的組成分子而集結的認知名稱。

　　由上可知，地緣是當時華人主要的集結方式，相同地緣者也會組織成具有股份性質的公司維生，像是 19 世紀中葉北馬拿律的惠州公司、增龍公司，檳城五大姓氏為首所組成的福建公司，馬六甲的永春公司。

這些組織可以說是利益集團，除了商業謀生事務之外，也提供社會照護，例如馬六甲的永春公司在同治十二年（1873）間便修建了永春公司義塚。[7]

在邊區，這些地緣類的利益集團也會相互結盟，像是拿律義興便是由新寧、新會、開平、恩平為首的四大縣集團，海山則是由增城、番禺、南海、順德、東莞所組成的五大縣集團，史料紀錄上稱之為四縣或四邑，以及五縣或五邑，這些縣邑組合並不見得與原鄉相同，[8] 純粹是從在地發展出來的，這些地緣可以以單一形式或是組合的形式存在。另外在雪蘭莪的加影，光緒三十二年（1906）廣東義山建立時，其碑文所刻董事名單也都是以祖籍地作為開頭，例如新會簡鉦、歸善曾魁、香山柳雲階、番禺羅海平（圖2）。[9]從中可見祖籍地緣在華人自我認同意識上的重要角色。

在此背景下，便不難理解馬來半島能夠找到許多歷史悠久的地緣會館組織，像是檳城嘉應會館（1801

圖2　加影廣東義山的創建碑文
資料來源：作者攝於 2019 年 3 月 2 日。

7　總墳墓碑在馬六甲三寶山山頂，2023 年 8 月 22 日田野調查。

8　例如現今的五邑是指新會、台山、開平、恩平、鶴山，四邑則與原鄉相同。

9　這種寫法不見得是源於加影廣東社群按照祖籍地來分配職位名額，因為就連同一系列的碑文《加影廣東義山墓志銘》的署名，也可以見到「順德吳若琴點穴敬撰」。

年）、惠州會館（1822 年）、增龍會館（1849 年），它們都伴隨著城市的
開埠而出現。這些會館與原鄉關係緊密，甚至到戰前，經常也能夠見到
會館籌款協助家鄉賑災的新聞。

　　總體而言，20 世紀初之前馬來半島的客家圖像有別於今天人們對
客家大團結的認知。早期的客家人雖然已經有了集體性的稱呼或歸類
（客），但在他們的自我認知上與我們今天所認知的有所不同。客家人相
當重視祖籍地身分，即使到了 20 世紀初，當時的人還是會認為客家人
有著根深蒂固的地域觀念（南洋客屬總會，1965：A214–A215）。當時
人們的「客」，其實是各種客籍地緣的集結、組合，因此可以見到「客」
的後面經常標註了各種的地緣，內部的地緣身分是相當被凸顯的，客家
一體的概念相對薄弱。

三、「客家」一體化的成形

　　到了 1920 年代，馬來半島各自為政的客家圖像出現了變化。這樣
的變化其實來自外部和內部因素的交互作用。進入 20 世紀之後，中國
歷經政權更迭，在新的時代裡，中國內憂外患依舊，但所不同的是「華
人」概念逐漸成型，海內外華人都受到中華民族主義的影響，團結、講
華語、民族教育成為新時代的主旋律，用以回應多災多難的中國。

　　在「華人」的大傘下，加上殖民政府長久以來依據方言群的分類與
管理方式，華人的地緣概念逐漸由方言群所取代。根據李亦園（1970）
和麥留芳（1985）的研究，華人方言群界線分明，且會因為不同的行業
分工、不同的人口規模、不同的經濟優勢，而形成有些方言群在金字塔
頂端，有的在底層的現象。位居底層的群體往往會面對來自其他群體的

歧視。像是客家人一直被城市人認為是比較鄉下的、粗獷的，使得他們或多或少感受到歧視。

　　類似的現象在中國內地也相當常見，曾經有國外教科書指出客家人為非漢族群而引發軒然大波。旅港的賴際熙於是連同廣州及香港的客籍領袖開始集結，在「互通聲氣，發揚客家精神」的原則下，於 1921 年成立了香港崇正總會。本地富商胡文虎也是後續協助香港崇正總會發展的重要人物。他們的目的在於駁斥客家非漢論，團結各地客家人，加強社群力量，避免被人瞧不起。

　　胡文虎在馬新地區同樣見到方言群林立的社會，也有感客家人人數眾多，但是分散各地，有欠團結。深感若是客家人能團結起來，將成為一個不可忽視的力量，甚至能夠和福建幫分庭抗禮。當然，作為客家幫的大佬，胡文虎也希望藉此能夠和閩幫的陳嘉庚平起平坐（李培德，2012）。胡文虎於是在新馬一帶進行客家運動。他在 1920 年代開始大力支持新加坡的南洋客屬總會，同時透過新加坡的客商巡迴馬來半島各地，去遊說和宣傳「客屬一家」的理念（白偉權、張翰璧，2018）。

　　因此可以見到許多城鎮的各籍客家人開始響應組織客屬公會，例如新山客屬公會、烏魯冷岳客屬公會、霹靂客屬公會等。一些經費欠缺的城鎮，也由胡文虎出資協助。如此一來，在 1920 年代開始，馬來亞的客屬公會如雨後春筍般成立起來，柔佛新山同源社（1929）；吉打南部客屬公會（1937）；彭丹關丹客屬公會（1938）；柔佛笨珍客屬公會（1939）；麻六甲野新客屬公會（1939）；柔佛麻坡客屬公會（1940）；馬六甲客屬公會（1940）；星嘉坡武吉班讓客屬公會（1941）；霹靂江沙區客屬總會（1941）；霹靂丹戎馬林客屬分會（1950）的成立都與胡文虎有關。隨著客屬組織的出現，大家在自我的地緣認同之外，開始有了名正言順的「客家」選項。

　　南洋客屬總會在推動各地客屬公會設立的同時，也發生一椿催化馬來亞客家意識的事件。在 1936 年，福建出版的《雲霄縣誌》提及客家人為當地山區的猺族、猓族，引發軒然大波，南洋客屬總會於是開始補助歷史學者羅香林撰寫強調客家人中原正統的《客家研究導論》一書，並在新馬地區大量發行，[10] 中原正統的「客家」成為南洋客屬總會推展客家運動的理論基礎。

　　除了胡文虎以及客家人遭受到來自其他方言群的壓力之外，中國國內的抗戰也是令不同地緣客家人開始團結起來的重要因素。這點可以從1950 年霹靂客屬公會的成立經驗得知，該會便是源於領袖們有感祖國抗戰及建設的需要，認為：

「海外華僑，須團結一致，有錢出現，有力出力，對於祖國之抗建偉業，始能作實力之貢獻，而團結之道，由小團結而大團結始能發揮普遍之力量。」（王雪橋，1951：721）

　　總體而言，20 世紀初，原本地緣畛域意識分明的客家人，開始因為客屬公會的出現而走向一體化，也為後續客家人權益爭取的事件、各種祖國救亡運動提供了集結的平台，「客家」從此成為華人社會中的重要單位。此外值得注意的是，在同一時期發布的《1931 年英屬馬來亞人口普查報告書》（*A Report on the 1931 Census and On Certain Problems*

10　見〈客屬總會推銷客家研究導論〉，《南洋商報》，1938 年 12 月 16 日第 10 版。南洋客屬總會原先是委託羅香林撰寫《客族源流與文化》一書，後因為戰事影響，因此該書並未完成。然而羅香林曾著有《客家研究導論》，其內容也相近，因此便將《客家研究導論》拿到新馬地區發行。見〈客屬總會董事會議決進行雙十節獻金〉，《南洋商報》，1938 年 9 月 26 日第 10 版。

of Vital Statistics, British Malaya）當中，「Hakkas」也開始出現，取代過去「Khehs」的使用（Vlieland, 1932）。

四、戰後格局與「客家」意識的強化

　　二戰之後，華人所面對的外部環境有了很大的變化，戰後隨著英殖民政府在各個殖民地開始勢微。1946 年，英國也與各邦蘇丹簽約成立馬來亞聯邦（Malayan Union），但這個計畫遭到馬來社會菁英所反對，認為這將削弱馬來統治者的權力，同時也反對核發公民權給華人，後來這項計畫被推翻，短短兩年內，在 1948 年由馬來亞聯合邦（Federation of Malaya）所取代，到了 1957 年正式取得獨立地位。

　　在此過程中，華人逐漸感受到來自其他種族和國家的壓力。獨立之後，華人被迫放棄其中國人的僑民身分，而入籍本地，馬來（西）亞華人有了新的國家身分，此外，本地土生土長的華人也逐漸變多，而在冷戰的新格局之下，也限制了華人和原鄉之間的流動與互動。[11] 到了 1960 年代末至 80 年代，馬來西亞發生了許多關乎華人的重大議題，包含公民權問題、513 的族群衝突事件，以及隨之來臨的新經濟政策（New Economic Policy）、華文教育問題，使得華人在這個新的國家的地位受到挑戰。

　　在此背景之下，華人的視野開始轉變，內部方言群及地緣之間的歧異轉而被種族議題所取代，成為命運共同體。馬來亞原先存在的各個客

11　馬來（西）亞政府自戰後以來，便限制國民前往中國大陸，直到 1990 年才正式解禁。

屬公會、惠州會館、嘉應會館等華團也開始出現功能轉化，其核心不僅只是關注中國原鄉的事務，而更著重於爭取華人在這片土地上的權益。

本文以戰後初期的嘉應會館為例來觀察地緣會館的活動，可以見到嘉應會館在 1951 年決議致函馬華公會，協助會館會員登記為選民，以爭取投票資格，同時也彙整申請而未領到公民證的會員與政府交涉。到了 1952 年，全馬各地的嘉應會館及梅州會館在霹靂嘉應會館召開首屆嘉聯會代表大會，也議決以聯會的名義向政府申請放寬申請公民證的限制。同年，董事會也極力推動鼓勵鄉親響應政府招募華裔警察的計畫，積極爭取會員成為聯邦公民或州籍民（馬來西亞雪蘭莪嘉應會館七十七週年紀念刊編委會〔後簡稱「雪蘭莪嘉應會館」〕，1980：123-124）。

冷戰背景下，僑民已經無法回國就學，[12] 嘉應會館也積極響應新加坡南洋大學的創辦，甚至開始設立獎貸學金給會員子女申請。當 1952 年教育法令及 1954 年教育白皮書頒布時，嘉應會館也公開表達抗議，表示如果法令實施，華校將被關閉（雪蘭莪嘉應會館，1980：124）。

在 1960 年，嘉應會館也呼籲政府增加輔助學校，或鼓勵各源流中學加設班級，以收容小學會考成績不理想的學生，以免學生流浪街頭，誤入歧途，影響社會安寧（雪蘭莪嘉應會館，1980：126）。1963 年 10 月，馬來西亞剛成立之際，遭到印尼的強烈反對，促成馬印對抗，嘉應會館也致函首相東姑阿都拉曼，「擁護反擊印尼國策，並誓為捍衛國土之後盾。」（雪蘭莪嘉應會館，1980：128）。

1967 年也開設馬來文補習班，供會員子女報名，這個補習班獲得

---

12 例如以往嘉應會館會協助送會館所創辦的中國學校的畢業生返回中國暨南大學附中就學。但獨立後，至少 1980 年以來，獲得貸學金的學生都是在新馬地區，以及澳洲、英國、臺灣、加拿大去升學（雪蘭莪嘉應會館，1980：120, 191-192）。

相當大的反響，因為報名人數太多，教室及桌椅設備不足分配而開會議決暫停招收新生（雪蘭莪嘉應會館，1980：129-130）。

此外，面對戰後的各種挑戰，華人更加意識到團結的重要性，因此也可以見到許多馬來亞的地緣性組織在戰後開始進一步串聯，成立聯合會，以壯大自身的力量（劉崇漢，1998a、b）。可以見到在 1980 年代之前的馬來西亞，便有 34 個全國性的鄉團聯合會，他們之中有超過 90% 都是在戰後成立的（表 1），它們與個別會館一樣，聯合起來用更大的力量向國家爭取各種權益。像是在 1965 年和 1967 年，各華團及聯合會便召開華人註冊社團大會要求政府將華文列為官方語文。[13] 整體而言，戰後華人更加重視本土事務以及華人族群在本土的發展。

在這些新成立鄉團聯合會當中，也可以見到不少客屬相關的聯合會，像是嘉應、惠州、大埔、河婆、增龍的鄉團聯合會。另外比較值得留意的是在 1979 年成立的馬來西亞客家公會聯合會，該會可說是眾多客屬鄉團聯合會當中的整合性組織。[14] 根據該會網站資料，他有 82 個屬會，遍布全馬，其屬會都是各地的客屬或客家公會，可說是繼承南洋客屬公會的角色，在新馬分家之後成為各地屬會的最高機構，所不同的是，該會以「客家」取代了「客屬」。

---

13 〈廿五社團响應召開代表大會〉，《南洋商報》，1965 年 7 月 28 日第 9 版；〈爭取華語華文地位各地註冊社團名單〉，《南洋商報》，1967 年 2 月 19 日第 18 版。

14 客聯會是一個「跨次方言群」的聯合性社團，其成立的主要目的在於促進客家人的團結互助，加強與各族群的互動關係，推動客籍人士在工商業、文化、教育等方面的發展，以支援和促進公益事業（陳美華，2008：14, 17）。

表 1　1980 年代以前馬來西亞的鄉團聯合會

年代	鄉團聯合會
1920	**南洋客屬總會（1929）**
1930	馬來西亞瓊州會館合會（1933）、馬來亞潮州公會聯合會（1934）
1940	馬來西亞台山寧陽會館聯合會（1947）、馬來西亞廣東會館聯合會（1947）、馬來亞廣西總會（1948）（原名：南洋英屬瓊州會館聯合會）、馬來西亞三水聯合會（1949）、馬來西亞高州聯合會（1949）
1950	**馬來西亞嘉應屬會聯合會（1950）**、泛馬番禺會館聯合會（1953）、馬來西亞古岡州聯合會（1953）、泛馬番中山會館聯合會（1954）、**泛馬惠州屬團體聯合會（1956）**、馬來西亞永春會館聯合會（1957）、馬來西亞福建社團聯合會（1957）
1960	馬來西亞南海會館聯合會（1960）、**馬來西亞半島惠州屬團體聯合會（1963）**、馬來西亞福州社團聯合會（1966）
1970	馬來西亞興安會館總會（1970）、**馬來西亞大埔（茶陽）社團聯合會（1973）**、馬來西亞會寧總會（1973）、馬來西亞惠安社團聯合會（1976）、馬來西亞晉江社團聯合會（1977）、馬來西亞三江總會（1978）、馬來西亞萬寧同鄉會（1978）、**馬來西亞河婆同鄉會聯合會（1978）**、**馬來西亞客家公會聯合會（1979）**、**馬來西亞增龍總會（1979）**、馬來西亞順德聯合總會（1979）
1980	馬來西亞廣肇聯合會總會（1980）、馬來西亞龍岩會館總會（1981）、馬來西亞南安社團聯合會（1982）、馬來西亞東安會館總會（1983）、馬來西亞安溪總會（1986）

資料來源：馬來西亞廣西總會，https://mgxabout.gbs2u.com/bd/index3.asp?userid=83149438&idno=2。

馬來西亞海南聯合會，http://www.hainan.org.my/main2.html 。

劉崇漢，1998，〈獨立前華人鄉團組織〉，收錄於林水檺、何國忠、何啟良、賴觀福合編《馬來西亞華人史新編（第三冊）》，吉隆坡：馬來西亞中華大會堂總堂，頁 347-378。

劉崇漢，1998，〈獨立後華人鄉團組織〉，收錄於林水檺、何國忠、何啟良、賴觀福合編《馬來西亞華人史新編（第三冊）》，吉隆坡：馬來西亞中華大會堂總堂，頁 379-417。

備註：粗體為客家屬性的鄉團聯合會。

　　由於是全國性的客家最高機構，他的領導人多是來自各會館的會長及馬來西亞客家籍的華社領袖，像是胡萬鐸（霹靂客家公會主席、霹靂

永定同鄉會）、吳德芳（雪隆嘉應會館主席）、謝富年（商界領袖）、楊天培（商界領袖）、丘思東（馬來西亞嘉聯會會長）、廖中萊（衛生部長、馬華公會會長）、古潤金（雪隆廣東會館會長、商界領袖等）等都曾擔任總會的主席或會長、榮譽會長或名譽主席。

在種族政治的背景下，華人內部的方言群界線進一步淡化，「華人」成為一種命運共同體的代稱，而華人底下的各大方言群則是超越 19 世紀時的地緣概念，構成「華人」認同的基本單位。

「客家」作為一個當代人們慣於運作的大分類，在認同意識上自然優於客家人原來的地緣身分，因此可以見到無論是哪一個地緣的會館，其文化傳承內容基本是大同小異的。底下，本文將檢視馬來西亞傳統客家地緣組織在客家或地緣身分意識方面的傳承工作。

五、客家意識的傳承

由上可知，戰後華人會館已經難以像過去一樣，扮演原鄉聯絡處的角色，他們更加關注的是如何在這片土地安身立命的議題，許多的客家會館除了在公共事務上為華人公民權益而發聲之外，對內基本上都是以傳承族群文化以及聯繫鄉親會員之間的感情，尤其是文化傳承工作，對客家社團而言，這是馬來（西）亞獨立後有別於過去的全新使命。對於客家會館而言，這些活動便是客家意識得到傳承、建構客家認同的重要媒介。對此，我們可以從雪隆嘉應會館長期所舉辦的活動窺探究竟。本文參考了陳美華對於客聯會活動的研究，分別為出版、交流訪問、文娛

活動、祭祀，從四個面向來觀察會館的內部活動。[15]

（一）出版

　　一般而言，會館的出版可以分為兩個層面，首先是當會館遇上重要的週年紀念或是週年配合新的館舍落成時，便會出版紀念特刊。以雪隆嘉應會館為例，便在 1980 年出版《馬來西亞雪蘭莪嘉應會館七十七週年紀念刊》，1992 年出版《雪隆嘉應會館 87 週年紀念特刊》，2004 年出版《雪隆嘉應會館 106 週年紀念特刊》，算是相當活躍於出版著述的社團組織。

　　查其中的內容主要是發刊詞、章程、董事職員名表、會館史略、大事記、活動剪影、獎貸學金紀錄表、會歌會徽、會員名單、先賢事蹟。早年的特刊也會刊載一些客家源流及嘉應相關的文章，像是 106 週年紀念特刊內的〈砂拉越客家社團組織的考察〉、〈客家文風〉、〈客家人的姓氏革命〉、〈艱辛的山歌之旅〉、〈客家文化源遠流長〉、〈客家文化研究論稿六則〉，與嘉應直接相關的文章反而不多，只有〈梅州地圖〉以及〈認識梅州〉。值得注意的是，在〈認識梅州〉中，編者並非以傳統嘉應五屬的角度介紹梅州，而是將現代梅州市的大埔和豐順加入介紹，後兩者傳統上其實屬於潮州府，而非嘉應州（106 周年紀念特刊編輯委員會，2004：263）。總體而言，這些刊物大多提醒著會員大家所屬的客家籍貫，但「客家」也是大家所強調的對象，嘉應只是客家的一環。

---

15 陳美華曾經對客聯會的研究中，梳理出組織文化功能的幾個重要活動：出版、舉辦文藝和娛樂活動、主辦研討會、交流訪問活動和主辦客家文化節，本文則把其文藝和娛樂活動及客家文化節納入「文娛活動」之中，再新增祭祀一項（陳美華，2008：23-27）。

（二）交流訪問

交流訪問是會館另一重要活動項目，在冷戰期間，會館會與國內其他嘉應會館進行交流訪問，也會在全國客家性質的活動與其他籍貫的客家團體交流。例如在 1989 年，嘉應會館會長吳德芳眼見吉隆坡有不少的客屬團體，像是茶陽、惠州、赤溪、河婆等，都是屬於客家人的組織，但卻沒有組成客屬公會，各會館之間難以有很密切的互動交流。因此他們發起籌組雪隆客屬總會，促進客屬人士的聯繫及團結（87 周年紀念特刊工作委員會，1992：47），雪隆客屬總會成立後，也相當的活躍。

在中國開放之後，會館也會主辦尋根團，帶領會員到嘉應參訪。當然，尋根只是其中一站，這些回鄉團也會安排到中國其他地方觀光旅遊，聯誼的性質較為顯著。除了中國之外，馬來西亞與臺灣客家團體的交流也相當密切。近年來，由於臺灣客委會為首的客家團體逐漸關注海外客家，促使臺馬兩地的文化交流也日趨頻繁。以雪隆嘉應會館為例，其 2011 年 8 月 11 日臺灣高雄市客家鄉音樂團到訪交流、2013 年臺灣客委會到訪、2015 年有哈旗鼓好客馬來行以及高雄師範大學客家文化研究所到訪、2016 年 10 月 9 日婦女部合唱團更舉辦馬、臺兩地合唱團交流會。

（三）文娛活動

文娛活動是日常生活層面上增強會員互動，維繫會員凝聚力的活動。這些文娛活動大部分都結合了會員們的興趣嗜好。以雪隆嘉應會館為例，文娛活動主要由會館底下的次群體如婦女部、青年部推動。婦女部於 1970 年成立，直至 1990 年代開始有較多的活動，像是開班插花

班、儀態班、歌詠隊、山歌班（歌詠隊和山歌班較後改為合唱團）、土風舞班，也會舉辦一些講座會、烹飪示範會。

另一個組織是 1977 年成立的青年部，主要舉辦文化講座、開設樂理班、花藝班、書法班、篆刻班、繪畫班、舞蹈班、外丹功班、華樂班、意力拳班、乒乓隊、羽球隊。此外，青年部也協助嘉聯青辦理全國華小數學比賽以及全國嘉屬卡拉 OK 歌唱比賽（106 周年紀念特刊編輯委員會，2004：145-150）。另外會館也組織嘉應龍獅團，讓年輕會員學習舞龍舞獅，打鼓跳樁，在佳節慶祝活動時，也會出隊表演，或是在龍獅大會與其他獅隊交流。[16]

除了自身的嘉聯外，會館也與其他嘉應以外的會館協辦活動，例如 2023 年與馬來西亞客家公會聯合會、隆雪客家總會便共同舉辦了「梅縣客家話講座——倕講客家話」的講座。在 1989 年，嘉應會館為了響應雪隆中華總商會主催的馬華文學節，因此舉辦了第一屆全國嘉應散文獎（87 周年紀念特刊工作委員會，1992：47），這個獎項並不限於嘉應人士參加，而是開放給馬來西亞公民及永久居民，撰寫內容也無需限定於客家，這個獎項兩年一度，至今仍然延續，除了發放獎金之外，獲獎作品也會收錄於會館資助出版的散文集之中。

（四）祭祀

與許多會館組織一樣，雪隆嘉應會館在吉隆坡有自己的總墳，會館每年春秋二祭儀式，由會長率領董事成員與會員同鄉，準備香油、酒水、糕果及三牲前往致祭。嘉應會館也有自己的關帝廟，每年的關帝誕

16　見雪隆嘉應龍獅團臉書，https://www.facebook.com/profile.php?id=100064692216416&locale=zh_CN 。

都是會館的主要常年活動，會館會舉辦簡單而隆重的祭拜儀式（106 周年紀念特刊編輯委員會，2004：137-142）。

綜觀上述活動，戰後獨立後的社團，已經與過去有很大的區別，地緣性會館的日常運作可以說大部分都是屬於聯誼性質，且其內容與原鄉祖籍地意識培養上並無多大的關係，且在大多數成員是本地出生的第二代或是第三代，「嘉應」只是一個機構團體的名字，大於它作為一個原鄉的意義。當然「嘉應」這樣的符號並非完全沒有意義，而是作為更高層級的「客家」的一環。

從戰前至獨立後客家運動的進程，以及由雪隆嘉應會館和雪隆客屬總會的經驗來看，現今人們已經普遍認為各籍貫其實是客家族群的亞群，無論是什麼祖籍地的人，基本上都在客家的大傘之下，地緣意識是相對淡化的。陳美華在處理馬來西亞客聯會的經驗中，也有同樣的觀察，像是客聯會第二任理事長胡萬鐸表示在馬來西亞當前的環境之下，客家團體需要大團結，第四任理事長羅超德也認為客家人需要「發揚客家精神」（陳美華，2008：11），[17] 可以見到「客家」作為一個族群的身分認定比地緣更加重要。那麼，在各個籍貫身分認同淡化或是模糊的情況下，馬來西亞的客家內涵是如何在當代人主導下而發展的？新時代中的客家族群面貌呈現出什麼特色？

17　對此現象，陳美華認為其與戰後馬來西亞的種族政治及經濟下，華人和馬來人兩大種族的關係脈絡有重要關係（陳美華，2008：11）。

六、新族群性的建構

　　客家的族群性是一個抽象的概念，本文將藉由當代客家人如何想像自己的族群身分來體現其族群性。這點我們可以透過當代馬來西亞不同籍貫的客家社群在傳統節日，以及飲食消費中的族群身分實踐來加以觀察。前者是社會層面的，屬於不定時，但又強調客家特色的活動，後者則是從經濟層面看人們日常生活對於客家族群意識的實踐。

（一）節慶活動

　　近年來，馬來西亞客家群體開始熱衷於舉辦各項強調客家性的節慶活動，像是補天穿及龍抬頭，此外，其他社團常年活動也是值得觀察的對象。

1. 補天穿

　　補天穿是近年來出現在馬來西亞客家人生活中的一項節日，它落在每逢農曆正月二十，當天又被稱作「補天穿」。客家人會在當天準備較為豐盛的菜餚祭拜女媧，紀念女媧補天。客家人認為過完正月二十這個補天穿，才算過完年。

　　在戰前，馬來西亞有慶祝「補天穿」的客家人並不多，查 1980 年嘉應會館七十七週年紀念特刊，當中談及客家人的傳統時，僅提及元旦、元宵、清明、端午、中元、中秋、重陽、冬至，並未有補天穿的紀錄（雪隆嘉應會館，1980：346-305）。然而根據田野資料，1980 年代初在惠州客家人為主的梳邦新村曾經有家戶準備過年的菜餚來「補天穿」（但不以天穿日稱之），此活動僅在家中進行，至於其他惠州人比例

較高的新村像是知知港（Titi）、武來岸（Broga）則未見到有人「補天穿」，[18] 顯見這項活動在馬來西亞並不普遍。除了馬來西亞之外，香港及廣東原鄉也較少聽聞。

　　事實上，「補天穿」主要在臺灣較為普遍，它最初出現在臺灣北部部分客庄，[19] 其他地區的客庄對此並沒有特別的慶祝活動，概念相當模糊。[20] 它的流行主要源於政府客家政策推動的結果。2010 年，行政院客委會將正月二十天穿日定為全國客家日，並於隔年盛大舉辦，從天穿日到全國客家日而言，這個節日屬於族群建構的創新性傳統（謝名恒，2019）。在臺灣逐漸普遍之後，補天穿的傳統也被馬來西亞的客家人所得知，在資料相對較多，網路資訊普及的背景下，補天穿很容易地成為馬來西亞客家人重新尋找自身傳統的對象。

　　直到 2010 年代，開始有一些地方出現組織性補天穿的祭拜活動，[21] 並在不同的客家社區散播，像是森美蘭的亞沙、知知港（2020 年首辦），[22] 馬六甲、雪蘭莪的沙登（2019 年首辦），彭亨的關丹（2012 年首

18　報導人為前雪州政府新村發展委員會顧問雷子健先生（1961 年生）。雷先生曾在 1980 年代初到梳邦新村友人家聚餐補天穿，由於客家話當中，補天穿與補天餐同音，因此開始時還認為這頓飯稱之為「補天餐」。（2024 年 2 月 24 日訪談）

19　像是桃竹苗地區，其中又以竹東最為盛行（謝名恒，2019：49）。

20　見〈紀念天穿日 美濃古道淨山〉，2012 年 2 月 11 日，https://tw.news.yahoo.com/ 紀念天穿日 - 美濃古道淨山 -121014972.html 。

21　森美蘭亞沙新村的師爺廟表示，在 2019 年《星洲日報》採訪當地居民補天穿活動時，居民表示當地的天穿日已有逾 20 年歷史，但我們無法證實。見：〈相傳正月二十工作「賺不了錢」客家人天穿日不幹活〉，《星洲日報》，2019 年 2 月 23 日，https://www.sinchew.com.my/?p=2876246。

22　見〈知知港首慶補天穿 舞獅燃鞭炮祈求好運〉，《星洲日報》，2020 年 2 月

辦）、[23] 立碑、文德甲，柔佛的新山，東馬砂拉越的古晉（2017 年首辦）等地。2023 年 11 月，補天穿行之有年的亞沙仙四師爺廟甚至耗資馬幣 10 萬令吉打造了一座大型的女媧石像，期待該石像能夠成為森美蘭州的打卡點，吸引遊客，同時讓更多人知道女媧補天的典故。[24] 足見其觀光這項經濟因素對於這項節日的正面影響。

再以客家人占多數的雪蘭莪的沙登新村為例，當地在 2019 年開始每年辦理補天穿的活動，[25] 該活動是由當地民主行動黨史里肯邦安州議員歐陽捍華（惠州客籍）所推動，他認為這是現今人們逐漸被遺忘自身的客家傳統，因此有必要加以傳承。在 2019 年首次辦理時，團隊也透過詢問耆老和查閱資料，得知供品、祭拜方位、祭拜儀式後，再加以實踐。他們擺設香案以及女媧的人型立牌進行祭拜活動，同時準備傳統客家食物作為貢品，特別是一些具有粘性的糕點，像是糍粑、年糕，以及五種顏色的石頭和釀料，在參拜女媧娘娘後，人們也向天拋擲碎年糕，寓意女媧補天。[26]（圖 3）在沙登附近的加影鎮，[27] 每年天穿日時，當地

---

14 日，https://www.sinchew.com.my/?p=3055030。

23　見〈關丹客家公會天穿日 孝親敬老聯歡晚宴〉，《星洲日報》，2023 年 2 月 11 日，https://eastcoast.sinchew.com.my/news/20230211/eastcoast/4464173。

24　見〈亞沙仙四師爺廟打造 森首尊女媧石像落成〉，《星洲日報》，2023 年 11 月 19 日，https://www.sinchew.com.my/?p=5138664。

25　見〈歐陽捍華首舉補天穿慶典 拋年糕補天洞〉，《星洲日報》，2019 年 2 月 25 日，https://www.sinchew.com.my/?p=2882232。

26　報導人為雷子健，雷先生曾擔任歐陽捍華議員的顧問，實際參與補天穿的規劃。（2024 年 2 月 24 日訪談）

27　加影鎮是烏魯冷岳縣的縣治，根據 1930 年的統計資料，這裡是整個馬來半島四個客家人占絕對優勢的縣份，客家人占了華人人口超過 45%（Vlieland, 1932）。

的斐翠大酒家也會特別推出名為「天穿日套餐」的桌菜，配合歌舞表演
供民眾訂購。

圖 3　2023 年 2 月沙登新村的補天穿活動
資料來源：雷子健提供，攝於 2023 年 2 月 10 日。

　　由此可知，地方上辦理補天穿活動時，其對於「客家」的展演意義
更大於祭祀，而補天穿在臺灣行之有年，已有固定的論述和作法，正好
為馬來西亞社會文化創造提供了重要素材。當地客家人在尋找傳統的過
程中也建構了新的「傳統」，成為人們推動社區發展的重要工具。這項
傳統會如何發展，值得進一步觀察。

2.龍抬頭
除了天穿日，龍抬頭是另外一個近年開始出現的節慶。農曆二月二

日的龍抬頭又稱春耕節。在農耕時代，人們在這天祭龍祈雨，放生，以求一年的豐收吉祥，這一活動在中國北方較為盛行（楊玉君，2011：267-290；張勃，2012：100-112）。

馬來西亞華人並沒有農耕傳統，龍抬頭長久以來也並不流行，然而在 2023 年的農曆二月二日，森美蘭客家文化博物館所承辦的第二屆客家文化節當中，也融入了「二月二龍抬頭」的活動，[28] 大會也放置了一頭人造的春牛模型，供參與民眾「打春牛」。[29] 主辦單位也不諱言這是農耕文化的一部分，若詢及年長的客家籍長輩，大多未聽過這項傳統。是故，此一傳統的重新出現，很明顯是因為活動及文化展演所需，而進行設計的結果。

3. 其他常年節慶展演活動

維繫會員感情是現今會館存在的核心意義。在這方面，會館都會定期舉辦不同的活動來強化會員之間，以及對於會館的向心力。各地緣組織所辦的活動，往往會盡可能契合自身的文化身分，像是福建會館的晚宴必然會與客家相關會館的晚宴有所不同，因此在這些活動中，最能觀察其對於自身文化的展現。

本研究 2022 年走訪了雪隆嘉應會館慶祝成立 124 週年午宴，除了基本的一般獻詞、開幕、紀念品頒發等的儀式之外，會館也安排了不

28　見〈第 2 屆客家文化節 明年 2 月 18 及 19 日芙蓉舉辦〉，《中國報》，2022 年 11 月 25 日，https://n9.chinapress.com.my/20221125/ 第 2 屆客家文化节 - 明年 2 月 18 及 -19 日芙蓉举办 /。

29　見〈18 及 19 日客家文化節 " 二月二，龍抬頭 " 邀參與〉，《中國報》，2023 年 2 月 10 日，https://sembilan.sinchew.com.my/20230210/18 及 19 日客家文化节 - 二月二，龙抬头邀参与 /。

同的表演，其中與客家有關的表演是由婦女組帶來的客家歌曲《油桐花》，這首歌也在 2022 年 10 月 22 日沙巴斗湖客家公會所主辦的 2022年第十屆全國客家歌樂節演出。

油桐花是臺灣西部淺山客家地區的自然景觀，因此成為當地客家人象徵，臺灣音樂家呂金守便藉此創作出童謠《油桐花》的詞曲，訴說著客家人溫柔堅韌的個性，最後成為了臺灣的流行曲。

這個案例並不是要表示馬來西亞客家人不能使用臺灣的客家歌謠，而是強調在全球化資訊傳播普及的時代中，臺灣和馬來西亞文化產出懸殊的情況下，[30] 馬來西亞客家人自然也吸納了許多外來的客家文化，而各種展演活動需求是他們吸納外來文化的動力。活動中，來自臺灣的油桐花被潛移默化的接納了。

另一個廣為各客家族群所接納的地方意象是永定的土樓，在 2018年嘉應會館以「侭」為主題的聯歡晚宴中，其主題背景是以永定土樓為設計，可見永定土樓的意象已經為嘉應人所接納，成為自我的符號。

無可否認，無論是《油桐花》或是永定土樓意象，其實並不見得是來自會館本身領導層的決定，而是外聘音樂老師或是活動承包廠商所提供，但這些成品因為十分細微，且並不牽涉重大議題，故未被特別關注或是被管理層否決，最後呈現在眾多人出席的場合之中，亦被大家無意的接納。在活動場合呈現的這些意象，也潛移默化地形塑著當代馬來西亞客家人的客家圖像。

除了傳統的客家地緣會館之外，一些人也在 2015 年成立了馬來西亞客家文化協會，短短一年內，在檳城、吉打、霹靂、吉隆坡、雪蘭

30　臺灣客家事務屬於國家政策的一環，因此客家文化的發展有很強的國家
　　助力。

莪、森美蘭都有分會，其創會原因是希望藉以傳承客家文化以及凝聚客籍人士，該協會並不僅限於客家人參與，凡是對客家文化有興趣者，都能加入。[31]

馬來西亞客家文化協會在辦理活動上相當活躍，2017 年，他們表示將編輯出版全馬第一本《客家字典》，藉以「搶救客家語，鼓勵更多客家子弟學習客家語，把客家文化傳承下去」。[32] 2023 年，馬來西亞客家文化協會砂拉越分會則動員地方人士舉辦了「一天售出最多的慈善客家擂茶大馬記錄」活動，[33] 活動以售出 1,560 份擂茶創下紀錄，售賣所得以每份抽出 5 元捐給當地學校做公益。該分會也在前一天慶祝天穿日。[34] 分會也曾在 2020 年創下「全馬最多客家青獅同台演出」的大馬紀錄，在 2022 年也創下「全馬最大客家青獅王」大馬紀錄。值得注意的是這邊所謂的客家獅，實際上是惠州獅。因此無論是河婆擂茶還是客家獅，地緣意識其實是被淡化的。

可以見到現今的客家社團，有的是在辦理會務活動中，實踐了各種經過挪用與融合之後的客家意象，一些新興的客家團體，更是出於活動展演需求，而以客家之名貫穿各種活動。這時候，各種鮮明的客家祖籍

---

31 〈全國第七分會 客家文協入駐森〉，《星洲日報》，2016 年 9 月 19 日，https://www.sinchew.com.my/ 全國第 7 分会‧客家文协入驻森 /。

32 〈搶救傳承客家語 客協將出版《客家字典》〉，《南洋商報》，2017 年 6 月 10 日，https://www.enanyang.my/ 时事 / 抢救传承客家 - 客协将出版《客家字典》。

33 取自馬來西亞客家文化協會砂拉越分會臉書，https://www.facebook.com/photo/?fbid=577383614430755&set=pcb.577383714430745。

34 〈砂客家文協 1 天售 1560 份 創義賣最多擂茶紀錄〉，《星洲日報》，2023 年 2 月 11 日，https://sarawak.sinchew.com.my/news/20230211/sarawak/4465676?variant=zh-hant。

地文化（如河婆擂茶、惠州獅）都會被冠以「客家」的大標籤。

（二）日常生活實踐：飲食

　　飲食是日常生活的一部分，近年來，它更從生存所需成為日常消費文化的一部分。這種日常實踐往往能較那些在固定日子才舉辦會館活動更有效地形塑人們的族群認知。

　　在過去，客家菜主要出現於私領域的部分，市街上的餐廳主要以酒樓粵菜為主，甚至有一種說法認為客家菜一般是給人家常菜的感覺，普通平庸，難登上酒樓大堂。[35] 在物資匱乏的時代，人們大多都在家解決三餐，不同的客家籍貫雖然在飲食文化上大同小異，但仍有一些食物品項是由特定客家群體所專屬，像是大埔人的算籃子、河婆人的擂茶、海陸豐人的鹹茶，都是相當具有地緣特色的飲食。隨著社會經濟的發展，產業結構改變，社會分工日趨細緻的情況之下，飲食也逐漸走向公領域，原本在家裡餐桌上的菜餚也日漸以「客家」的族群標籤，出現於攤販和餐廳之中。

　　本文以客家菜餚為指標，觀察業者及社會大眾對於「客家」以及特定籍貫菜餚的認知與詮釋情形，為此，本文利用「客家」、「客」、「Hakka」、「惠州」、「嘉應」、「河婆」、「大埔」、「永定」、「海陸豐」為關鍵字，以谷歌地圖針對雪隆地區的餐廳進行搜尋，共收集到 102 項結果。就收集結果來看，雪隆地區的餐廳幾乎都是以層級較高的「客家」為名，較少看到以縣或府為單位的原鄉地名。當然，一些以客家人口為

---

35 〈研究客家便菜成功的李秀珍女士〉，《南洋商報》，1970 年 1 月 25 日。見吉隆坡客家飯店臉書，https://www.facebook.com/hakka.restaurant/photos/a.612038048819811/5340803802609855/。

主流的地區像是沙登、士毛月，由於屬於優勢群體，因此有的並不會再特意強調自己的客家身分，這是資料收集上的限制之處。

在地緣族群方面，研究發現並沒有餐廳及食物以永定、惠州、嘉應、海陸豐命名。大埔則有 4 家以「大埔」為名的麵食品項，分別為春記大埔麵、營記大埔麵，以及 2 家半山芭大埔麵館。值得注意的是，大埔的算盤子並沒有出現在內。

再來是河婆，與河婆人有密切關係的食物品項是擂茶，在雪隆地區共有 13 家餐廳有出現「河婆」二字，並且都是售賣擂茶的店家，像是百合河婆擂茶、阿妹河婆擂茶、河婆擂茶香坊、玉竹園河婆擂茶等。與大埔麵不同的是，這些擂茶店雖然主打擂茶，但還是有售賣其他的菜餚。像百合河婆擂茶便有售賣米呈，玉竹園河婆擂茶也有售賣河婆釀豆腐。河婆園則是一般的菜館，除了售賣河婆擂茶、擂茶湯、河婆菜飯、河婆風味釀豆腐，也有售賣麻婆豆腐、亞參魚、上海豆腐、馬來風光、泰式魚等等。

客家人的飲食主要還是以「客」或「客家」為名，英文招牌上則是能見到「Hakka」這一關鍵字，這類店家在雪隆地區至少有 61 間。當中，可以見到許多原來有著特定地緣的食物品項也放棄使用地名，而以「客家」為前綴。像是寫著客家擂茶的店家就有 9 家，像是黃媽媽擂茶（Wong Ma Ma Hakka Lei Cha）、添記擂茶（TJ Lei Cha - Hakka Cuisine）以及傳統河婆擂茶餐室（Traditional Hakka lui char restaurant）。[36] 其他的店家雖然沒有以擂茶為店名關鍵字，但其菜單內的擂茶品項所寫的是客家擂茶，而非河婆擂茶（例如迎客樓、客家煲飯店）。張菁蓉和安煥然也關注擂茶從「河婆」轉為「客家」的現象，認為這是馬來西亞客家文

36　此店中文以河婆為名，但英文店名則不用 Ho Po，而使用了 Hakka。

化和認同歷經再建構的結果（張菁蓉，2022；安煥然，2023）。不過，相較於其他以原鄉地名為品項的食物，擂茶已經是保存原鄉地名樣本數最多的食物品項了。

大埔人的算盤子方面也有類似現象，幾乎所有的菜單，都是出現「客家算盤子」，而非「大埔算盤子」，例如迎客樓、客家飯店、客家莊私房小廚。可以見到相對於原鄉地名，民間更加習慣使用「客家」來想像族群身分。

在這些客家餐廳中，除了售賣各色菜品的餐廳之外，也可以見到另一個特定食物品項與「客家」連結在一起，那即是釀豆腐。61 個店家樣本裡，就有 13 家主打釀豆腐，[37] 像是味記客家瓦煲釀豆腐、客家釀豆腐、舊啤律客家釀豆腐、肥佬莫客家釀豆腐、怡保律釀豆腐、華嬌客家釀豆腐、漁鄉客家釀豆腐等，一些即使中文沒有標示「客家」的，也會在英文出現「Hakka Yong Tau Fu」，釀豆腐已被標上「客家」的標籤。另一些與客家有所關聯的食物專賣店還有客家麵和客家板麵，如良仔客家麵、大樹頭客家板麵、彰哥客家麵、SK 豬仔客家麵館、勝記客家板麵。

本文也將收集到的店家樣本，觀察他們的菜單，瞭解業者對於客家以及其他各籍地名的使用，檢視人們對於「客家」的想像。基本上，會以「客家」或「Hakka」為名的餐廳，在菜單中已經非常難找到各籍客家地名為開頭的菜品。反而可以找到「客家」作為前綴的菜色名，部分菜品雖然沒有「客家」作為前綴，但也會被放在「客家菜」項目底下。在以客家作為前綴的菜色方面整理如下表：

---

37 包含怡保律釀豆腐的 4 家總店及分店，以及 2 家的亞咪釀豆腐。

表 2　菜單中使用「客家」作為前綴的菜品

店家	菜品
客家人	客家人北風腊味飯、客家人釀豆腐
自家客人	客家炸肉
平香客家排骨飯店	客家炸肉丸、客家紅酒雞
客家村飯店	客家炸豬肉
自家人風味餐	客家炸豬肉、客家釀豆腐
客苑	客家盆菜、客家長壽麵、客家炸年粄
迎客樓	客家算盆子、客家三杯雞、客家炸肉、客家風味魚片、客家牛腩煲、客家釀、客家炒野苗、客家炒粒粒、客家刀嬤切、客家肉脆板條、客家炒板條、客家梅菜炒飯、客家燜炸肉飯、客家擂茶三文魚海蜇魚生
客家飯店	客家算盤子、客家黃酒姜粒菜園雞湯、客家牛腩蘿蔔湯、客家芹菜肉脆酒糟湯、客家煎馬友魚、客家自製咸菜蒸馬友魚、客家煎排骨、客家梅菜扣肉、客家咸菜炒牛肉、客家鹽酒菜園雞、客家釀豆腐、客家豆腐羹、客家芥蘭炒肉脆、客家芹菜小炒、家鄉炒客家麵、客家炒飯、客家家鄉扒全鴨、客家干煎蝦碌、客家香菜脆皮豬手、客家瑤柱蟹肉羹
客家煲飯店	客家蒸雞、客家聚寶盆菜、客家炸肉、客家擂茶、芋頭算盤子、客家麵
客家莊私房小廚	客家燜炸肉、客家肉卷、客家算盤子、客家釀苦瓜、客家大茶麵、干炒客家麵
客家人飯店	客家麵、客家鹽雞、客家釀豆腐卜、客家炸肉燜木耳

資料來源：作者自行整理。

備註：上述餐廳不只是售賣客家菜，也包含一些本地常見的菜品。上表僅呈現有「客家」前綴的菜品。

　　由上表可以注意到以客家為名的菜品相當多，除了一般熟悉的算盤子、釀豆腐、擂茶、客家麵、炸肉、炸肉丸、盆菜、肉卷之外，一些較具規模的餐飲店也研發了不少相當創新且具有客家特色的菜品，像是迎客樓的客家擂茶三文魚海蜇魚生、客家梅菜炒飯。此外，這些餐廳也有許多看似跟傳統認知中的客家無關的客家菜品，像是迎客樓的客家三杯

雞、客家風味魚片、客家牛腩煲、客家炒野苗、客家炒粒粒，以及客家
飯店的客家牛腩蘿蔔湯、客家煎馬友魚、客家煎排骨、客家炒飯、客家
家鄉扒全鴨、客家乾煎蝦碌、客家瑤柱蟹肉羹、客家芥蘭炒肉脆。單看
菜名，其烹調方式相當中性，因此增加客家這一文化符號，更像是為了
呼應作為客家餐廳的主體性。

　　這些具有規模的餐廳，在其宣傳平台除了打出促銷活動和菜品介紹
之外，也會不時宣傳客家文化，像是迎客樓的臉書分享天穿日（圖4）
以及梅州地區做糍粑的典故。從天穿日的例子來看，商家一般不會對於
馬來西亞客家的內涵進行詳細考究，而是在網路世界中將相關的資訊進
行分享。然而，是否符合歷史事實已經不重要，這類型的商業行為已經
逐漸形塑及強化大眾對於「客家」的認知。

圖4　迎客樓餐廳對於客家天穿日的介紹
資料來源：迎客樓臉書專頁。

　　不僅如此，部分客家餐廳所推出的「特色客家料理」除了烹調技法中性的菜色之外，一些具有南洋色彩的食物，像是客家仁餐廳所推出的娘惹魔鬼魚、亞參咖哩魚頭、鹹濕蟹、特色香辣海鮮煲也成為了「客家料理」。雖然在偌大的菜單旁有一排「客家菜」、「小菜」、「海鮮」，但在大而顯著的「特色客家料理」旁，已經將其遮蔽（圖5）。

圖5　客家仁餐廳的「特色客家料理」

資料來源：客家仁臉書專頁。

　　類似上述不斷被創造的客家菜色的推出，除了日常的經營之外，節慶更是催化這些籍貫文化的推手。像是天穿日，吉隆坡的華聯斐翠大酒家便請來大廚，研發推出天穿日套餐，有關此舉的目的，餐廳指出：

　　「無時無刻為饕客帶來新意的 Kent 哥，希望能夠藉此推廣，以及讓更多人認識這個客家傳統文化，因此特意推出『天穿日』套餐。其實，正月二十天穿日也是客家人的小過年，當天，家家戶戶都會放下手頭上的工作，好好休息，同時也紀念女媧煉石補天。」

　　因此在 2023 年春的天穿日，該餐廳推出了客家羅宋湯、客家蒸非洲、白切走地雞（半隻）、客家薑牙鴨、自製客家扣肉、下水炒蝦球。從中我們可以見到俄羅斯羅宋湯，以及名為「非洲」的魚種和「客家」進行了結合。[38]

　　從上述補天穿的推出緣起以及餐廳所設計出的菜餚，可以看到日常商業行為在文化推廣上的積極角色，也因為它屬於人們日常生活的一部分，因此這些行為對於社會大眾的客家想像有很大的影響。除了菜單之外，因為商業上的需求，一些檔次較高的客家餐廳也會在店內進行布置，像是迎客樓便將餐廳門面以較具特色的永定土樓的裝置藝術進行裝潢。可以見到這些以「客家」為名的餐廳，無論在菜色或是設計上，都名正言順地搓揉了閩粵不同客家原鄉的元素，將大埔的算盤子、河婆的擂茶、永定的土樓納入客家的大傘之下。

　　總體而言，上述案例可以見到「什麼是客家？」在馬來西亞並非是一錘定音，仍是在不斷變化的過程。在與原鄉疏離的背景下，這些與日常生活密切關聯的飲食文化其實不斷形塑人們對於族群身分的認知，人們對於族群身分的想像也展現在民間這些餐廳的名稱及菜色之中。在族群政治的大環境，以及戰前馬來半島客家意識推動下，「客家」早已將祖籍地緣取而代之，成為族群認知的標的。

　　再者，目前馬來西亞各籍的客家族群當中，並未發展出類似順德

---

38 〈華聯斐翠大酒家精心規劃 推出「天穿日」套餐〉，《南洋商報》，2021 年 2 月 28 日，https://www.enanyang.my/ 雪隆 / 华联斐翠大酒家精心规划 - 推出「天穿日」套餐。

菜、莆田菜這樣，[39] 在飲食界中有特殊的地位，因而得到凸顯。[40] 在客家菜當中，各族群的菜餚或許從來就沒有構成自身特色的條件，而「客家」是作為一個整體而存在於人民日常生活中。因此無論是在上述所討論的節慶展演活動，或是在這些餐廳之中，所謂的「客家」其實搓揉結合了各個客家原鄉的元素，不僅如此，在原鄉界線意識模糊的情況下，也會出現甲籍貫的客家人會認為乙籍貫的客家文化屬於自己，類似文化搓揉融合的情況，本文稱之為「泛客家化」現象。當然，這種「客家」認知是雙向的，社團組織或店家作為文化標的物的輸出者，深刻的影響了人們對於客家的認知範圍，且站在組織與商業運作上的需求，這方面的投入會有正面的加強。另一方面，商家的資訊也是來自民間，特別是文化或政府機構，以及大中華地區的網路資訊。

七、結論

　　本文旨在討論客家新族群性的發展，客籍或客家人在馬來半島的歷史已經相當久遠，但「客家」的內涵並非一成不變，而是經歷不斷變化的過程。19 世紀的「客」，其內涵以各個客籍原鄉地緣為主體，當時社會普遍以地緣作為獲取生存資源的單位，不利於集體客家意識的形成，因此「客」只是一個鬆散的概念。

　　20 世紀初以後，原本地緣畛域意識分明的客家人，開始因為各種

39　順德和莆田分別為廣州府和興化府底下的一縣，他們經常被歸類在廣府、
　　興化幫群之中，因此與客家社群內部的惠州、永定、大埔有相似之處。
40　與香港不同，香港早已發展出以惠州菜為代表的東江菜。

權益爭取事件、祖國救亡運動而出現一體化的端倪，人們開始組織以
「客屬」為單位的組織，為後續客家人提供了集結的平台。20世紀的
「客家」已經從原鄉地緣轉變為一種廣義的方言群概念，地緣界線也逐
漸淡化。

　　馬來（西）亞獨立後，華人為了因應各種政治挑戰而成為命運共同
體，其內部方言群及地緣之間的歧異轉而被種族議題所取代。另一方
面，在冷戰的格局下，馬來西亞華人與原鄉往來受限，加上歷經幾個世
代之後，在地土生土長毫無原鄉經驗的華人逐漸佔據社會主流，他們也
以各自的方式去建構自己的族群想像。在新的時代裡，除了原鄉之外，
馬來西亞也接收相當多來自臺灣的影響，成為建構客家新族群性的重要
素材。

　　在當代馬來西亞客家新族群性的發展面貌方面，研究發現它具有兩
大特色，其一是文化傳統的再造及創生，其二是糅合與接納各個不同客
家群體文化的泛客家化現象。前者體現於社會領域方面，會館存續以及
社區組織發展需求下所展開的文化傳承，可以見到諸如天穿日、龍抬
頭、油桐花這些外來文化因為資訊的普及而開始被本地客家人所接納。
人們並不認為這是外來的新文化，而是將之視為是找回自己失落已久的
傳統文化。

　　馬來西亞各客家族群之間文化糅合與接納的泛客家化現象更為普
遍，特別是在經濟領域當中，因為商業和展演效果的需求，也出現了諸
如天穿日套餐、建立女媧塑像這些創新的「客家」元素。可以見到各種
具有原鄉標示的食物或地景都被冠上了「客家」標籤。在此情況下，便
能見到惠州人認為河婆擂茶是自身的客家文化，永定土樓能夠成為嘉應
會館的主題圖像設計。這些文化並不強調原鄉的地域特色，而是以「客
家」為主體，呈現泛客家化現象。

　　在泛客家化形成的機制方面，20 世紀以來客家人地緣意識減弱，客家的一體化，以及獨立後馬來西亞華人與原鄉逐漸疏離，為現今泛客家化的出現提供了重要基礎。在此情況下「客家」文化往往較單一的原鄉文化來得易於操作。可以見到無論是會館或是商業機構，都紛紛以各種方式及平台展演各自心目中理想的「客家」形態，成為當代客家內涵得以不斷發展的平台。泛客家之後的內涵在消費經濟和文化展演需求這兩項機制的推動下，為客家文化帶來了新的可能性。這種文化創造和回饋是一個雙向的過程，由商家和社團組織成為文化的創造者，他們同時也在民間、文化機構和網路訊息中得到創造的想法。

　　這種經濟消費行為對於新族群性帶來的影響，也符合新自由主義經濟的觀點，[41] 在強調市場邏輯的背景下，商業活動將塑造族群性的經濟和社會背景，導致了經濟機會的分配和族群身分的市場化，進一步影響特定族群的面貌。日常生活中的客家餐廳、節慶經濟便是在經濟行為上潛移默化地雕琢著客家的族群意象。

　　總體而言，在長久的變化中，客家的內涵不斷因應社會環境而改變，當代馬來西亞客家人不再受限於特定地緣身分，而是在泛客家化的潮流中不斷調整和認知自己的族群身分。透過社會領域的傳統實踐以及經濟領域中的日常消費，客家新族群性的內涵正在處於形塑的過程，成為未來新族群性形成的基礎。

---

41 新自由主義（Neo-liberalism）是一種強調市場自由、私有化、自由貿易和減少政府干預的經濟理論，認為市場機制能夠最有效地分配資源和促進經濟增長。

參考文獻

Innes, J. R., 1901, *Report on the Census of the Straits Settlements, taken on the 1st March 1901.* Singapore: Government Printing Office.

Marriott, H., 1911, *Report on the Census of the Straits Settlements, taken on the 10th March 1911.* Singapore: Government Printing Office.

Nathan, J. E., 1922, *The Census of British Malaya (The Straits Settlements, Federated Malay States and Protected States of Johore, Kedah, Perlis, Kelantan, Trengganu and Brunei), 1921.* London: Waterlow & Sons Limited.

Vlieland, C. A., 1932, *A Report on the 1931 Census and On Certain Problems of Vital Statistics, British Malaya (The Colony of The Straits Settlements and the Malay States under British Protection, namely The Federated Malay States of Perak, Selangor, Negri Sembilan and Pahang and the States of Johore, Kedah, Kelantan, Trengganu, Perlis and Brunei).* London: The Crown Agents for the Colonies.

106 周年紀念特刊編輯委員會，2004，《雪隆嘉應會館 106 週年紀念特刊》。吉隆坡：嘉應會館。

87 周年紀念特刊工作委員會，1992，《雪隆嘉應會館 87 週年紀念特刊》。吉隆坡：嘉應會館。

王雪橋，1951，〈本會史略暨會務概況〉。收於霹靂客屬公會開幕紀念特刊出版委員會編，《霹靂客屬公會開幕紀念特刊》，頁 721-764。怡保：霹靂客屬公會。

白偉權、張翰璧，2018，〈由小團結而大團結：星洲客屬總會與南洋客家意識的傳播與維繫（1923-1957）〉。收於黃賢強編，《會館、社群

與網路：客家文化學術論集》，頁 83-114。新加坡：新加坡國立大學中文系、新加坡茶陽（大埔）會館客家文化研究室、茶陽（大埔）基金會、八方文化創作室。

安煥然，2023，〈族群認同與南洋品牌：馬來西亞客家菜與海南餐飲〉。收於蕭新煌、周錦宏、張維安主編，《客家飲食文化的跨國經驗》，頁 253-276。苗栗：客家文化發展中心。

李亦園，1970，《一個移植的市鎮——馬來亞華人市鎮生活的調查研究》。南港：中央研究院民族學研究所。

李培德，2012，〈華商跨國網路的形成、延伸和衝突：以胡文虎與陳嘉庚競爭為個案〉。《華人研究國際學報》4（1）：53-74。

南洋客屬總會，1965，《南洋客屬總會第三十五、六周年紀念刊》。新加坡：南洋客屬總會。

施添福，2013，〈從「客家」到客家（一）：中國歷史上本貫主義戶籍制度下的「客家」〉。《全球客家研究》1：1-55。

＿＿＿＿＿，2014a，〈從「客家」到客家（二）：粵東「Hakka・客家」稱謂的出現、蛻變與傳播〉。《全球客家研究》2：1-114。

＿＿＿＿＿，2014b，〈從「客家」到客家（三）：臺灣的客人稱謂和客人認同（上篇）〉。《全球客家研究》3：1-109。

施添福主持研究，2010，〈清代臺灣新苗地區的粵人與粵莊〉。行政院國家科學委員會補助專題研究計畫成果報告子計畫二十五。

馬來西亞雪蘭莪嘉應會館七十七週年紀念刊編委會，1980，《馬來西亞雪蘭莪嘉應會館七十七週年紀念刊》。吉隆坡：嘉應會館。

張勃，2012，〈先有「二月二」，後有「龍抬頭」——二月二的起源、流變及其文化意義〉。《民間文化論壇》2012（5）：100-112。

張菁蓉，2022，《馬來西亞河婆擂茶研究：從河婆飲食看客家認同》。吉

隆坡：馬來西亞河婆文化基金會／加影：新紀元大學學院。

張翰璧，2013，《東南亞客家及其族群產業》。桃園：國立中央大學出版
　　中心／臺北：遠流出版公司。

張翰璧、白偉權、蔡芬芳，2021，〈信仰與族群關係：以馬來西亞仙四
　　師爺信仰為例〉。《民俗曲藝》214：97-148。

陳美華，2008，〈族群、歷史與認同：以馬來西亞客聯會的發展為探
　　討〉。《馬來西亞華人研究學刊》11：1-45。

麥留芳，1985，《方言群認同：早期星馬華人的分類法則》。南港：中央
　　研究院民族學研究所。

黃子堅，2011，〈馬來西亞基督教巴色教會與沙巴州的客家族群〉。收
　　錄於蕭新煌主編，《東南亞客家的變貌：新加坡與馬來西亞》，頁
　　367-402。臺北市：中研院人社中心亞太區域研究專題中心。

楊玉君，2011，〈餅與匱乏：從節日飲食到英雄傳說的考察〉。《中正大
　　學中文學術年刊》17：267-290。

劉崇漢，1998a，〈獨立前華人鄉團組織〉。收錄於林水檺、何國忠、何
　　啟良、賴觀福合編，《馬來西亞華人史新編（第三冊）》，頁 347-
　　378。吉隆坡：馬來西亞中華大會堂總堂。

＿＿＿＿，1998b，〈獨立後華人鄉團組織〉。收錄於林水檺、何國忠、何
　　啟良、賴觀福合編，《馬來西亞華人史新編（第三冊）》，頁 379-
　　417。吉隆坡：馬來西亞中華大會堂總堂。

劉瑞超，2013，〈沙巴「客家」華人的形成：以教會與公會做為一種理
　　解的可能〉。收錄於林開忠主編，《客居他鄉：東南亞客家族群的生
　　活與文化》，頁 256-270。苗栗：客家委員會客家文化發展中心。

謝名恒，2019，〈臺灣客家節慶政策的創新傳統：從「天穿日」到「全
　　國客家日」〉。《全球客家研究》13：43-78。

霹靂客屬公會開幕紀念特刊出版委員會編，1951，《霹靂客屬公會開幕紀念特刊》。怡保：霹靂客屬公會。

第二章

同奈𠊎人即客家：
越南客家研究的回顧與討論

張書銘

一、前言

　　現今生活於越南南部同奈省的𠊎人（Người Ngái）多數源於 1954-1955 年南遷之海寧儂族，在 1979 年政府公布的民族身分認定上屬於華族（Người Hoa），[1] 其實他們與目前居住於北部北江省和太原省等，僅餘

1　越南文 Người Ngái，Người 其意為「人」，Ngái 為客家自稱；Người Ngái 的中文翻譯一般多為艾人、𠊎人、涯人、偓人等，並無中文使用規範。在民族或族群議題的相關討論上，也可以使用 Người 來指稱群體。例如：Người Hoa，可以指越南政府所認定五十三支少數民族之一的「華族」，也可以是指具有共同語言與文化特徵的「華人」。以下討論北部少數民族 Người Ngái 時，中文就會以「𠊎族」來指稱；若是討論南部同奈省華族中的 Người Ngái 時，則以「𠊎人」表示。其次，較多人使用艾人一詞，其原因為「艾」字書寫容易，加上「𠊎」字並不存在於電腦中文輸入系統中，因此形成中文相關著作多採「艾人」用語。筆者過去也有混合使用的經驗，然基於以下兩點理由，現認為使用「𠊎人」一詞較為適合。一是「𠊎」已然成為客家意象，如臺灣客語友善環境的標語「𠊎講客」以及藝文活動「𠊎庄文學

千餘人的㑷族系出同源，[2] 同樣講著客家話。由於臺灣海外客家研究的興起，透過日本學者伊藤正子（ITO Masako, 2013）等人對越南客家的研究興趣，臺灣學界近年來也開始注意到越南客家的新興研究議題，如徐富美的㑷族（人）客家語言研究（徐富美，2016、2017、2021、2022）。

在此之前，有關越南的客家研究基本上是圍繞著海外華人會館中的崇正會館而開展，崇正會館也是越南華人文化中最具體的客家意象，而這樣的研究議題則是以傳統歷史學途徑的海外華人研究為主（張書銘，2021；張翰璧、蕭新煌，2021）。2010 年以前的越南客家研究，大多是採取歷史學途徑的客家社團研究取向，主題涵蓋了客家中華理事會、崇正會館、崇正學校、各地客屬同鄉會等，而且多數集中在 1975 年以前的西貢和堤岸，也就是本文所謂的「西堤客家」。[3]

而「同奈客家」即為目前生活於南部同奈省的㑷人，同奈㑷人雖身為華族且口說客家話，但卻與過去我們所熟知的西堤客家存在著不同差

季」等約定俗成的使用習慣；同時它也是海外客家的象徵，如印尼客家博物館的「㑷」字牆。二是使用艾人一詞，容易讓人產生不同於客家的想法。因此，筆者以為使用㑷人取代艾人應是較為適切的用語。

2　根據 2019 年國家統計局所公布之的全國人口普查統計資料顯示，目前㑷族僅有 1,649 人。General Statistics Office, Completed Results of the 2019 Viet Nam Population and Housing Census. Ha Noi, Viet Nam: Statistical Publishing House, 2020. https://www.gso.gov.vn/en/data-and-statistics/2020/11/completed-results-of-the-2019-viet-nam-population-and-housing-census/.

3　西貢（Saigon）為法國殖民時期印度支那首府，其歷史行政區域主要以現今胡志明市第一郡為核心，而華人聚居區則以第五郡為主要範圍的堤岸（Cholon），西貢與堤岸兩區實為雙聯市並於 1942 年合併為「西堤聯區」（蘇子，1956：1-3），故稱西堤。

異，可以說是一種非典型的海外客家。這種非典型的原因，主要是因為
19 世紀末至 20 世紀初法國殖民越南的緣故，這群原先居住於越南與中
國交界地區的客家人，由於政治因素而被命名為「海寧㑪族」。同奈㑪
人多出身海寧㑪族，雖然他們也會提到自己先祖輩來自中國欽廉地區，[4]
但並不像西堤客家會一再強調中原源流與五次遷徙說，因為海寧㑪族的
故事起源就是今天越南北部的廣寧省（Tỉnh Quảng Ninh）。

　　由於過去複雜的國際政治因素，使得這群原本居住於中國與越南邊
境的客家人，被賦予一種新的族群身分，然而其本質即為客家。傳統上
的客家人被國家政權賦予了一種新的族群身分，這是前所未聞的客家族
群源流。海寧㑪族的出現可以說是 20 世紀上半葉國際政治下的偶然產
物，然而 1979 年後越南境內的海寧㑪族也在國家民族政策下重新被賦
予了華人身分。本文即在透過歷史文獻、學者研究與田野工作，釐清目
前關於越南客家族群的一些分歧看法與原因，特別是有關同奈㑪人客家
身分的討論，及其與西堤客家之間的差異。

4　清朝官修地理總志《大清一統志》記載，廣東全省分設十府，即上六府、
　　下四府。上六府為：廣州府、肇慶府、惠州府、潮州府、韶州府、南雄州
　　府；下四府為：高州府、廉州府、雷州府、瓊州府。後增設嘉慶州（梅
　　州）、連州、欽州、羅定州等四個直隸州府，民國初年國民政府廢州改稱為
　　縣。另據，世界欽廉同鄉會與臺北市廣東欽廉同鄉會的網站介紹，「欽廉」
　　指原廣東省欽廉四屬（合浦、欽州、靈山、防城）地區，舊為廣東十府之
　　一的廉州府，欽廉靈防四屬位於粵西南邊陲，西與桂省相鄰，南靠北侖河
　　與越南接壤，面臨北部灣（原東京灣）與海南隔海遙遙相望，東與雷州半
　　島成犄角之勢，與今海南島、湛江市、茂名市、陽江市等地統稱為「粵西
　　下四府」。欽廉地區自清朝以來行政區位歷經多次改隸，1965 年由中華人民
　　共和國政府劃欽廉入廣西管轄至今，現分為合浦、浦北、北海、欽州、靈
　　山、防城、東興、防城港市等縣治。

本文研究方法主要採取文獻分析與觀察訪談，文獻資料除了國內外學者的相關研究之外，亦包含臺灣、越南等各地出版的越南崇正會館刊物、護國觀音廟特刊，以及海寧儂族自治區的集刊等。筆者亦於 2022 年 6 月 29 日至 7 月 8 日以及 2022 年 10 月 26 日至 11 月 8 日，前往越南同奈省邊和市、隆慶市、展邦縣、錦美縣、春祿縣、定館縣，平順省北平縣海寧社（潼毛）和胡志明市等地進行田野工作。移地田野的觀察與訪談，主要是前往同奈客家居住社區的信仰設施進行實地調查，透過廟宇碑記和紀念刊物等歷史文物或文字記錄，耙梳同奈客家的遷移歷史過程。同時，也透過訪談當地客家社區耆老和居民、華語文學校教職員、信仰設施的理事會長等，蒐集其家族的遷移經驗以及對客家身分的看法。

二、海寧儂族與倷人客家的關係

越南學者 Trần Hồng Liên（2008）指出居住於南部同奈省的華人族群有六大群體：分別是廣東、潮州、福建、客家、海南以及源於海寧的華人。其華人分類說，明顯地與過去海外華人研究的五大幫群分類不盡相同，不同之處在於增加了來自海寧的華人一類。實際上，Trần Hồng Liên 所謂源於海寧的華人即為「海寧儂族」，他們在 1954-1955 年後大規模南遷，因其特殊的殖民歷史與遷移經驗，使其成為越南華人族群中極為特殊的一群人。那麼如果海寧儂族屬於華人，為什麼又會被稱為儂族？

西元 1883-1885 年，中國清朝與法國因越南問題發生戰爭（史稱中法或清法戰爭），戰爭結束後雙方簽訂《中法會訂越南條約十款》（又

稱天津條約），確認了法國對越南的宗主權。1887 年再依據前約簽訂
《中法續議界務專條》，議定清朝與越南爭議領地以北崙江為界以南劃
歸越南，就這樣原本居住此區的客家人從此由法國殖民政府管轄。據
說，法國殖民政府在當地進行人口調查時，殖民官員問道：「你們是什
麼人」？他們回答：「農人」！但農為職業分類並非族群身分，繼續稱
呼此群客家人為中國人亦為不妥，因此依其農耕職業身分將之命名為
「Nùng」並視為少數民族之一（清風，2005：343-344）。[5] 又因為地理位
置位於海寧，故一般習慣上稱其為海寧儂族加以區分。就這樣，一群原
本居住在中越邊境以農漁為生的客家人，從此屬於法國殖民印度支那的
亞洲歸化人。

　　1954-1955 年，根據《日內瓦協定》所形成南北越分治，實則為境
內華人帶來一波遷徙潮。當時法國殖民政府透過保大帝（Vua Bảo Đại）
與越南國（Quốc gia Việt Nam）暫時控制北緯 17 度以南地區，但規定
1956 年需舉行全國普選，組成共同政府重新統一國家。在 1955 年 5 月
18 日之前三百天的期限內，允許越南南北兩方之間自由通行，直到國
際監督委員會關閉邊境。在此期間，估計約有八十五萬人遷徙到南方
（Maclear, 1981: 53-54）。在此期間，因畏於自身資產階級或天主教徒等
背景而自北越南下之九十萬人中，約有數萬華人在內（Purcell, 1966:
362；許文堂，2016：6）；另一說則有約八十萬人南遷，其中有四萬
五千名華人（Goscha, 2018: 355）。

　　依據越南客家耆老提供的資料記載，當時北越沿海及中越交界的欽
州、廉州、防城、東興、南寧等地華人邊民約二十萬餘都隨之南撤。另

5　關於以「農」為名的說法，可由黃亞生之墓誌銘上所書中文「農族領袖」
　　得到佐證。

在胡璉所著《出使越南記》中，也曾提到由北南撤有一百多萬人，其中有近二十萬的儂族，其餘多為華人，此二十萬儂族南遷是目前筆者所見人數最多的說法。這些被越南人視為少數民族的儂族，實際上講華語、用華文，風俗習慣完全和廣東、廣西省的南部人一樣，故曰「華儂」（胡璉，1979：136-142）。另有幾種關於海寧儂族南遷人數之說，一是這群曾與法軍並肩作戰的儂族軍隊，因政治立場不同於越南共產黨，人數大約有兩萬名進入南方（Goscha, 2018: 356）。二是，約有五千人隨黃亞生（Vong A. Sang）至潼毛開墾，爾後遷居同奈的華人不斷增加，直到 1975 年則粗估約有三萬人來自海寧儂自治區（Trần Hồng Liên, 2008）；三是，約有五萬人（Nguyễn Văn Chính, 2018: 10）。

　　Trần Hồng Liên（2008）提到在法國殖民統治之下，殖民政府當局一直試圖阻擾民族統一的趨勢，還建立許多自治區，例如泰族自治區、儂族自治區、芒族自治區、西原自治區等，造成許多民族被撕裂分成好幾部分，分布在許多不同的地區。其中，1947 年所建立的儂族自治區，其居民大部分是舊屬海寧省的華人，海寧儂族軍人實為法國僱傭軍，歷史上的儂族自治區是包括現今廣寧省的芒街市（Móng Cái）、潭河縣（Đầm Hà）、河檜縣（Hà Cối）、呸扯縣（Ba Chẽ）、先安縣（Tiên Yên）、平遼縣（Bình Liêu）、定立縣（Đình Lập）等地。

　　根據潼毛護國觀音廟碑記與《潼毛護國觀音廟：重建落成功德榜》刊物記載，1954 年，海寧儂人鄧玉光（又名保保）把在河檜護國觀音廟內供奉的神主牌、祭祀器皿和香腳一同南遷，於潼毛建廟供奉；1958 年，南遷人民安居潼毛後便籌款動工興建廟宇，使河檜護國觀音廟在北平縣海寧鄉重現。〈擴建潼毛護國廟碑記〉如下：

「溯我同胞於公元一九五四年甲午初秋，為擁護政府趨向自由集體南移，深荷政府濟助及原大佐黃公亞生領導定居潼毛。當時黃大佐循習俗徇民意，曾撥款創建護國廟祀奉觀音娘娘暨列位尊神，以期保境安民消災賜福。（……略）一九五八年二月八 丁酉年十二月二十」

　　1954 年 9 月，由於國家當時的歷史環境，十多萬儂、岱依、華族人民從海寧自治區遷移到潼毛定居，隨後有部分移居同奈省定館縣。當地政府也替移居潼毛的人民建立基層行政組織，取名為海寧社（意同鄉），下轄三個村：海春、海樂、海水。在潼毛定居的各族人民以儂族人為主，海寧儂族自述本為漢人，被稱為儂族人是為了與來自中國的華僑有所區別。海寧儂族的祖先是中國廣東省防城縣（今屬廣西）五洞客家族人，於 18-19 世紀移民到越南入了越籍，在越南芒街、河檜、潭河等地居住謀生。另有少部分海寧儂族人的祖先來自廣東省恩平縣與嘉應州的客家人，他們從 1865-1870 年移居越南。這些居住於海寧地區的客家人，於 1903 年被法國殖民政府命名為「儂族人」，在 1954 年南遷至潼毛的海寧人民中，還有少數的曼清儂、汕止、清凡和土族人等少數民族。

　　海寧儂屬客家語系，但不少人也會廣東白話，或是講一種客家和白話的混合語（清風，2005：342；許文堂，2016：22）。當時儂人通行的語言是𠊎話方言（Ngai va），然後是廣東語（作為一種過渡方言）以及客家話（Hac Ca）和山由話（Sán Dìu）；其中，𠊎話與客家話是可以相互溝通的，二者發音相近只是有些語詞不同，這也是它們被稱為「客家𠊎」（Hac Ca–Ngai）方言的原因（Tran Duc Lai, 2013: 7）。

　　根據一位出生於潼毛後來來臺的海寧儂族後代表示，其曾祖父在

1911 年前後，由廣東防城遷居至越南東北的海寧省一帶，父親於 1925 年出生於海寧。海寧地區數百年來是許多華人遷居越南之處，客家人尤多，被稱為「海寧儂」，居住在海寧的客家人，幾乎也都會講廣東話。1954-1955 年，響應海寧儂族自治區司令黃亞生號召，南遷來到潼毛墾荒重建。黃亞生曾在當時設立「儂文編輯室」編纂客語字典，就是以與越文通用的拉丁字母，來標記海寧儂語，也就是客家話（石文誠，2018）。這個說法，在筆者的田野經驗中也得到印證，一位出生於海寧儂自治區的受訪者表示：「曾經聽父親講過，所謂儂族字典其實就是客語字典，因為當時大家沒有機會讀書，然後都是用偃話溝通，所以用法國拉丁字拼音，教導大家識字。」（NNHCM02）。[6]

眾所周知，「偃」即為客家話第一人稱，中國各地客家人使用的方言，隨著客家移民的不同地方而有著不同的稱呼，例如在廣東西部、廣西東南部就叫偃話、麻介話（古進，1994：166）。原本這群生活於越南與中國邊界地區的客家人自稱「Ngai」，在中文書寫上就是「偃人」。在 1885 年，中法戰爭後，中法兩國協議將此區未定界劃歸越南領地，然後法國殖民政府再納入法屬印度支那管轄，並將原本居住於此地的居民命名為海寧儂族，實際上這群偃人就是口說客家話的客家人。

海寧儂族領袖黃亞生率領部眾南遷，輾轉來到東南沿海潼毛一帶駐軍開墾，因土地貧瘠亦有部分繼續遷往同奈與西貢近郊等地。1954-1955 年以後抵達同奈的華人，大多是南撤的海寧華人，與 18 世紀早已生活在同奈邊和的華人移民有著不同的遷移經驗。海寧華人陸續遷往同

---

6 受訪者編碼代號說明，NN 為偃人、SC 為崇正客家、NH 為五幫華人，前兩碼為身分別，後者為地方，如 HCM 胡志明市、DN 同奈省、BH 邊和市、LK 隆慶市、TB 清平社、CM 錦美縣、BB 保平社。

奈省的繼交、寶含、潼操、春祿、保平、春保、春長、平祿、定館等，
平順省潼毛（現北平縣海寧社），林同省保祿、夷靈、從義等地方。其
中半數講廣府（白話）、半數講偮（客家），講偮話多半是廣東博羅、龍
川的移民（Yip, 2013）。兩位出生於儂族自治區目前居住在富壽和的受
訪者也說：「我是跟家人走路到海防，然後搭法國船到潼毛，15 歲跟著
家人再到林同省丹陽，然後才到富壽和」（NNHCM01）；「1955 年，跟
著母親、姐姐坐車到海防，然後坐美國船到峴港，因為父親是軍人先
南撤，他一開始是坐法國船，我們算是後面南撤的，所以坐美國船。
到峴港後，再走路到潼毛，然後父親退役後，才到現在的富壽和。」
（NNHCM02）。

　　這些華人大多從海防乘船往南遷，因此這批南遷華人也被西貢堤岸
華人稱為「海防人」，此處所指並非真正出身源於海防，而是指從海防
南遷而來。這些南遷華人部分獲南越政權安置於西貢近郊，即自由村、
新自由村、決勝村、富平寨、中庸村等，這些地方現在都位於胡志明市
行政區內。這些所謂的「村」和「寨」，實際上很多是越南政府臨時搭
建的難民收容所（Frankum, 2007: 149）。筆者造訪這一帶的南遷華人聚
落時，昔日自由村的牌樓字體仍依稀可見，據當地受訪者說：「1955 年
南遷華人的村子，有自由村，這是規模最大的，還有自由新村和居仁
村，這三個是由中華民國政府協助興建。當時房子都很小，大概是 4 公
尺乘以 4 公尺，16 平方公尺的面積，因為住在這邊的人幾乎都跟中國
國民黨有關，當時大家也以為隨時要去臺灣，房子小委屈一下。後來因
為人越來越多，華人自己蓋，依序有富壽和、決勝村、富平寨等華人聚
居的臨時居所。」（NNHCM03）過去越南共和國時期，由越南政府興建
的守智、富平和決勝村以及中國大陸災胞救濟總會出資興建的新舊自由
村以及居仁村等地的居民，皆為南撤難僑，當局稱之為儂族，實皆為源

於中國兩廣邊區人民（張文和，1975：44）。

三、西堤客家：以崇正之名

　　在討論同奈客家之前，有必要先理解過去海外華人研究下的西堤客家主題，也就是西堤客家議題是如何被討論與進行研究的。而重新審視西堤客家研究的文獻資料，亦可以從中理解西堤客家的知識系統是如何被建構的，以及作為進一步比較同奈客家的參照。

　　越南學者阮玉詩（Nguyen Tho Ngoc）（2014、2018、2020）指出客家人很早就定居於同奈省邊和市（舊嘉定之一部分），根據越南正史《大南寔錄》及鄭懷德《嘉定城通志》記載，約在明末鄭氏王朝降清滅亡之際，鄭成功的舊屬高雷廉總兵陳上川與龍門總兵楊彥迪等人，於1679年率兵三千餘人投靠當時越南的阮氏政權，此即為明鄉人。1698年阮主初置嘉定府，命統率阮有鏡（Nguyễn Hữu Cảnh）經略真臘分柬浦地，以鹿野（同奈古地名）處為福隆縣（後改為府）並建鎮邊營（範圍涵蓋今同奈邊和、平陽、巴地頭頓等一部分），以柴棍（即今西貢、堤岸）處為新平郡（後升為府）並建藩鎮營（範圍涵蓋今同奈、平陽、胡志明市守德郡、前江、隆安等一部分），阮有鏡設營開墾招募布政以南流民實邊，對於國土南進居功厥偉。《嘉定城通志》亦指出，18世紀來自各地華人共同開墾同奈河上的小島，開街立鋪建立大舖洲（Cù lao Phố）並建立「七府古廟」（望海關帝廟），其中梅洲（包括梅州、大埔、惠陽）客家人自稱崇正人自立一組。因大舖洲戰亂沒落，各幫華人陸續遷往平陽省土龍木一帶，再逐漸移往西貢和堤岸，最後散居南方各省（張文和，1975：58-59；Yip, 2013）。

　　筆者曾於 2022 年 11 月前往邊和七府古廟參加「三元水官大帝寶誕」，七府古廟又稱望海關帝廟，已有三百多年歷史的關帝廟就位於同奈河邊，相傳廟址即為明鄉人上岸處。關帝廟為福建、廣肇、潮州及客家四幫所共有（張文和，1975：37），寶誕當日宴客菜色有：潮州八寶、崇正春卷、金豬米粉、廣東酸甜排骨、潮州三綫炒菜、福建海鮮炒飯、福建魚鰾燉雞湯和菜糕八道佳餚，也說明了此地最先來到的華人族群即有客家。另據天后古廟（先師祖廟）理事長表示：「在同奈河岸還有一座歷史更久遠的天后古廟，只是規模很小，即為客家人來到寶龍的上岸處。」（SCDNBH01）可以確定的是早於 18 世紀初，就已有客家人來到邊和定居。

　　1814 年，越南阮朝嘉隆帝准許華人自行設幫管治，此為越南華人組幫之由來。1871 年法國殖民政府將當時華人幫公所劃分為七，共計有：廣肇、潮州、福建（彰泉二州及興化）、客家（包括寧波和惠來）、海南、雷州、福州等七幫，及至 1885 年又命福州幫併入福建、雷州併入海南，於是七幫遂成為五幫。1906 年起，法國殖民越南時期，為便利管理華人仍採用分幫制度，依據根源地或方言，初劃分為穗城（廣肇）、二府（福建）、義安（潮州）、瓊州（海南）四幫，後又增加客家，合為五幫。各幫公所由幫民公推正、副幫長各一人，負責一切自治事務。當時計有七府五幫和明鄉之組織，分別建有會館及廟宇。二次大戰後，1948 年法國廢除各地幫制一律改為中華理事會館，各幫長即為中華理事會館理事長。西堤中華理事總會前身為七府公所，由西貢堤岸十幫華僑聯合組成，為西堤華僑最高組織。除西堤地區外，中、南部各省亦多設有客家中華理事會館（華僑志編纂委員會，1958：131-133；郭壽華，1970：145-146）。據 1960 年代越南共和國時期的資料顯示西貢、堤岸、嘉定、福綏（巴地）、平陽（土龍木）、西寧、隆安（新安）、

定祥（美托）、定祥（鵝貢）、永隆、沙瀝、永平（茶榮）、豐盈（芹苴）等地均有客家中華理事會的組織（郭壽華，1966：176-177）。其中，西堤、邊和、土龍木、鵝貢、茶榮等地，亦有崇正學校和慈善組織（如普濟院與義山）的設立（崇正總會編輯委員會，1958：138-147）。

　　客家因人數少無法成幫，先是加入潮州幫。而潮州人較富有多經營旅店和米業，客家人較貧窮多作苦力，雙方時有勞資糾紛甚至大打出手，最嚴重時還會回中國僑鄉搬救兵。最後，潮州和客家雙方和解分幫，客家人另成立崇正會，所有不屬四幫方言者（如華北、華東、廣西等中國僑民）都加入崇正會，因而客家幫的語言是多元的（華僑志編纂委員會，1958：51；Yip, 2013；Phan An, 2019: 246）。也就是說，客家幫的幫民組成並非全然都是客家人，這也是客家幫的成員組成與其他四幫最大的不同之處。

　　堤岸「義安會館」為潮州、客家兩幫於 1868 年間所創建，位於堤岸市阮豸街關帝廟。據 1902 年重建義安會館碑文之記載，潮洲幫包括潮陽、潮安、普寧、揭陽、饒平、澄海等六邑，占七分；客家幫包括嘉應、大埔、豐順等三邑，占三分；雖然潮州幫所占分數大，但據客家會館提供資料，土地乃是豐順客所捐獻。潮州幫占多數分廟右側，為中華潮州幫理事會（今義安會館）、義安學校（今明道學校），及至趙光復街屋宇。客家幫少分廟左側，為中華客家理事會（崇正會館）與崇正學校。由於潮幫所占分數大，故負責監督管理會館之值事會，其值事人選之產生，歷年均由潮幫商家推選，任期一年。值事之推選日期，固定於每年農曆六月二十六日之關帝誕辰，同時辦理新舊任值事會交接手續。1955 年越南共和國政權成立，旋頒布《國籍法》對華人採取強制加入越南國籍政策取消幫長制，西貢鍾裕光和堤岸余秋成為了末屆幫長（施達志，1963：第十篇頁十；Yip, 2013）。

　　法國殖民時期，越南的政治經濟均由法人所掌握，華人商業多為個人和家庭式的經營型態，自非外商洋行的對手。加上當局對華僑入境課以重稅，並對經營事業多有限制，導致越南華人經濟事業之發展不如其他東南亞地區之華人。越南華人的經濟活動主要以商業為主，約占50-60%，其餘為工礦業和農業等。客家幫所經營商業者，多為華洋雜貨、皮鞋、膠鞋、皮革、中西藥和報館等；工業以紡織為主，然多為半家庭式的木機織造而非機械化生產，多集中在堤岸新馬路一帶，另有少數的鼎鑊製造工業（郭壽華，1970：154；華僑志編纂委員會，1958：59-80）。

　　1975年解放以後，原屬南越政府管控的崇正總會及其所有附屬組織、建物及營業，均被解放政府沒收充公，會內一切活動亦遭禁止（蕭新煌等，2005：209）。1975-1978年間，越南政府對於以華人為主的商業採取打擊措施，將南方所有企業實行國有化，進行「社會主義商業改造」，列為資產階級的華人多被發配至「新經濟區」加以改造（許文堂，2014：156）。1986年，配合國家革新（Đổi mới）政策，胡志明市華人工作處召集華人大會，要求各幫重新組織會館：潮州有關帝廟、海南有水尾娘娘天后廟、福建有二府廟、廣肇有天后廟，唯獨缺少了客家幫。經潮州幫介紹客家元老蕭源有（原崇正醫院財政），政府交還原崇正體育會，重新組織崇正會館（Yip, 2013）。客家崇正總會遂於1989年得以重新運作，會館內並設有碑記以資紀念：

　　「1989年地方政權在優惠的民族政策下，決定交還本會館原址。惟須將設於此址的幼稚園他遷，遷搬費用為肆佰萬越元，當時叨蒙下列諸位鄉賢（人名略）慨解義囊湊足此款。助本會順利收回會址用，特泐石藉誌其功。」

　　由於要與生存抗爭，客家人具有很強的克服困難和寬容精神，主要生活於西貢堤岸地區，擅長經營麵包、皮革、織布等行業，尤其是中藥材經營在華人同業中獨占鰲頭（Tran Khanh, 2002: 36）。據曾任胡志明市客家崇正會館第六任理事長的張世豪（同時也是善王街健生中藥房主理人）表示，現在第八郡善王街與森舉街一帶市集雖是潮州人聚集做生意居多，但是解放前這裡有中藥一條街之稱，幾乎都是客屬大埔鄉親從事中藥生意，但目前僅存三家客家人經營的中藥鋪（東風，2017）。據張世豪的觀察，目前胡志明市華人各群屬經濟活動分類，講潮語的多數做茶葉、出入口貿易、小工業、魚販、種蔬菜；講粵語的多數做雜貨、茶台（咖啡店）、肉販，也有從事出入口但不多；講客家話的多數做洋貨、藥材、中成藥、紡織、鞋業；講閩南語多數做承包商、穀米商、收購回收資源、當鋪、布匹等；講海南話的多數開西餐廳、咖啡店、洋酒士多。而從事文教工作的，以潮州人和客家人居多（張世豪，2017：142）。

　　自1975年以來，胡志明市的鞋類生產始於華人合作社組織，其中「平仙合作社」（Hợp tác xã Bình Tiên）即由客家人尤凱成創立，他建立了Bitis鞋業製造與品牌企業，可以說是目前發展最成功的本土鞋業。平仙合作社僱用了一萬多名員工，吸引了大量居住第六、十一郡的華人工人（Phan An, 2019: 239）。1985年春，當時客家崇正會館仍未復組，在客家鄉親間卻發生了一件大事。當時市政府以整頓市容與環境衛生為由，發出通告將遷移座落於富潤郡的崇正客家義地，勒令有安葬於親人於此義地內的遺屬應儘快移葬先人墳墓，但期限已逾仍有六千餘座墳墓未遷移，幸賴客家鄉彥蕭有源挺身而出，眾鄉親紛紛解囊捐助遷移費用，然有大批無主與無名骨灰罈無處安置。幾經波折終覓得建祠土地，並成立「崇正公祠建委會」推選尤凱成擔任主席（張世豪，2017：106-108），尤凱成也曾於1993-1995年間擔任胡志明市客家崇正會館理事長。

　　另外，前文提到部分南遷華人定居於西貢近郊的自由村、決勝村（今平新郡）、自由新村、居仁村、中庸村（今第六郡）、富壽和（今新平郡）和富平寨（今第十一郡）、茶園護國觀音廟（今新富郡）等，在自由村、決勝村和富壽和三個社區亦有社王廟，迄今仍有舉辦作社習俗。在茶園護國觀音廟供奉有觀音娘娘、關聖帝君、案首公公和伏波將軍等神祇，也有作社等習俗，其信仰習俗文化與下文所要討論的同奈客家如出一轍，因此筆者將之視為同奈客家系統。

四、同奈客家：南遷之𠊎人

　　單單同奈省境內就有二十餘座南遷華人的宗教信仰設施「護國觀音廟」，以及過去曾屬於邊和省一部的林同省、平順省、巴地頭頓省、胡志明市、平陽省、平福省等（請見圖1），[7] 目前也都有𠊎人客家社區及其信仰設施和活動。這些南部護國觀音廟的建立與緣由，也說明了𠊎人客家即為海寧儂族的遷移過程與歷史變遷，如位於同奈省錦美縣春保社的春保護國觀音廟的重修碑記記載：

7　同奈省在歷史上的阮朝、法屬印度支那和越南共和國時期，屬於歷史上邊和省和嘉定一部分，目前下轄十一個行政區，分別為：邊和市（Thành phố Biên Hòa）、隆慶市（Thành phố Long Khánh）、錦美縣（Huyện Cẩm Mỹ）、定館縣（Huyện Định Quán）、隆城縣（Huyện Long Thành）、仁澤縣（Huyện Nhơn Trạch）、新富縣（Huyện Tân Phú）、統一縣（Huyện Thống Nhất）、壯奔縣（Huyện Trảng Bom）、永久縣（Huyện Vĩnh Cửu）、春祿縣（Huyện Xuân Lộc）。圖1同奈省各縣市行政區及周邊省分圖，取自維基百科，https://zh.m.wikipedia.org/zh-tw/%E5%90%8C%E5%A5%88%E7%9C%81，並經筆者重製。

「越南同奈省春保社第二邑 重修觀音廟落成誌慶　序

（……略）徐立定公走難，佩帶觀音移居越北舊名海寧省、河檜洲、南海墟，立廟安奉有求必應，迨至甲午年秋，南撤，由鄧世福公（保保）佩帶至平順省今北平縣、海寧社，建廟拜奉，1963年，眾信到潼毛護國廟迎香至春祿縣，春保社，第二邑，建廟祀奉，多年冷落，謹于庚辰年十二月十二日吉旦重修更新。（……略）」

以及同奈省隆慶市平祿社的平祿護國觀音廟的重修碑記（請見圖 2），同奈省展邦縣寶含社的寶含觀音廟〈本廟由創始至今各屆理事累積下來工程簡略（由 1969-2021 年）〉碑記也都有記載：

「護國觀音廟在 1954 年是由鄧玉光先生，從北越下該（海寧一地名）迎入南方潼毛，至 1958 年再由潼毛恭迎至平祿，在庚戌年裡正式由鄧玉光、蘇起明、曾其才、冼錦華發起建立現成平祿護國觀音廟謹鐫碑文以永誌。（……略）」

「本廟由前人於 1959 年到此墾荒至 1969 年始創，由地方各元老（……人名略）等人同發起始創。彼時只建一座錦瓦蓋頂熟磚結構上下二座瓷龍朝珠，白衣觀音放生池完整……，祀奉仍然跟隨當日越北海寧今廣寧省河檜觀音廟禮節而敬奉……。」

圖1　同奈省各縣市行政區及周邊省分

圖2　同奈省平祿護國觀音廟碑記

　　根據同奈省官方出版的《同奈華人》（*Người Hoa Ở Đồng Nai*）一
書中，將境內華人分為兩組，就是以 1954-1955 年的華人移入時間作為
分水嶺。特別提到，1954 年後因為政治因素形成新一波華人向南方省
份的遷移，而這一次他們的出發點不是中國南方省份，而是來自與中
國接壤的北部邊境廣寧省（海寧）。最初，他們多數被引領到潼毛與潼
祿（Sông Lũy）（兩地位於平順省北平縣海寧社），但由於經濟生活和社
會變化，直到 1960 年代南遷的華人多數處於一種持續移動的狀態。他
們以陸路的方式，分別在不同時間、不同的地點定居在同奈省各區，
主要聚居在：寶含—潼操（Bàu Hàm-Sông Thao；今展邦縣）、新豐—
三協（Tân Phong-Tam Hiệp；今邊和市）、115 里路（Cây Số 115；今定
館縣）、[8] 125 里路（Cây Số 125；今新富縣）、保平（Bảo Bình；今錦美
縣）、平祿（Bình Lộc）、隆慶（Long Khánh）等地。也有部分從潼毛遷
移至平陽省、胡志明市然後再遷移到同奈省的新富縣、定館縣和邊和
市。總之，雖說這些南遷華人的遷移路徑比較難以整理出一致的時間序
列，但其遷移路線卻是清晰可見。

　　1999 年同奈省境內華人人口共有 105,551 人，京族（越南人）占總
91.3%，華族占 5.1%，85% 華人居住在農村地區，而這部分人口很多是
1954 年以後，從北部省份遷至同奈省。定館縣占全縣華人人口 30.7%，
是全省華人人口最多的縣市，其次依序為展邦縣（20.05%）、錦美縣
（15.62%）、隆慶市（8.95%），這些縣市也是同奈華人居住較為集中之
地區。雖然邊和市為此區華人最早落腳之處，但至今華人僅占同奈省

8　據當地華人陳述，此區習慣上以距離胡志明市的距離來稱呼其所屬社區，
　　越文 Cây Số 之意為公里牌或里程碑，115 即指距離胡志明市 115 公里處。
　　而 115 是指定館縣富利社一帶；116 為定館縣富榮社；125 為新富縣新富市；
　　133 為新富縣富平社（舊名芳林）。

7.06%。另從同奈省公安動員部所取得的統計資料顯示，2001-2006 年該區華人人數的增減並沒有太大的變化。整體而言，華人人口數量並沒有明顯變化，因此每個華人社區的人口結構特徵處於一種相對穩定發展的情況（Bui Ngoc Thanh et al., 2009）。

　　在 1954-1955 年以後來到同奈的客家人，也有著與五幫華人不盡相同的信仰習俗。客家社區主要的信仰設施為社王廟（或稱大王廟），專門祈求種植和生產，亦有一年四次（春夏秋冬）的「作社」習俗，此作社習俗目前在中國廣西客家地區依舊盛行。除社王廟之外，較具規模的信仰設施就屬護國觀音廟，護國觀音廟是 19 世紀海寧華人特有的信仰設施，主要供奉他們從中國帶過來的觀音娘娘、關聖帝君和案首公公（Án Thủ Công Công）。1954 年後海寧華人南遷之後仍陸續建設這些廟宇，1975 年以後有些人則從越南移居澳洲等國，也在移入國建設了相同的廟宇（芹澤知広，2018）。而幾乎所有南部的護國觀音廟彼此之間都有關係，當初遷徙至同奈的華人開始興建觀音廟時，即是從潼毛護國觀音廟舉行迎接香火之分靈儀式，因為潼毛護國觀音廟被認為是海寧儂族在南部的信仰起點（請見圖 3），最後開枝散葉形成現今同奈省境內各地的護國觀音廟。護國觀音廟的存在，也凸顯同奈客家與其他五幫華人有著不盡相同的信仰習俗，護國觀音廟主要祭祀觀音菩薩，陪祀的神明多為關聖帝君和案首公公等。

　　從同奈客家的社會經濟概況與信仰文化觀察來看，大致可以歸納出幾個重要特徵。一是同奈客家即為 1954-1955 年海寧華人南遷後的客家族群，大多數居住於定館縣 115、116、125、133 里路等華人社區，展邦縣寶含、潼操、清平、繼交社等，錦美縣保平、春保、春西社等，隆慶市與春祿社等，以及少部分居住於鄰近的林同省、平福省、平順省、巴地—頭頓省和平陽省。另外，胡志明市近郊的自由村、決勝村和富壽

和一帶也是當初南遷海寧儂族的落腳處，目前當地仍是以客家族群居多
的社區。二是同奈客家的社會經濟型態以農業為主，當然居住於胡志明
市的客家人受到都市與工商業影響，已經鮮少以務農為業。三是特殊的
信仰設施，如社（大）王廟、護國觀音廟，以及作社和打大番等宗教信
仰文化活動。

圖 3　平順省潼毛護國觀音廟

五、西堤客家與同奈客家的比較

西堤客家係指居住於西貢、堤岸、邊和和南部各省的客家族群。客
家人早於 18 世紀就經由同奈河水路來到邊和（大舖洲）定居開墾，後
因為西山之亂導致大舖洲衰敗，華人紛紛出走。往同奈河上游遷移的客
家人則是落腳於寶龍，亦即同奈河岸的小天后古廟，隨後再遷往石山建
先師祖廟（大天后古廟），從事石材雕刻手工藝業。另一群客家人則順

同奈河往下游湄公河流域移動，並定居於西堤和南部各省。至 1960 年代在西堤客家聚居之處，為管理客家幫民多設有客家中華理事會（崇正會館），以及服務幫民的學校、體育會、醫院和義山等社會組織。西堤客家人也多從事工商貿易，以皮革織布製造生產和中藥材買賣銷售為主，少數人以文化教育為業。邊和客家雖位於同奈省，實為西堤客家與南部各省客家之一部分源流，因此筆者以為以崇正會館或信奉天后媽祖娘娘者，均為西堤客家系統之傳統。

根據日本學者小林宏至、河合洋尚和飯島典子（2021：63-64）的觀察，越南的客家可分為兩個系統，在越南五十三個少數民族中被歸類為華族者，就是所謂的華僑華人，傳統上所謂的「五幫」（廣肇〔廣東〕、義安〔潮州〕、二府〔福建〕、瓊州〔海南〕、崇正〔客家〕）中就包含有客家。此外，在客家話中「佬」的發音意指「我」，而少數民族中的佬族也被視為客家。亦即，越南的客家人分別屬於五幫系統和佬族系統，兩者彼此在起源、語言、職業等各方面皆有不同。五幫系統的客家，很多是在 19 世紀後半以後由中國廣東的中部、東部以水路遷徙到越南南部；與此相比，佬族系統的客家則是以清代在欽州府和廉州府（欽廉地區）管轄下的廣東西部和廣西南部為起源。兩者起源相異，因此講的是語彙和音調皆為不同的客家話；而五幫系客家主要從事商業，佬系客家則從事農、漁業居多。綜上所述，日本學者其實已經觀察到西堤客家與同奈客家之間的部分差異，不過他們並沒有解釋其間的原因。

另外，在吳雲霞和河合洋尚（2018）的文章中則有較為細緻的觀察與論點，他們使用海寧客來稱呼這群南遷佬人，認為佬人使用的語言屬於漢語的客家系統，但是佬人又與一般意義上的越南（崇正）客家人有所區別。在客家會館的眼中，這群海寧客屬於北華僑，而崇正客家則是南華僑。吳雲霞和河合洋尚也指出祖籍欽廉的海寧客之所以能進入崇正

會，是因為欽廉客家與最初的客家幫具有某種一致型。海寧客南遷後不屬於其他四幫，又與崇正客家語言具有淵源，更重要的是兩者的文化具有多元性和包容性。欽廉客家移動在中越邊境的文化帶，而崇正客家也曾經遊走在潮州幫和其他外鄉人之間，因此特別重視群體特徵與歸屬感。

　　越南最早的客家社團為 1918 年創設的「金邊六省西堤客幫會所」，主要功能是提供客幫僑民暫作居停和集會興議之處。1955 年，藉第四屆堤岸客家中華理事會理監事改選之際，正式更名為「越南崇正總會」並決議採用越文「SÙNG CHÍNH」二字為標準，理監事名額按各省縣旅越同鄉多寡分配，由各該省縣鄉僑（有同鄉會組織者由同鄉會負責）按分配之名額而直接選派理監事，任滿後再依章程選派（崇正總會編輯委員會，1958：3-4, 73, 90-91）。1975 年解放後，崇正總會及其所有附屬組織、建物及物業，全被解放政府沒收充公，會內一切活動亦遭禁止（蕭新煌等，2005：209）。

　　1989 年復組後，根據《越南客家人滄桑史》記載崇正總會內部有幾個同鄉分組單位，惠陽、東莞、寶安在堤岸原有惠東寶相濟會，在舊嘉定省巴昭、舊邑、富潤有惠東安相濟會，今二合一統稱崇正惠東寶福利會，組織麒麟團。大埔、饒平、豐順合組，稱崇正大埔福利會。興寧同鄉會組織寧江體育會，後改為崇正寧江金龍團。崇正紫金福利會，組織紫金見義龍獅團及客屬崇英龍獅團，迄今每年新春仍有活動。其餘單位是崇正揭西福利會，以及五華同鄉則是集中在邊和市寶龍山先師廟一帶活動，設有邊和崇正會館。另有欽廉州和清遠則是以個人名義熱心參加，不過欽廉、博羅、龍川等鄉人已入儂族（Yip, 2013）。包含崇正客家在內的五幫華人會館都設有麒麟團和龍獅團，同奈客家也不例外擁有屬於自己的洪蔡堂龍獅團。不過，一位受訪者說道：「其實，當初南

下華人想要加入西堤龍獅團聯會卻不受待見，只好自己成立洪蔡堂。解放後停止活動，一直到 2000 年左右才慢慢恢復活動，由於大師兄姓黃（錦富）帶領大家，所以稱黃館洪蔡堂，目前在同奈清平、隆慶、定館等地都有分會。」（NNDNTB01）。

　　小林宏至、河合洋尚和飯島典子（2021：64-65）指出西堤客家與偓人客家相較，自認為「正統」客家的意識很強。關於正統客家之說，我們也可以從崇正總會內部各個同鄉會單位的名稱看出端倪，無論是同鄉會或體育會等都會冠上崇正二字，偓人客家就無此作法。其次，在偓人客家族群間，也有「大種偓」和「細種偓」的說法。幾位同奈客家受訪者說：「大種偓是指胡志明市（西堤）的客家，我們同奈這邊是細種偓。（筆者：為什麼會有這種分類呢？）這也沒什麼特別意思，就是說他們先來，一種區別而已……」（NNHCM07）；「大種偓是真正的客家。（筆者：什麼意思？難道同奈客家不是真正的客家？）不是這樣說，意思是他們的祖先從中國的大埔、梅縣來的，這些全是客家人的地方來的。」（NNHCM08）；「……一般細種偓是指耕農人。」（NNHCM09）值得注意的是，目前筆者有關大種偓與細種偓的說法，都是從偓人族群得來的；大種偓指的是西堤客家，而他們的祖籍地則是以大埔、興寧、惠東寶、梅縣、紫金等客家人較多的中國縣分為主。

　　由於 1954-1955 年南遷華人大多從海防乘船往南遷，因此他們也被五幫華人稱為「海防人」，此處所指並非真正出身源於海防，而是指從「海防」這個港口城市南遷的難民。而海防人的稱謂，日後也成為帶有負面形象的身分標籤。一位福建華人受訪者說：「以前堤岸這邊的華人都叫他們這群從北方下來的，叫海防人，他們講話有一個腔，跟堤岸的華人不一樣。（筆者：除了口音不一樣之外呢？）還有就是說海防女人比較粗魯些、會講粗話……」（NHHCM01）；其他兩位南遷後居住在胡

志明市的㑷人說：「聽我老爸講，他剛來胡志明市的時候，為了『海防人』這三個字，打了好幾次架！……他們小看、比較輕視我們，認為我們來這邊搶他們工作，因為我們很勤勞不輕鬆的工作也做。印象中，最嚴重的一次是我們的人力車車伕跟堤岸（華人）在金邊市場發生衝突，死了好幾個人！」（NNHCM04）；「他們叫我們海防人，我們就叫他們南圻人！」（NNHCM05）；「因為是難民，遭人歧視；我非常不滿意稱我們為『海防人』。」（VNNN06）甚至也有報紙上的讀者投書，回憶起過往的這段歷史：「當時和陌生的報童相處，他們也是華人，習慣叫我們『海防仔』，我們也不客氣把對方叫作『西貢仔』……」（西貢解放日報，2018）。

時至今日，1954-55 年南遷華人的「海防人」稱呼已日漸消逝，原因是胡志明市的經濟和都市發展，使得過去的南遷華人社區人口外流，這些地方已經不再是純粹的㑷人客家社區。加上年輕一輩華人對於華語、粵語和㑷話等方言的使用，也不如年紀五十歲以上那般熟稔，年輕人從小就講越南話那種海防人腔調也沒有了。受訪者說：「現在已經不太有人叫海防人了，如果有，也不會是帶有歧視的語氣，就是很普通的說：『他是海防人』這樣。」（NNHCM04）。

小林宏至、河合洋尚和飯島典子（2021：64-65）也特別提到，㑷人在胡志明市的茶園護國觀音廟組織欽廉館，但未舉行與客家的有關活動。關於欽廉會館另有一說，鄰近越南的南寧、欽州、廉州及防城一帶客家人，1950 年代因為戰亂就地利之便從北方逃難到越南，之後移居胡志明市也加入崇正會館。不過由於原本崇正會館以梅州人為主，這群客家人人數日眾，後來另外成立屬於自己的欽廉會館。張仕宗曾在受訪時說：「那時候撤退過來的有三萬多人，現在發展到三、四十萬人，到國外去的還不算喔！短短幾十年，原本屬於少數的廣西客家人，如今在

大家努力下變成一個大族群，也成了越南客家人的主要來源。」（黎振君，2002）。

　　如果依照五幫會館的組織形式與社團功能，那麼關於「欽廉會館」的存在之說，很明顯地有待商榷。以筆者在茶園護國觀音廟的田野經驗來說，觀音廟主要功能仍以信仰活動為主，重要節日以三牲酒禮拜祭社王、觀音娘娘以及廟內各位神靈外，每年也有舉行春社、夏社、秋社、冬社祭祀，祈求風調雨順、國泰民安。筆者從未親眼所見或耳聞任何有關欽廉會館的描述，至於日本學者提到在茶園護國觀音廟內有欽廉館一事，在求證觀音廟文書後表示並未有此單位。張仕宗身為𠊎人客家且事業有成熱心公益，並曾擔任第十至十二屆茶園護國觀音廟理事長和第七屆胡文強華文中心董事長，在同奈省各地護國觀音廟或𠊎人華文學校，也都可以見到其所捐獻興建的建築構件。張仕宗積極參與客家族群公共事務，他除了參加崇正總會活動外，也邀請崇正總會理事長尤凱成擔任胡文強華文中心榮譽董事長，所以他個人的事業成就是被崇正總會所認可。據崇正總會內部人員表示：「（筆者：解放前，欽廉同鄉有參與崇正會館的活動嗎？）聽以前的人說，曾經有過，可是例如問他們要交會費或交錢辦活動的時候，他們就會推託說自己是儂族人，避開這些事情……」（SCHCM01）；「他（張仕宗）很熱心，是個人才，曾經想要競選崇正會長聲勢也很高，很可惜在（2014）去中國訪問的時候，突然（心臟病）去世！」（SCHCM02）也因此，在他逝世後崇正總會內欽廉一組已無人參與活動。

　　然而，在同奈省隆慶市隆慶護國觀音廟則設有欽廉會（請見圖4），這也是筆者目前僅見的欽廉會單位。根據隆慶護國觀音廟欽廉會副會長表示：「隆慶欽廉會成立於 2011 年，不是一個正式的組織單位，設有會長一人、副會長三人和幾位顧問，主要的功能和活動就是跟海外欽

圖 4　隆慶護國觀音廟欽廉會

廉社團的交流互動。」（NNDNLK03）2015 年，第四屆世界欽廉同鄉懇
親會便是在隆慶市舉辦，與會的有來自美國洛杉磯、舊金山，澳洲，香
港，馬來西亞柔佛、霹靂，臺灣和中國各地欽廉社團（慕恬，2015）。
所謂的世界欽廉同鄉懇親會也是一個軟性的組織型態，由各地欽廉社團
每隔兩年主辦一次，根據世界廣西欽廉靈防第六屆懇親大會主席李善榮
表示：「今（2019）年的主題是『懷鄉』，世界任何一個地方有欽廉靈防
鄉親的存在，無論他們發起的組織名稱是海寧會或越華會等，我們也是
欽廉人，我們應認同我們的根源是欽廉靈防人。」（李青蔚，2019）筆
者認為嚴格說起來，欽廉同鄉會並不算是客家社團組織，只是同柰客家
源於廣東下四府的欽廉靈防地區，以地域來說確實也是欽廉同鄉的一
員，但欽廉同鄉會裡的組成會員卻並非都是客家。再以臺北市欽廉同鄉
會組織為例，欽廉同鄉會是屬於世界廣東同鄉總會下的分會單位，[9]而非
隸屬於全球客家崇正會聯合總會或世界客屬總會的網絡組織。而隆慶欽

9　請參考世界廣東同鄉總會網站資訊，https://wktca.ezsino.org/，2022/11/10。

廉會成立的時間僅有十年時間，其成立的目的僅為與海外欽廉社團交流，在同奈本地並未有任何組織活動，從這點可以看出欽廉會與崇正會館，二者實為兩種不同族群脈絡下的社團產物。

另外，在姓名的越文書寫上也可以分辨出𠊎人客家的不同之處。舉例來說越南文的「黃」姓有幾種拼法：Hoàng、Huỳnh、Vòng（Voòng），其中 Hoàng 為越南語，Huỳnh 為漢越音，Vòng（Voòng）為𠊎人白話發音。也就是說從姓名的寫法大致可以區分出族群身分，Hoàng 為越南人，Huỳnh 可能為五幫華人，Vòng（Voòng）則是𠊎人客家。一位𠊎人受訪者說：「以前我們出生在登記報生的時候，就問名字，因為我們的口音比較特別，越南人就照我們說的，然後用越文拼音寫下來。（筆者問：不能更改嗎？）有去問過，但是你一出生就一定要跟父親姓，這個是不能改的。」（NNDNTB01）𠊎人客家的特殊口音也成為了他們族群標籤。

綜合以上的討論，筆者大致整理有關西堤客家和同奈客家的二者差異，請見下表1。

表1　西堤客家與同奈客家的差異特徵

差異特徵	西堤客家	同奈客家
中國源流	惠州府、嘉慶府（梅州）	欽廉靈防
語言	粵語、客家話	粵語欽廉片、客家𠊎話
赴越交通	海路	陸路
居住地區	胡志明市、同奈邊和、南部省分	同奈省及周邊省分、胡志明市近郊
會館	崇正會館（總會）	無
同鄉會	崇正惠東寶福利會、崇正大埔福利會、崇正紫金福利會、崇正揭西福利會（以崇正為名）	欽廉會

表 1　西堤客家與同奈客家的差異特徵（續）

差異特徵	西堤客家	同奈客家
信仰設施	天后古廟、天后宮、觀音閣	社（大）王廟、護國觀音廟
崇拜神祇	天后媽祖、關聖帝君、觀音等	觀音、關聖帝君、伏波將軍、案首公公等
族群劃分	五幫華人、大種𠊎	𠊎人、海防人、細種𠊎
姓名越文拼寫（如「黃」）	Huỳnh	Vòng (Voòng)
龍獅團	惠東寶麒麟團、崇正寧江金龍團、紫金見義龍獅團、客屬崇英龍獅團	洪蔡堂龍獅團

六、結語：同奈𠊎人即客家

　　陳天水（2013）指出海寧𠊎人原是中國廣西東興一帶的客家人。很久以前，他們的祖輩為了生活等各種原因，逐漸遷移到越南廣寧省的芒街、下居、潭河、先安等地定居，而且絕大多數是種田為生的農民。實際上，他們是中越兩國邊界地區一種移居性的邊民，與一般飄洋過海到海外去謀生的華僑是有很大差異的。其次，他們移居越南歷史長遠，在法國殖民者統治時期，法國人從來都不把這些華人看作中國僑民，而把他們當作少數民族𠊎族「𠊎」。因此，法殖民者把海寧劃為特別區並賦予相當大的自治權。海寧𠊎人對國籍身分等政治問題並不感到興趣，最關心的則是自己的實際生活問題。二次大戰結束之初，不少華人基於中國戰勝國身分以及法方回越在即，紛向中國駐越外館請領華籍，其中即有為數不少的「𠊎人」。據當時外交部所示，𠊎人因向法國殖民政府繳納較為低廉之越人身稅，遂被視作越籍。待中國軍隊交防於法軍後，北越殖民政府當局迫使𠊎人藉領取「𠊎紙」之身分證明，或沒收其「華僑

證明書」等方式，使得海寧偎人正式脫離中國國籍，而成為法屬印度支那之「亞洲歸化人」（黃宗鼎，2006：32-34）。1975 年解放前，不但法國人不把海寧偎人當作華僑，就連中國國民黨政府也不把他們看作是中國的僑民。而海寧偎人不認為自己是華僑，也從來不承認自己是越南人（陳天水，2013）。

　　陳天水所說「海寧偎人不認為自己是華僑」的原因，筆者以為此處的華僑是指國籍身分的政治問題，並非族群身分的認同問題。海寧偎族自述本為漢人，被稱為偎族人是為了與來自中國的華僑有所區別。1954-55 年南遷的偎人，過去曾經在法國政府和保大政權的支持下成立「偎自治區」，為法屬印度支那的亞洲歸化民。在法國勢力退出、越南共和國成立後，依舊維持著少數民族的身分，並且也享有少數民族優惠政策，這也是他們不被五幫華人視為華族成員的原因之一。

　　由於近代越南的戰爭衝突與政權更迭頻繁，使得「越南客家」的內涵與概念透過「遷移」而不斷擴充。儘管越南客家人數不多卻十分複雜，客家的界定甚至涉及許多少數民族，或屯墾性質的客家人群（如偎族和偎族的討論）（蕭新煌、張翰璧、張維安，2020：256）。許文堂（2016）特別指出越南華人人口成長率之劇烈變化，[10] 而華人劇減而偎族、山由族人口皆為增加，比較特別是一般認為屬於客家的偎族，在 1999 年突增因此顯得 2009 年銳減。他認為戰後的越南華人不只遊走於國家疆界（指國籍選擇），亦可能遊走於民族間的邊界（指族群身分），

10　1989 年，越南舉行第二次全國人口普查顯示，華人總數為 961,702 人，僅占全國人口 1.5%，主要集中在南方。整體而言，全越南的華人居住於城市的人口約占 75%，鄉村人口則占 25%。1999 年，越南人口調查顯示華人數目不增反減，全國總共有 862,371 人，僅占總人口數之 1.1%（許文堂，2016：12-13）。

這或許可以作為這幾支「泛華人」族裔相互流動的可能證據。

筆者在同奈進行田野工作時，也曾接觸客家社區裡的儂族和山由族人，這位儂族人是位年輕學子，她表示並不會說儂族話、會聽一點白話，她的華語教師說她父母就是倕人，因此她來華語文中心上課。另一位山由族人，出生在同奈從小就跟父母講倕話並不會說山由話，平常也都會參加當地客家社區的信仰活動，至於為何民族身分登記為山由族，僅表示是跟著父親的民族登記。這種情況在日本學者芹澤知広（2009）的田野經驗中也出現過，其受訪者為儂族人，其交流語言是廣府話，但是對於自己的身分認同則是出現客家人、廣府人、儂族的差異。儘管這類案例確實存在，但以筆者的田野經驗來說仍舊屬於少數情況。筆者提出海寧儂族或倕人身分轉換現象的用意，並非在探究其民族身分的根源問題，而是指出倕人的民族身分即便是在越南國家的民族系統分類下，也顯得相當分歧。

1979 年，越南統計局公布「越南各民族組成名稱決定表」，正式承認越南民族分類有 54 個，並將海寧儂族一律改稱為華族（清風，2005：348-349）。不過，有關此段海寧儂的族群名稱變遷過程，迄今仍未有任何官方文獻資料可供參考。也是因為越南政府，對於過去海寧儂族這段歷史並未發表任何看法，甚至是越南學者對於客家和倕人族群迄今也仍未有一致且系統性的觀點。根據越南民族學者 Khong Dien（2002: 8-25）的研究指出，越南民主共和國（北越）時期，1960-1970 年代民族學者已經開始針對少數民族進行研究調查，在 1979 年正式公布各民族組成之前，倕人的民族分類並非一成不變。1959 年由越南民主共和國（北越）越南少數民族委員會出版的《越南少數民族》（*Ethnic Minorities in Vietnam*），為當時北越政府少數民族普查的基礎資料，顯示共有 63 支少數民族（不含京族），而編號第 26 為「客家與倕」

（Hac Ca, Ngai），人數有 80,538 人，分布地區主要在廣寧。根據 Ito Masako（2013: 35）指出這編號第 26 的族群就是當時居住在北越的華人（非華僑），Ito Masako 還說明華人亦稱客家或偯（Hakka or Ngai），但是越南華人不喜歡被稱做偯；不過她並沒有解釋其中的原因。

　　比較 1960 年代和 1970 年代北越的人口普查，民族分類已經發生一些變化，例如在 1974 年的全國 59 支民族列表中並未見偯人分類；1976 年全國則有 54 支民族，其中又出現偯人，而先前的客家則是消失，Khong Dien 也特別指出 1979 年民族組成列表中，偯人從華人分類獨立出來的現象。而這份 1976 年的人口普查中關於民族的分類，經過政府和共產黨中央的決議，成為 1979 年全國人口普查的民族構成定義文件（Directive No. 83/CD）。在這份民族組成列表中，編號第 11 的「偯」又稱「Khach Gia」（客家），分布於北部的廣寧、高平和諒山。1979 年的人口普查顯示偯人主要分布於北太省（現分為太原省和北洑省）、廣寧省、高平省，然而 1989 年廣寧省已無偯人社區（僅餘 2 人）；這是因為 1979-1980 年，越南與中國發生邊境戰爭，許多偯人離開居住地，或是選擇改變自己的民族分類登記。

　　在河合洋尚（2018）與伊藤正子（2018）的文章中，分別釐清了海寧儂族與越南官方指稱的少數民族偯族、儂族之間的差異，提到越南學者所謂的華儂，即目前居住於同奈自稱為偯人，源流為 1954-55 年南遷的海寧儂族。而越南的民族學者研究乃是將偯族歸屬於越南少數民族之一，同時也指出偯族和華族是兩個獨立的群體；偯族源於中國廣東，其使用的語言「偯話」與華語不同，與主要以農漁業為生和擅長貿易的華人也不相同（Dang Nghiem Van, Chu Thai Son and Luu Hung, 2016: 236-239；Báo văn nghệ Việt Nam, 2017）。也就是說當初民族學者將偯族與華族二者獨立分開的觀點，主要是從語言以及生產方式兩者作為判別

標準。

　　徐富美為臺灣語言學界研究同奈㑩話之先驅，她過去的研究表明越南㑩話實為客家話的一種（徐富美，2016、2017、2021、2022a），[11] 然在新近的研究中，卻有不同於過去的看法。其指出同奈省華人主要有兩大族群，除了講㑩話的㑩人之外，還包括講客話的客人；同奈省㑩人所講的㑩話不是客家話，客人所講的客話也不是客家話。這種存於同奈族群移民的語言情況，與中國大陸粵西及桂南地區的情況一致。此外，中國廣西省和越南同奈省並未經過「客家化」的過程；而「客人」指廣東人是一種通稱意義的說法（徐富美，2022b、2023）。[12]

　　筆者針對徐富美的看法，有幾點加以補充說明。徐富美所謂的同奈華人族群分為㑩人和客人，其中「客人」（Khách）其實是越南華人的別稱之一（Dang Nghiem Van, Chu Thai Son and Luu Hung, 2016: 226；李塔娜，1998：228）；這樣的分類其實也與 Trần Hồng Liên 相同，也就是同奈華人分為海寧華人和五幫華人。同奈㑩人源於中國廣西欽廉靈防地區，也就是清代的廣東下四府，此地主要通行的漢語方言，有粵語、客

---

11 臺灣語言學者徐富美（2016、2017、2021、2022a）認為越南㑩話屬於客家話的一種，除了有繼承中國客家話的若干語言特點之外，㑩話有一種特有的唇化舌根韻尾，她認為這是受到越南話的影響，是一種本土化現象。她以同奈省壯奔縣的寶含社（xã Bàu Hàm）和潼操社（xã Sông Thao）作為田野調查地點，研究後發現同奈客家的唇化舌根韻尾〔-kp/-ŋm〕的語音現象，不見於其他地區的客家方言，包括中國、臺灣以及馬來西亞、印尼等地；越南㑩話這兩個語音明顯受到當地語言越南語的影響，因而產生了一些變化。

12 徐富美文章中使用「艾話」和「艾人」，筆者為求行文一致將之代換為「㑩話」與「㑩人」。

家話、閩語三種，「白話」即為此區通行粵語之俗稱。[13] 廣東下四府所講
的粵語（白話）和客家話，雖與上六府所講的粵語（廣州府、肇慶府）
和客家話（惠州府、嘉慶府）不盡相同，但仍舊屬於同一語言系統。
所以徐富美所指出的四點觀察：（1）偍人 ≠ 客人、（2）偍人 ≠ 客家人、
（3）客人 ≠ 客家人、（4）客人＝講白話的人；筆者認為可能僅有第（3）
點成立。因為客人就是華人，同奈偍人在越南民族分類中屬於華人，他
們也是客家人，而他們說的粵語（欽廉片）就是白話；因為越南華人中
以祖籍廣東居多，所以粵語是華人日常交流的共通語言，只是與白話二
者腔調不盡相同。偍人與華人粵語腔調的差異，也反映在前文所說姓名
的拼音書寫方式和報生登記的例子上。

　　其次，徐富美指出同奈省偍人認為他們不是客家人，是因為同奈省
偍人並沒有經過「客家化」的過程。接著，又指出同奈偍人是從北部廣

13　白話從內部差別來說，大致可以分為五個小片：（1）欽州白話：包括通行
　　於北海市區及近郊的北海話；合浦東部南康一帶的合浦話；欽州市區及郊
　　區一帶的欽州話；以及防城縣一帶的防城話。這幾種話之間雖然有些分
　　歧，但內部的一致性還是很大的。（2）廉州話：包括今合浦縣大部分地
　　區、欽州市東南部跟合浦縣相鄰的那麗等鄉鎮。其中合浦南部、北海市附
　　近以及潿洲島上，所說的廉州話和合浦其他地方的廉州話也略有不同。（3）
　　靈山話：主要通行於北部靈山縣境內。欽州市北部、東北部的一些鄉鎮也
　　說靈山話。（4）小江話：主要通行於東北部的浦北（舊稱小江）縣境內的
　　中部地區。（5）六萬山話：主要通行於浦北縣境內的東北部地區。浦北縣
　　在地理上與玉林地區的玉林、博白相鄰，因此小江話和六萬山話與玉林、
　　博白一帶的白話比較接近。而欽廉地區的客家話分為四片：（1）欽州以
　　西、上思以東的一塊狹長地帶，包括欽州的大寺、大直，防城的大菉、那
　　良等鄉鎮。（2）欽州以北那彭、久隆一帶。（3）浦北、合浦、靈山三縣交
　　界的地帶，包括大成、張黃等鄉鎮。（4）合浦縣東部公館等鄉鎮。而此區
　　講閩語則屬少數（梁猷剛，1986）。

寧省移民而來，而廣寧偃人又是從中國廣西省移民而來；廣西偃人沒有「客家人」說法，主要來自「邊緣客域」以及「移民時間」兩個因素。暫且不論將歷史上嘉應州客家意識形成的過程，也就是客家化的概念，拿來討論當代越南偃人不具有客家意識的原因是否適切。筆者對於同奈偃人認為他們不是客家人之說，實際上有著不同的訪談經驗，並不能代表同奈偃人的純粹立場。另一個原因就是社會性建構，如同前述偃人不是客家的他者論述普遍存在華人族群，但這並不能抹去偃人口說客家話，或者曾經以欽廉一組加入越南崇正總會運作的事實。因為在筆者的田野經驗中，就有不少受訪者認為自己是偃人，也是客家人；這是一種多重與彈性的身分認同。

另外，徐富美文章中的「廣西偃人」所指為何？可能也必須進一步說明。越南統一後至 1980 年代，與中國雙邊關係緊張甚至發生邊境戰爭，當時許多居住於兩國交界地區的華人，約有二十萬人被越南政府驅逐出境（陳鴻瑜，2009：359）。這其中就有許多偃人，他們抵達中國後被安排至兩廣、福建和海南等地的華僑農場謀生（牛軍凱、袁丁，2014：1-14）。因此，如果廣西偃人是指這群人，那麼偃人的族群認同就可能會先於客家。這一點也在河合洋尚和吳雲霞（2022：189-191）的研究中發現相同例證，他們在中國的華僑農場進行研究訪談，受訪的偃人說年少時已有偃人認同，在來到中國之前都不知道自己是客家人，是在婆婆的影響下才產生的客家認同，而這是移居中國華僑農場的偃人普遍有的現象。此外，河合洋尚（2018：192）和吳雲霞（2023：335）也都認為越南偃人的客家身分是在 1990 年代才逐漸確立的，從個人角度來說他們迄今對於自己的客家身分還不太清晰。儘管 1978 年中國改革開放之後在廣西推行客家文化政策，然而迄今居住在中國境內的偃人，仍有許多人並不清楚自己是客家人。河合洋尚特別指出從時間上推

斷，在 20 世紀上半葉之前移居越南的偃人，之所以沒有擁有歷史性地作為客家的自我意識，那也是相當合理的事情。

又為什麼多數越南學者，會將同奈偃人稱做華偃，甚至單獨作為一個族群進行討論呢？筆者認為最主要的原因，就是法國殖民時期所賦予偃人新的海寧偃族民族身分，然後再經歷南遷、戰爭、政權更迭等政治社會變遷，其實在 1979 年之前，他們的族群身分也遊走在華人、偃族、偃人和客家人之間，也就是這樣的歷史經驗形成同奈偃人的靈活性族群身分。其次，偃話和客家話儘管有腔調上的不同，但偃話實為客家話的一種，這點可能是越南學者對於客家話語言系統認識有限所致。最後，筆者認為偃人不同於其他五幫華人的宗教信仰文化，也是形成同奈客家被視為不同於華人族群的原因之一，關於同奈客家的信仰習俗與文化留待筆者另文探討。

因此，依上述學者研究資料的分析，目前學界討論的越南客家族群，其實有三個不同脈絡：一是西堤崇正客家，是指自中國清朝以及法國殖民時期，受客家崇正會館和客家中華理事會館管理的客家幫民，這也是以往海外華人研究領域所關注的群體（張書銘，2021）。二是偃族，為當前越南政府公認的少數民族之一，由於人數僅餘千餘人，多集中在北部太原省和北江省；三是同奈偃人客家，在政府的民族分類認定下為華族，而他們所講的偃話其實就是客家話的一種。在此之前，學界習慣稱呼南部客家為「Người Hẹ」，北部客家則是「Người Ngái」，此種說法也呼應了上述越南客家分屬：五幫會館中的崇正客家和偃人客家兩種系統的看法，因此筆者在本文中將這兩種客家類型命名為：「西堤客家」與「同奈客家」。

造成「西堤客家」與「同奈客家」這種族群內部的差異，除了客觀的語言和宗教信仰文化之外，很多是來自於主觀的社會性建構，如海防

人、大種佴和細種佴的說法，但最關鍵的還是法國殖民時期將之命名為海寧佴族。由於過去複雜的國際政治因素，使得這群原本居住於中國與越南邊境的客家人，被法國殖民政府賦予了海寧佴族如此創造性的新族群身分。也因為過去對於海寧佴族的政治命名過程不瞭解，使得研究者對同奈佴人的客家身分產生知識斷裂，以致將他們排除於客家研究領域之外。1954-1955 年，再由北南遷最後成為定居南部的同奈華人，亦即佴人客家；如此戲劇性地族群名稱演變，講述的其實都是同一群客家人。

參考文獻

Báo văn nghệ Việt Nam, 2017, "Bài 13: Tìm lại cội nguồn người Ngái" (第 13 篇：找尋偍人的根源). *Báo văn nghệ Việt Nam*, http://baovannghe. com.vn/nhung-nguoi-anh-em-trong-long-dan-toc-13-16202.html, 2021/11/20.

Bui, Ngoc Thanh, Nguyen Van Phi, Le Van Lien, Bui Quang Huy, Le Minh Son, Nguyen Cong Ngon, Tran Quang Toai, Luong Kim Thach and Tran Hong Lien, 2009, *Người Hoa ở Đồng Nai* (同奈華人). Dong Nai: Nha Xuat Ban Dong Nai.

Dang, Nghiem Van, Chu Thai Son and Luu Hung, 2016, *Ethnic Minorities in Vietnam*. Hanoi: The Gioi Publishers.

Frankum, Ronald, 2007, *Operation Passage to Freedom: The United States Navy in Vietnam, 1954-55*. Lubbock, Texas: Texas Tech University Press.

Goscha, Christopher 著，譚天譯，2018，《越南：世界史的失語者》(*The Penguin History of Modern Vietnam*)。臺北：聯經出版。

Hsu, Fu-mei (徐富美), 2017, "Language Contact and Sound Change of Ngai in the Province of Dong Nai." Pp. 824-835 in *The Linguistics of Vietnam: 30 Years of Renovation and Development* (International Conference), edited by Nguyen Van Hiep et al. Ha Noi: Nhà xuất bản Khoa học xã hội 。

ITO, Masako (伊藤正子), 2013, *Politics of ethnic classification in Vietnam*. Translated by Minako Sato. Sakyo-ku, Kyoto, Japan: Kyoto University Press.

Maclear, Michael, 1981, *The Ten Thousand Day War: Vietnam, 1945-1975.* New York: St. Martin's Press.

Nguyen, Tho Ngoc, 2018, "Memories, Migration and the Ambiguity of Ethnic Identity: The Cases of Ngái, Nùng and Khách in Vietnam." アジア・アフリカ地域研究（*Asian and African Area Studies*）17(2): 207-226。

_____, 2020, "Hakka identity and religious transformation in South Vietnam." *Asian Education and Development Studies* 9(1): 56-66. https://doi.org/10.1108/AEDS-01-2018-0019.

Nguyễn, Văn Chính, 2020, "Người Hoa ở Vùng Biên Giới Đông Bắc: Bản Sác, Quê Hương Và Cớ Hương" (東北邊境的華人：特色、家鄉和故鄉). *Tap chí Dàn lóc học số* 5: 3-23.

Phan, An (潘安) 著，范玉翠薇譯，2019，〈越南南部華人的歷史文化〉（Lịch sử và văn hóa người Hoa Nam bộ Việt Nam）。收錄於蔣為文主編，《越南文化：從紅河到九龍江流域》（*Dòng Chảy Văn Hóa Việt Nam Từ Sông Hồng Đến Sông Cửu Long*），頁 233-253。臺北：五南圖書。

Purcell, Victor 著，郭湘章譯，1966，《東南亞之華僑》（*The Chinese in southeast Asia*）。臺北：國立編譯館。

Tran, Duc Lai, ed., 2013, *The Nung Ethnic and Autonomous Territory of Hai Ninh - Vietnam*. Taipei: The Hai Ninh Veterants and Public Administration.

Trần, Hồng Liên, 2008, "Các Nhóm Cộng Đồng Người Hoa ở Tỉnh Đồng Nai - Việt Nam"(越南同奈省的華人群體). Hội thảo quốc tế Việt Nam học lần 3, ngày 4-7 tháng 12 năm 2008. http://qlkh.hcmussh.

edu.vn/Resources/Docs/SubDomain/qlkh/SU_KHAO%20CO%
20HOC/NH%C3%93M%20C%E1%BB%98NG%20%C4%90%
E1%BB%92NG%20NG%C6%AF%E1%BB%9CI%20HOA.pdf,
2019/05/23.

Yip, Hatu，2013，《越南客家人滄桑史》。未出版。

小林宏至、河合洋尚、飯島典子著，周俊宇譯，2021，《客家：歷史・
　　文化・印象》（客家：歷史・文化・イメージ）。苗栗：客家委員
　　會客家文化發展中心／臺北：南天書局。

牛軍凱、袁丁主編，2014，《歸國與再造僑鄉：越南歸難僑訪問錄》。廣
　　州：廣東人民出版社。

古進主主編，1994，《客家人》。北京：中國三峽出版社。

石文誠，2018，〈黃光慧的燒臘漂流記〉。《觀・臺灣》34：27-30。

伊藤正子，2018，　ベトナムの「華人」政策と北部農村に住むガイの
　　現代史（“We Are Not the Hoa”: Vietnamese State Policies towards
　　the ‘Chinese’ in Vietnam and the Modern History of the Ngai Living
　　in Northern Rural Areas）。アジア・アフリカ地域研究（*Asian and
　　African Area Studies*）17（2）：258-286。

吳雲霞、河合洋尚，2018，〈越南㑽人的田野考察分析：海寧客的跨境
　　流動與族群意識〉。《八桂僑刊》4：61-71。

李青蔚，2019，〈世界廣西欽廉靈防第六屆鄉團懇親大會在洛杉磯舉
　　行〉。天天要聞，https://daydaynews.cc/zh-hk/international/205090.
　　html，2022/09/12。

李塔娜，1998，〈越南〉。收錄於潘翎主編、崔貴強翻譯，《海外華人百
　　科全書》，頁228-233。香港：三聯書店。

阮玉詩，2014，〈越南邊和市寶龍區客家人的身份與整合：從三祖師崇

拜到天后崇拜〉。《人文研究期刊》12：33-45。

_____，2018，〈「內祖外聖」──越南客家人社區身份認同與融合之道：以同奈省邊和市龍寶區為研究對象〉。《漢學研究集刊》26：135-156。

林正慧，2021，〈由「客人」到「客家」：嘉應州士子以「客」自我定位的過程與影響〉。《全球客家研究》16：79-120。

河合洋尚，2018，越境集団としてのンガイ人―ベトナム漢族をめぐる一考察―（The Ngai People as a Trans-border Ethnic Group: Reconsidering the Han Ethnic Groups in Vietnam）。アジア・アフリカ地域研究（*Asian and African Area Studies*）17（2）：180-206。

河合洋尚、吳雲霞著，范智盈譯，2022，〈越南北部華人的移居及其社會網絡：以 6 個廣東客家家庭為例〉。收錄於張維安主編，《客家與周邊族群關係》，頁 175-195。新竹：國立陽明交通大學出版社。

芹澤知広，2009，ベトナム・ホーチミン市のヌン族の華人。フィールドプラス 2：6。

_____，2018，ヌン族の華人の祀る神―中国・ベトナム・オーストラリアの実地調査から―（The Gods Worshiped by the Hoa Nung: An Exploration in China, Vietnam, and Australia）。アジア・アフリカ地域研究（*Asian and African Area Studies*）17（2）：227-257。

施達志主編，1963，《華裔在越南》。堤岸：統一書局。

胡璉，1979，《出使越南記》。臺北：中央日報社。

徐富美，2016，〈記越南艾話一種唇化舌根韻尾 -kp/-ngm 音〉。收錄於胡松柏主編，《客家方言調查與研究──第十一屆客家方言國際學術研討會論文集》，頁 234-241。廣州：世界圖書出版公司。

_____，2021，〈越南「偃族」與「華族中的偃人」〉。《全球客家研究》

16：163-194。

＿＿＿＿＿＿，2022a，〈越南北部艾話〔ts^h~s〕變異及〔ts^h>s〕音變過程的語音兩讀現象〉。《成大中文學報》76：175-203。

＿＿＿＿＿＿，2022b，〈此客非彼客──論越南同奈省「艾人非客人、客人非客家人」的移民流動〉。《臺灣客家語文研究輯刊》7：113-132。

＿＿＿＿＿＿，2023，〈越南同奈省艾話與客話幾個語音特點所反應的族群生態〉。收錄於周錦宏、張翰璧主編，《全球客家的多元經驗：全球客家研究聯盟（GHAS）論文集Ⅰ》，頁273-290。高雄：巨流圖書。

崇正總會編輯委員會主編，1958，《越南崇正總會》。越南：崇正總會第四屆編輯委員會。

張文和，1975，《越南華僑史話》。臺北：黎明文化。

張書銘，2021，〈找尋越南客家：兼評阮玉詩的客家研究〉。收錄於蕭新煌、張維安、張翰璧主編，《海外客家研究的回顧與比較》，頁327-354。桃園：國立中央大學出版中心／臺北：遠流出版公司。

張翰璧、蕭新煌，2021，〈總論：盤點臺灣客家研究的對外跨域比較〉。收錄於張翰璧、蕭新煌主編，《臺灣的海外客家研究》，頁1-5。高雄：巨流圖書。

梁猷剛，1986，〈廣西欽州地區的語言分佈〉。《方言》3：219-221。

清風，2005，〈儂族考〉。收錄於王建周主編，《廣西客家研究綜論》1：342-351。桂林：廣西師範大學出版社。

許文堂，2014，〈越南華人公民地位的變遷〉。收錄於陳鴻瑜主編，《海外華人之公民地位與人權》，頁147-171。臺北：華僑協會總會。

＿＿＿＿＿＿，2016，〈二次世界大戰以來北越華人社會之變貌〉。《亞太研究論壇》62：5-32。

郭壽華主編，1966，《越、寮、柬三國通鑑》。臺北：作者自行出版。

＿＿＿＿＿，1970，《越南通鑑》。臺北：幼獅書店。

陳天水，2013，〈北越之華僑華人（1954 年至 1975 年）〉。悠悠南山下，https://blog.boxun.com/hero/201303/nanshanxia/1_1.shtml，2019/10/02。

陳鴻瑜，2009，《越南近現代史》。臺北：國立編譯館。

華僑志編纂委員會，1958，《華僑志：越南》。臺北：華僑志編纂委員會。

黃宗鼎，2006，〈第二次世界大戰後越南之華人政策（1945-2003）〉。國立政治大學中山人文社會科學研究所碩士論文。

慕恬，2015，〈世界欽廉同鄉會在越南召開〉。《僑協雜誌》155：61。

潼毛護國觀音廟，2016，《潼毛護國觀音廟：重建落成功德榜》。未出版。

黎振君，2002，〈香火：專訪越南崇正欽廉會館會長張仕宗〉。海外客家網，https://global.hakka.gov.tw，2019/05/26。

蕭新煌、張維安、范振乾、林開忠、李美賢、張翰璧，2005，〈東南亞的客家會館：歷史與功能的探討〉。《亞太研究論壇》28：185-219。

蕭新煌、張翰璧、張維安，2020，〈東南亞客家社團區域化的新方向〉。收錄於蕭新煌等主編，《東南亞客家社團組織的網絡》，頁 249-267。臺北：遠流出版社。

蘇子，1956，《西貢與堤岸》。臺北：海外文庫出版社。

第二篇

族裔經濟與宗教

第三章

戰後砂拉越客家產業的發展及其族裔經濟變貌（1949-2000）

陳琮淵

一、研究問題與背景

　　二戰後解殖與冷戰背景下，東南亞華人政治上被懷疑是共黨同路人，經濟上則被視為殖民主義幫兇，生存處境堪慮（任弘，2021：376-7）。雖經歷歧視性政策及排華事件衝擊，華人社會卻普遍從戰前「落葉歸根」的華僑意識轉向「落地生根」的華人認同。於此同時，經濟實力也成為華人社群發展及文化存續的關鍵，在華人團結以對抗打壓的論述下，方言群產業是否仍然重要？族群性在經濟生活中究竟發揮什麼作用，一直是學界矚目的焦點（陳琮淵，2014b）。

　　為了適應所在國政治體制及族群結構，戰後東南亞華人方言群在地化的現象十分普遍。然而，在地化並不必然意味著族群性與身分認同的消融同化。本文主張，誕生於近代殖民體系的方言群經濟如何變化，乃是觀察東南亞客家族群發展的重要面向。既有的東南亞客家產業研究主要集中在新加坡及馬來西亞，尤其是自胡文虎籌創「客家銀

行」以降，[1] 新馬地區更是累積了不少調查報告及個案研究（黃枝連，2014[1970]；黃賢強，2009；張翰璧，2013；沈儀婷，2013；鄭宏泰，2018）；相關論文則多來自研討會論文集、專書專章（張翰璧，2007、2011；吳慧菁，2008；李偉權、利亮時、林開忠，2011；李恒俊，2012；李偉權，2013；吳靜玲，2015）或碩士論文（林瑜蔚，2008；湯九懿，2011；黃有霞，2014）。其中，新加坡由於經濟成就亮眼且較早朝向現代化、全球化發展，戰後客家產業的變化也引起學者們的關注。

　　白鐵、典當、手工藝、眼鏡、中藥等是新加坡公認的客家行業。吳慶輝（2008：99）指出，1950 年代起，從事零售與服務業的新加坡客家商人開始散居新島各區。客家社團的調查資料也顯示，客家人經營的商號中約 51% 是中藥、白鐵、布疋、洋貨、洋服、典當等行業，平均地散布在新加坡扇狀公路網上的主要聚落，另外 49% 的客家商號則在市區內。1960、70 年代新加坡政府發展衛星市鎮、大量興建組屋及快速工業化的影響下，傳統行業被迫轉型或從此走向沒落。據南洋客屬總會（2009：130-169）介紹，新加坡客家行業面臨的挑戰主要包括：

1　參閱《星洲十年》之記載：「本年（1939）八月間，南洋各地客屬代表大會於星洲客屬總會舉行時，胡（文虎）氏宣布計劃創辦一客家銀行，額定資本叻幣四百萬元，收足二百萬元即開辦。總行設於星洲，其他各埠得斟酌情形，設立分行。其最大目的，在輔助各地客屬同僑經營工商業，凡屬客人，無論男女，均可入股，並以一種特別優待辦法，使股東可以享得優厚權利。現各方對該銀行認股甚為踴躍，刻已達一百餘萬元，實現之期想不遠矣。」（星洲日報社，1977[1940]：177）嗣後，1950 年 2 月成立的崇僑銀行雖未以「客家銀行」為名，卻仍被視為南洋客家資本的象徵之一。其宗旨是「客家人」、「小商家」及「大眾的」銀行，崇僑一開始就鎖定中小企業及農工階層，是新馬地區最早推出「一元開戶」的銀行，轟動一時（Yeap, 1994）。

一、科技與技術發達；二、政策或法律條規趨嚴；三、客家行業由強調互助的網絡轉為彼此競爭的專業化經營；四、經濟全球化；五、社會生活形態轉變；六、家族經營不再具有優勢；七、行業組成及經營模式的改變。

除上所述，關於新加坡客家產業的發展，黃賢強主編的新加坡客家叢書，張翰璧（2013）及其學生已進行了較為系統全面的研究。

另一方面，馬來西亞的客家產業研究主要集中在西馬，除劉崇漢（1999）、文平強（2005ab）、Voon（2024）、安煥然（2009、2010）的論著之外，乃以在馬來西亞、中國或臺灣舉辦的客家學研討會論文集、資料匯編（馬來西亞客家公會聯合會，2006；張茹嬌，2017）及調查報告（安煥然、劉莉晶，2007）為主。

客家人是新馬華人移民的重要群體之一，1786 年檳城（Penang）開埠後開始移入馬來半島。早年來馬的客家移民大部分是勞工、農民、商人及手工藝者，他們多來自嘉應、惠州、大埔、豐順、永定、增城和河婆等地（顏清湟，1994：701）。當中，梅縣人士多由汕頭出洋，惠州和廣東中南部的客家人則經廣州從澳門啟航。此後百餘年，客家族群深度參與雪蘭莪（Selangor）、霹靂（Perak）、森美蘭（Negeri Sembilan）錫礦事業，盛產錫礦之地，往往也是客家人高度集中之處（文平強，2005a）。

20 世紀上半葉，河婆、惠州和豐順客家人大量移入柔佛，專事農牧和黃梨、橡膠種植。大埔客、嘉應客多集中市區小本經營中藥、典當、眼鏡和鞋業，惟資本及企業規模有限，也缺乏金融資本的支持。饒靖中（1965：丑七）便直言：「所引為美中不足者，以目前埔人之財力，並未有人出而倡設龐大金融機構，以輔助各方事業之發展，難免受制於人。」

西馬客家人也參與港口貿易，經濟作物種植和交通事業，但由於閩南人較早控制這些領域，客家人不易獲取發展。安煥然（2010：892-893）指出，新山客家主要是從新加坡移入的，由於兩地雜貨、土產、九八行等行業優勢早已被潮、閩人士佔據。因此「移入較晚的大埔、嘉應客家人，相對來說，人數較少、勢力小，一般僅集中在市區的幾條街道，從事小資本的小本生意，其傳統行業大抵不離洋貨、布足、打白鐵、打黑鐵、當舖、藥材等等。……柔佛內陸地區客家，他們不『靠海吃飯』，其最初移入，是沿著內陸河流和火車鐵道兩旁向周圍地區的漸次開墾。古來一些地區有的甚至儼然成為『客家村』，成為客家人的天下，並多以務農為主，從事割橡膠、栽種鳳梨、養豬和種菜為業。」

山打根客屬公會（1986：104）的資料顯示，全馬客家人口較多的州屬依次是：霹靂（184,938 人）、雪蘭莪（126,351 人）、吉隆坡（121,458 人）、砂拉越（116,654 人）、沙巴（90,478 人）等。時至 20 世紀末，年輕一代客家人奔向城市尋找更好的就業與升學機會，客家人以土地為根基的農礦事業開始出現斷層。21 世紀初期，馬來西亞客家人總數接近 110 萬，占大馬華人總人口的五分之一。其中八成的客家人都集中在吉隆坡、雪蘭莪、砂拉越、沙巴、柔佛與霹靂。從占各州華人人口比例來看，客家人在沙巴的比重最高，達到 58%，其次是砂拉越的32% 和森美蘭的 30%。時至今日，僅有 5.7% 的客家籍就業人口從事農業相關職業，大部分客家人投身高級行政與管理人員、文教服務與銷售、產業勞動三大領域（文平強，2005b：164-165）。

相比於新加坡及西馬，東馬客家產業經濟較少受到關注，沙巴有張德來（2002）、劉端超（2022）等人從事相關研究，前者點出：「客家事業家是最均勻散居沙巴全州各地的社群。他們廣闊具策略性的據點有助於締結非常良好的網絡，許多締結聯盟大大地促進收集和分發系統。在

每一個埠鎮，客家商店是名符其實的農產品如椰子、橡膠等等的交易中心。在沙巴各地交易網絡中，客家零售商是普遍常見的人物。」（383-384）後者則主張「沙巴早期移民主要是巴色會引進的客家基督徒農民，來沙形成自給聚落、建立社團，早期的客籍領袖以商人為主，當中不乏大資本家，卻鮮少以『客家』為凝聚商業資本的號召力，不同世代間經濟基礎的差異，也影響其客家世界觀。」（44-48）；砂拉越也在房漢佳（2001）、田英成（1999、2004）、楊曜遠（2013ab、2014ab）等人的帶動下累積了不少成果及資料。

總體而言，馬來西亞客家產業經濟全面性的研究仍不多見，比較研究也相對缺乏（Wong, 2021: 91）。當中，戰後砂拉越客家產業及方言群經濟動態的討論尤待展開。對此，在既有研究的基礎上，本章嘗試整合國內外文獻館藏，以及筆者歷年田野調查所得的客家社團特刊、商業年鑑、人物傳記等民間史料（如1956年出版的《客屬年刊：銀禧紀念號》、1959年出版的《砂勝越客屬公會二十五周年紀念特刊》，以及未正式出版的《砂拉越客家人奮鬥史》等），研究戰後砂拉越客家產業發展及其所反映的族裔經濟意涵，以期增添實證資料並與類似研究的對話。簡言之，砂拉越客家產業與西馬、新加坡有何不同？為何且如何變化？乃是本章探討的重點。

據2010年的統計，客家僅次於福州（209,901人，占砂全體華裔比重37.5%）目前是砂拉越第二大華人方言群，人口為176,669名，占砂全體華裔比重31.5%（林煜堂，2020：196）。本章對砂拉越客家的興趣，源於對戰後華人方言群發展差異的好奇，何以1980年代以來，砂拉越客家人口規模（饒尚東，1999）、經濟實力及社會參與，似乎逐漸被福州社群所超越，除了外顯的移民脈絡、社群組織、產業類型與規模的對照（陳琮淵，2006、2010），更希望探知客家族群性如何隨著

社會經濟轉型而出現變化，進而充實比較研究及理論基礎。考慮資料掌握、歷史淵源及產業特性，本章選擇砂拉越客家族群相對集中的古晉（Kcuhing）、美里（Miri）兩地進行研究，描繪當代客家產業發展軌跡。選定二戰後到千禧年間為主要研究時段，主要考慮有以下幾點：首先，此時期是客家產業的重要轉型期，砂拉越逐漸擺脫殖民經濟模式，現代化及都市化不僅影響華人經濟發展，也為不同行業帶來程度有別的影響。第二，此前客家族群高度參與的行業，是否仍存在產業聚集的現象？特別是砂拉越客屬公會 1990 年代提出「客家工業城」發展計畫，並於 2004 年獲得政府批准，具體發展如何值得探究。第三，戰後到千禧年間砂拉越客家族群的經濟論述、產業發展的總體情況有待探索。第四，新世代的砂拉越客家人走出農村、職業選擇更為多元，其經濟參與及客家產業形態尚待釐清。[2]

二、研究觀點與方法

在展開分析之前，我們有必要先釐清「客家產業」與「客家經濟」

2　Huntington（2008: 248-249）就認為：「過去的移民傾向於群聚生活，並且通常會從事相同的職業。到了第二代與第三代，每一個團體成員會逐漸分散，並且因為居住地、職業、收入、教育程度，以及通婚對象的祖籍而有所區隔。同化的性質與程度因人而異。對於某些人而言，當他們脫離移民團體後而向外、向上發展後，同化的速度極快、範圍極廣。其他人則被拋置在原來的團體當中，繼續從事第一代相同的職業。……最終，區域性的散居、職業與收入的差異、族裔間的通婚都會使得同化加速進行，既使社群關係依然存在，且後來的世代可能會盡力振興族群意識。」

的區別。學理上，客家經濟所涉範疇顯然更為廣泛，應包含客家人所參與的企業、產業、商幫、創業精神、同族網絡、僱傭就業、生產消費等一切經濟活動乃至於相關的理念及論述。按照本章所援引的族裔經濟理論，客家產業則限縮在特定地區客家人高度參與或主要由客家人操持的行業類別，客家資本、語言、認同及社會網絡在這些行業的運作中占有顯著比重或發揮重要作用，而能夠形成較為穩定的社會感知。由於缺乏固定的量化指標，有學者認為更精確的用詞應該是「客家族群象徵產業」，即強調某一地區客家產業經濟活動與客家族群社會網絡結構的互動關係。這種界定甚至可以進一步含納以客家元素或意象為核心的產品產業及行銷方案，如擂茶（張菁蓉，2022）、桐花祭與客家花布等（俞龍通，2014：24）。然而在分析上，如何界定客家族群性與產業發展的關聯才是關鍵，誠如蕭新煌教授（2011：4）所言，應該進一步暸解客家族群企業家是否或如何應用哪些客家特質去經營他們的企業。或許客家企業的地理群聚、行業壟斷不再顯著，但族群性依舊能夠作為象徵符號持續存在，形成一種可辨識的族群特徵及文化吸引力。

另從上節簡要的回顧可知，早年新馬客家人所從事的行業，主要是在市區從事醫藥、借貸、服務業及輕工業，在鄉區則以開礦及種植為主，且特定行業又往往對應於不同祖籍的客家次方言群。因此，本章除了介紹古晉、美里、詩巫（Sibu）等地的客家產業，也會分門別類探討次方言群在城市及鄉區參與各該產業的情況及脈絡。

（一）砂拉越方言群經濟與客家產業

婆羅洲是近代海外客家社群發展的代表性據點，不僅羅芳伯與「蘭芳共和國」傳為佳話（謝永茂，2021），砂拉越客社群與西婆羅洲更

是有著密切的歷史淵源。19 世紀中期，因避荷蘭殖民高壓統治，大批以河婆客為主的客家人從西加里曼丹移入砂拉越古晉地區墾拓，與 19 世紀末江恩貴牧師帶領的新安客在鹽柴港、石角開墾種植，皆被認為是南砂客家社群發展的重要里程。客家人在砂拉越的另一個重鎮則是與汶萊接鄰的美里，客家人的移入與當地石油開發有密切關係。河婆人占美里客家人口的七成，當地客家人多姓楊、蔡、李、張、陳、黃、溫、劉、林，主要居住在廉律、羅冰、峇甘及都九郊區，以農耕為主，隨著人口的繁衍，年輕一代也向工商業發展（豔陽，2003）。

　　砂拉越的客家主要來自河婆、大埔、嘉應五屬、惠東安等地，當中以河婆人最多。早期華人職業選擇與方言群有直接的關係，英殖民地政府的華民政務司余德廉（Richard Outram）對戰前砂拉越方言群經濟便有以下觀察：「早期的金匠和鐘錶匠都是廣東人，因此金銀匠和鐘錶匠這些行業都操在廣東人手裡，當然，有些金店和鐘錶店是有錢的福建人或者潮州人開的，可是，你會發現店裡的工匠通常還是廣東人。同樣地，古晉和美里的白鐵幾乎都是客家人，而傢俱細木匠都是中國南方說普通話的人的專業。」（Harrison, 1962: 81-82）。

　　即便在福州人為主的詩巫，客家產業仍可辨認出來。當地客家人以廣寧客、大埔客、嘉應客（也稱梅州客）為主，河婆、海陸豐、永定等為少數。早年的廣寧客多以種植橡膠、胡椒為主，晚近也有極少數在市區開雜貨店、中藥店、理髮、裁縫、木工、煮食、客船和教職等。大埔人多在市區經營布匹、成衣洋雜、中藥、打鐵、牙科、雜貨等（不著撰人，2023）。嘉應屬人則積極參與京菓商、布莊、洋雜貨、藥材、金舖以及牙科等行業，較具規模的商號有大昌公司布莊、大達公司布莊、炳興藥行、南隆皮鞋商店，以及新東洋服、光國商店等（古復清，1973：151）。

除了開礦及手工藝，種植水稻、木薯、果蔬、胡椒、橡膠，飼養雞鴨豬魚，也成為客家族群維持生計之道。黃予（1994：5）的《卜通叔傳》生動地描繪了砂拉越客家人從事農墾的多舛與不易：「那都是為了我的時運不濟。以前當我的胡椒出產時，胡椒價一跌再跌，樹膠價一起再起。所以，我砍掉胡椒，改種膠樹，等到膠樹長大到快要可以開割時，胡椒偏又起價而樹膠無價，所以我又斬掉膠樹、翻種胡椒，這樣『卜通』來，『卜通』去，我變成出名了，人家稱我『卜通』了。」時移世異，在砂拉越客家族群相對集中的古晉、美里兩地，原先多在鄉區開礦務農的客家人因韓戰樹膠價格暴漲而獲得大量資本，並自 1950 年代進入市區從事工商業，開啟了由農轉商的產業型態變化。

戰後砂拉越客家企業家面對既有的方言群經濟格局，往往選擇學習多種語言以滿足顧客需求、打入主流。客籍富商貝新民創業初期的經驗是：

> 我平時在家鄉與人交談，講的盡是客家河婆話或是華語，所以首先碰到的難題，便是怎樣以古晉人慣用的閩南話和潮州話與顧客們溝通，更何況登門的還有馬來人和伊班人等各色顧客，我是一點閩南、潮州和馬來話都不通的。好在我沒有語言學習障礙的心理問題，為了趕快掌握馬來話、福建閩南和潮汕話這些方言，我是硬起了頭皮勇於開口，即使是說錯了不怕被對方取笑，我就這樣在勤於「學講」下，很快便能和顧客以流利的閩南話或馬來語交談自如了（李振源編著，2020：35）。

時至今日，客家人的職業已多元化，舉凡醫生、律師、工程師、會計師、藥劑師等專業人士都不乏客家子弟（不著撰人，2023）。從另一

個角度來說，各行各業都有不同的族群及方言群參與，砂拉越的飲食、
木工、建築、捕魚、巴士司機等工作更是早已由本地土著或外國勞工所
取代（林煜堂，2020：158）。

　　砂拉越客家族群高度參與農礦、輕工業等特定行業，是典型的族裔
經濟案例。然而隨著社會發展及產業轉型，新生代客家人的職業及創業
選擇，已出現更多可能性及選擇空間，使特定族裔及家族經營的傳統行
業受到不小衝擊，客家人在特定產業的集中趨勢及優勢地位不免為之稀
釋。客家人是否仍高度參與傳統行業，擁有產權及經營優勢，便值得關
注。回顧戰後砂拉越的客家產業發展，我們要問的是客家族群性在經濟
領域是否仍然重要？除了經驗資料的梳理，也需要進行理論分析。

（二）由族裔經濟解析砂拉越客家產業

　　族裔經濟（ethnic economy）是社會學的研究議題，「族裔企業」
（ethnic entrepreneur）、「族裔飛地」（ethnic enclave）、「族裔群聚的經濟」
（ethnic enclave economy）等概念，廣被援引至各國的移民經濟研究
（Zhou, 2004），也是臺灣學界探索東南亞客家經濟採用的主要視角（陳
琮淵，2014a）。移民及少數族裔的生存除了繼受而來的歷史源流及社會
地位，共有文化傳統及被歧視經驗所形成的凝聚力，也讓移民獲得社會
流動的資源與機會，得以在所居地經濟中扮演一定角色。當少數族裔的
經濟勢力及社會階層提升，族群資源的作用形式及力度也有所不同。
Portes and Sensenbrenner（1993）認為，從價值融合、互惠交換、有限
團結、可實施的信任四個方面入手，方能掌握族裔經濟的特性及發展形
態差異。

　　族裔資本強調族裔凝聚力及網絡資源，能解釋砂拉越客家族群何以

能在經濟上取得一定成就，並在特定行業形成優勢或壟斷地位。然而既有的研究也指出，隨著社會變化及世代交替，族裔色彩及族群認同（網絡）的影響力，逐漸從產業領域淡去，不再發揮關鍵作用（周敏、林閩鋼，2004）。在東南亞，客家性鎔鑄於華人性乃至於消融於其他強勢文化，似乎是不可逆轉的趨勢。對於族裔資本的分析似乎需要進一步考慮更多層面的影響因素。誠如 Ivan Light and Leo-Paul（2013: 605）所言，既有文獻對於族裔社會資本的邊界界定並不清楚，且多數集中在族裔社群內部獨一無二、不可分割轉移的綁定式（bonding）經濟資源，還時常假定傳統文化不利於創業（如有些文獻提到客家人被認為不會做生意），並且很少提及或一定程度上忽略了不同族裔群體間的橋接式（bridging）社會資本。

要瞭解戰後砂拉越客家產業的變貌，就必須掌握客家族群的創業文化及產業轉型的時空背景。砂拉越客家產業的分析，離不開人群、資本、空間、論述等要素，但過去受限於技術，不易對族裔經濟及產業發展進行全面的分析。

首先，人群的要素包括移動與聚居，缺乏此兩者經濟活動難以開展，也因此研究客家產業首先要釐清客人移民的脈絡；在東南亞，移民過程差異造就不同的產業形態，但影響客家經濟的具體歷史事實及構造機制，仍需探討。近代中國移民如何梯航越洋尋找出路，華人社群間如何構建出商貿網絡的研究已不少見；僑鄉僑居地調查、華族社會史及民族誌的成果也算豐富，甚至出現「福建學」、「潮學」及「客家學」的研究社群。然而華人移民史並不能等同於客家移民史，掌握跨域網絡與在地力量的互嵌連動所形塑的客家移民史事，乃是理解戰後東南亞客家族群發展的重要基礎，中間不同時期客家產業經濟的起伏良窳，循之可得一線相連的發展路徑。本章選擇研究砂拉越客家社群，主要考量西馬客

家已有較多研究；而相較於砂拉越其他城鎮，古晉、美里的客家社群不僅人數較多，文獻與資料也較完整。

其次，資本的積累包括資金、人力、關係等，本章特別關注族群資本，亦即以生存為優先，認同為基礎的經濟現象，常見於移民或弱裔群體，客家產業當屬此一範疇。如前所述，當外在環境轉變及世代交替後，族裔資本的作用及力度也將隨之變化，仰賴同族就業及創業的利基未必是最合理或最具吸引力的選擇，資本積累的情況不同，傳統行業的沒落轉型，未必象徵族群經濟力量的衰弱，具體到客家產業的分析，必須關注與資本積累過程始終相繫的「族群性」；以及區辨客家與其他華人方言群的主要差異所在。

第三，由不同層級的空間角度出發，審視客裔商業資料及傳記，有利考察客家產業在不同空間尺度（區域／國家／市鎮／祖國與僑居地／在地與全球）下，客家經濟可以被理解為網絡、聚落、產業、企業及個人等不同形態，本章集中在古晉、美里客家產業的探討，上下求索客家創業精神、企業發展、族裔網絡、商業聚落等議題。

第四也是同樣重要的，本章也從民間文獻及田野調探索客家創業精神與經濟論述。論者以為「會館是客屬人士創業的溫床」（梁純菁，1998），客家在政治及經濟領域的創造性，也屢屢引發關注。本章整理客家創業者的生平資料及傳記，搭配口述歷史，歸納客家人士的創業模式、經營方法及商業巧思，也採訪主要行業公會的負責人、領導層及老前輩，從他們口中瞭解客家產業的長期變化，以與年輕世代的理解作對比。

（三）研究方法

首先，收集整理砂拉越的客家社團刊物、報章雜誌、商業廣告、書信契約、個人傳記、家族回憶等民間文獻（Ng, 1995；楊曜遠，2013ab、2014ab；Choo, 2021[2009]；Yong, 2010；Yong, 2013），是本章最主要的研究方法。對砂拉越客家文獻資料進行分析，探明戰後客家產業的性質和狀況，從中提煉出理論觀點。

其次是田野調查。本研究於 2022 年到 2024 年間五度赴古晉及美里進行實地考察，實際體驗客庄生活及產業發展。增添切身感悟。在觀察及記錄的同時，也以照相及掃描等方式，盡可能地收集客家產業資料。

第三，本章也以訪談法來增益客家經濟資料來源的多元性，澄清客家產業發展的重要問題及當地人士的看法，收集客家產業經濟論述及歷史記憶，以彌補文獻記載及早期調查的缺漏。[3]

三、戰後砂拉越的客家產業發展：古晉與美里

砂拉越，現為馬來西亞之一邦，主要的地理範疇原屬汶萊蘇丹領地，19 世紀中葉英國冒險家詹姆士・布魯克（James Brooke）趁勢蠶食鯨吞，開啟了英人王朝統治，歷任三位拉者（Rajah），國祚百年（1841-1946），戰後讓渡給英國直到 1963 年參組馬來西亞聯邦。在布魯克王朝

3　除了一般所知的農墾工商之外，古晉與西加里曼丹客家因地理鄰近及資源互補等因素，直到 1950 年代左右，仍持續著殖民時期流傳下來俗稱「去荷蘭」的邊境物物交換貿易，這也是木中等地客家群族的主要營生（2022 年 12 月 2 日古晉資深客家學者李福安訪談記錄）。

時期，以 1857 年為界，早前客家主要是從西婆羅洲前來開礦的嘉應人，往後則是布魯克政權積極開發土地、鼓勵種植業所吸引來的河婆客家人（林開忠，2010：935）。1960 年代中期砂拉越政局動盪不安，宵禁戒嚴影響華人經濟發展，直到 1971 年政府與左翼勢力簽署斯里阿曼和平協訂後，社會才趨於安定。

　　客家是砂拉越最早的華人移民群體，也曾是最大的華人方言群，與西加里曼丹華人公司、巴色會（Basel Mission）及太平天國有一定聯繫，原籍以大埔、河婆、會寧、惠（州）東（莞）（寶）安及嘉應五屬（梅縣、蕉嶺、興寧、平遠、五華）為主，又以河婆人占比最高（約占六成），主要分布在古晉、美里及三馬拉漢省（Samarahan），其中又以古晉人數最眾、移民最早且社團最多（田英成，2004）。

（一）古晉鄉區的客家產業

1. 河婆人

　　河婆客家人早年以農墾、開礦及輕工業著名，古晉晉連路（Kuching Serian）、海口區（Asajaya）與石隆門（Bau）皆是客家人的墾殖區；無論是胡椒、橡膠、椰子的種植或是牲禽養殖，皆可見客家人的身影。1930 年代，河婆人蔡選之兄弟在甘密街門牌 33 號開設「益昌」，經營土產與雜貨生意，是河婆人在市區的第一家商號，打破潮州屬商人壟斷的局面（李振源，2020：71）。二戰後，客家人分三波向古晉市區發展。首先是韓戰後胡椒價行情高漲，一些收入豐厚的客家農民進入市區買下原屬於閩潮商人的店屋，開始由農轉商；其次是 1960 年砂拉越反帝反殖風潮大興，政府為了打擊左翼游擊隊實施宵禁戒嚴，鄉區客家人被迫遷往市區；第三是客家子弟到古晉升學便留下來生活及工作、成為

專業人士（張茹嬌主編，2017：291-293）。

　　林開忠對古晉河婆蔡氏族譜的研究也印證了戰後客家經濟形態的變遷，但即使進軍市區及其他行業，河婆客家仍難以脫離耕種經濟的本質：「當第一代移民藉由農耕累積了些許財富，他們或他們的下一代會利用這些財富，從農耕的行業中走出來，進軍商業的領域。但是，即便是轉換了跑道，這些河婆客家移民似乎還是難以脫掉農耕的本業，譬如他們所經營的雜貨京果店主要還是以收購農耕產品為大宗，有者甚至在這個行業上拼出了一片天。」（2010：953）。

　　在新經濟政策的衝擊下，如同其他華人社團及客家公會，河婆同鄉會也在 1980 年代投身社團公司化浪潮（彭聖，2006），社團領袖呼籲同鄉們集中經濟力量，向大企業進軍，具體的作法便是組織河婆控股公司。〈河聯控股有限公司告同鄉書〉大聲疾呼：「反觀我國的華人民族資本，因受新經濟政策和跨國公司的雙重影響，大多數中、小型工業、商業，均面臨挑戰。況且我們華族經營的方式保守，各自為政，大多數以個人、家庭親屬為中心，或知己朋友的合作。規模不大，經營的範圍也狹小，不容易有大的發展。往往同業競爭，互相抵消本身的力量！若長此下去，終將被時代所淘汰！」（馬來西亞河聯控股有限公司董事部，1981：31）。然而如同 1980 年代大多數華人社團所成立的控股公司，河聯控股經營數年後亦因管理不善、業務雜亂等因素而倒閉。河婆文史耆老張肯堂（2008：262）無奈的寫下：「它的倒閉，寫下了河婆人的恥辱，也給每一個河婆人慘痛的回憶。」1990 年代以降，陸路交通建設逐步完善，州政府也鼓勵農業機械化轉型，鄉區生活明顯改善。古晉河婆同鄉甚至集資建立了一座大型商業中心「河婆大廈」。

2. 惠東安人

來自惠陽、寶安和東莞的客家人自稱新安客，與太平天國有關，多是巴色會的信眾，他們也是砂拉越第一批墾場（集體）移民，政府在古晉郊區鹽柴港一帶撥地予其墾殖（房漢佳、林韶華，2008）。

早年古晉惠東安人多半聚居在古晉郊外，包括一哩半到七哩、青草路、下上鹽柴港、石角路等，他們種植五穀、甘蜜、胡椒、蔬菜，後轉種樹膠。他們的後裔仍居於此，且擁有大片園地，成為貴重的地產（房官麟，2001：101）。惠東安人士重視教育，戰後商業經營雖相對落後於其他客屬群體，當中也不乏陳保祿這樣的創業人才，陳氏的創業過程，很能反映戰後砂拉越客家人由農轉商的發展路徑：

> 陳先生允文允武，能農能商。這給陳先生奠下成功的基礎，使他很快即成為古晉有名的實業家，惠東安人的翹楚。本州光復後，陳先生從事大規模的胡椒種植計劃，同時從事經營樹膠生意，其時適值胡椒與樹膠價格上漲，土產行情極好，憑着克勤克儉的藉神，白手興家，在農業和商業兩方面，都得到很大的成功。陳先生不但擁有龐大的樹膠加工廠，而且還有規模宏大的種植農場。直到今天，陳先生仍在晉連路十哩地方，擁有廣袤的田莊，大片的果園和胡椒園。陳先生更大的成功，是在投資方面，這是他眼光獨到之處。他在農業和商業方面獲得成功，再將盈利大量投資到地皮與店屋兩方面。年來地皮房產也價格暴漲，陳先生的盈利更不計其數。今天，大家從飛機場沿朋里遜路走向古晉市區，在三哩的交通要道上，一定可以看到該座六間店屋的「陳保祿大廈」，巍然矗立在道旁，雄偉壯觀，非常引人注意（房漢佳，1983：35）。

　　客家認同如白偉權及張翰璧（2018：112）所言：「客屬意識的形成與傳播其實是對於時代挑戰的回應方式，透過總會與屬會、屬會與屬會之間在客家同僑福祉事務方面的互動，不斷地呼喚該社群的『客屬』身分，同時形塑本區域（新馬印泰）客僑的一體性，從而有『南洋客屬』的認同。」1980年代的社團公司化熱潮中，砂拉越惠東安公會亦籌創「惠東安控股有限公司」，其宗旨乃匯集同鄉資金從事工農商業等投資，[4] 俾謀求同鄉之共同經濟利益，並獲得會員大會通過。〈惠東安控股公司告同鄉書〉指出：

　　　　自七十年代起，土著同胞不論在公私企業經濟活動中，在強大政治
　　　　勢力為後盾支持下，一日千里，反觀我華族商界，因受新經濟政策
　　　　沖擊下，面臨各種挑戰，加上自己思想保守，各立門戶，還是以個
　　　　人或親屬為中心進行營業，同業又互相競爭，若長此下去，終被時
　　　　代淘汰。我惠東安人士，從事工商業活動者，遠比他屬落後，然而
　　　　舊的經濟發展已失去了……現在，大家應該繼承我先賢披荊斬棘，
　　　　刻苦勤奮之精神拋棄舊觀念、舊思想、團結合作，匯集我屬同鄉之
　　　　資金，向政府爭取各種經濟發展優厚條件，向工農商業投資。為我
　　　　屬後代子孫幸福縈下經濟基礎，實為我同鄉應盡之職責。砂拉越惠

4　據〈籌組砂拉越古晉惠東安控股有限公司計劃書〉所載，該公司發展目標
　　如下：一、建造商業大廈（Complex），除供本會會所用途外，將各單位
　　售予同鄉經商或轉租；二、向政府申請農業地，以種植油棕、可可等經濟
　　價值高之農作物；三、向政府申請「信貸金融公司」之准字，組織金融公
　　司，從事金融活動；四、購置土地，從事建房屋或店屋之發展；五、設立
　　工廠，進行商品製造或原料加工廠等工業活動（古晉惠東安公會，1985：
　　95）。

東安控股有限公司是從事工業商業多方面投資的組織，詳細的內容，可參閱該份計劃書。謹此吁請我全體屬人，積極嚮應，踴躍認購本會控股公司之股份，俾使早日籌組成功，為我鄉經濟振奮自強，也為我華裔同胞在經濟發展領域戰線上貢獻出我們的一份力量（古晉惠東安公會，1985：101）。

（二）古晉市區的客家產業

1. 嘉應人

嘉應州與大埔客家人由於抵步較早，二戰前便於古晉市區經營商業與手工業，也更早建立起本屬的會館及學校。

依據《馬星嘉應人士工商引介》（1973）的記載，原名為「應和館」的古晉嘉應五屬同鄉會會員頗多，古晉市區內約有 20 間由嘉應人所經營的商號，包括：林源合號、青天書店，梅手洋服、興安兄弟商行、大達公司布莊、文彬建築公司，星光夜總會、月影茶室等（古復清，1973：151）。

對於戰後嘉應人企業發展的挑戰，《馬星泰嘉應五屬鄉人工商業指南（第一輯）》序言中有以下論述：

嘉應人士散居於馬星各區者為數不少，其經營各業戰戰兢兢，各謀發展，其中碩學鴻謀，氣運亨通，事業成功者甚多。而其勤儉耐勞；堅苦卓絕奮鬥者亦不少。惟時代巨輪，科學進步，任何工商鉅業，必須隨時注意環境轉變；要有遠大眼光，深思熟慮；才能樹立宏偉規模之鉅業。今後國際市場之劇變，金融之波動，對於鄰邦與各州工商業之繁榮都息息相關。望我嘉應同鄉能有團結互惠之精

神，聲應氣求，實際表現。由小規模之工商業，而能擴充為大規模之企業，錄用有才幹技術之青年，培養工商業人才為骨幹，惟有如此，始能發展吾嘉應人士之工商業。若仍舊一盤散沙，缺乏合作真誠，甚至故步自封，以私人有限資方，欲與其他雄厚資力相較，實無可能（許以謙，1972：2）。

2. 大埔人

大埔客家人則是著名城市工商業者，特別是紡織、成衣、皮件、雜貨等行業。郭衍賓的文章記錄了砂拉越大埔客家移民的發端，文中引述了楊捧章於 1906 年到古晉發展時所見：「邑人的業務，多為小本經營，操小販之業，或為人傭工，及種植等業務，由於邑人具有刻苦耐勞，勇於進取的特性，在疏疏落落的古晉市場裡面，漸次創業，開設商店，在一、二十年內先成立的店號：京菓雜貨店有楊義和等十餘間，洋雜貨有廣裕誠等十餘間，藥業商有萬安堂等數家，白鐵業則是邑人獨家經營，有順和等十餘家。」（郭衍賓，1973：58）。

《砂勝越古晉大埔同鄉會四十週年紀念刊》（1960）收錄了大埔人早年在砂拉越各地的工商發展調查（附錄一）。關於大埔人在古晉的發展，張創藝（1960：13）在〈邑人蒞居古晉簡述〉一文中指出：「邑人於古晉經營之商業，依最近所調查，計有大小商號 75 家。任中小學教師者 30 餘人，住民約有三千。……在疏疏落落之古晉商肆中，埔僑之商店：京果雜貨商有楊義和、萬和、萬源興、裕安和、茂發號、振隆等十餘家；洋雜貨有錦元、新昌號、廣裕誠、廣義隆、玉和號、保昌號、廣和興、福源號、楊泰和等十餘家；藥業商有萬安商、長壽堂、和仁堂、同安棧、懷安堂、萬山等數家；白鐵業則為邑僑獨家經營，有順和、益和、源和等十餘家，在中國街幾全為邑僑之商號，故有大埔街之

稱，可謂翹楚於時。」

　　1970 年代的古晉大埔人「多聚居於市區，以經營洋貨布疋為多，其他雖屬小本經營，但能克勤克儉，做豆腐、養豬、做老鼠板、賣麵，竟成為小康之家的不乏人。至於經營當業的有源勝當，是古晉獨家經營；打白鐵、鐵器業，又幾為我同鄉所獨佔。此外，執律師業的，有楊國斯律師館、張守輝律師館；行醫的西醫有張守英醫務所，中藥材舖有保生和、萬山和兩家，而何瑞廣中醫師馳譽古晉，業務發達。其他如裁縫、小販檔、美容院等亦有十數家。營業的方法，各有千秋。」（郭衍賓，1970：157）。

　　《古晉老巴剎：歷史掌故與生活變遷》一書中寫到：「我們也看到分布於中國街和下橫街，大埔人的白鐵店，自 20 世紀初就掛上招牌，當年有將近 20 家之多。跟白鐵店同期，還有牙科診所，當年的手藝主要以拔牙和製作假牙為主。」（蔡羽、鄧雁霞、鄭玉萍，2021：36）古晉大埔人從事白鐵業（手工錫合金製品）歷史悠久，最盛時為第一次世界大戰後黃梨罐頭封裝有賴白鐵工人；目前僅存的四家白鐵店中，何源和更是百年老字號（圖 1）。

圖1　由大埔客家人經營的白鐵店何源和已有百年歷史

資料來源：作者 2022 年 8 月攝於田野調查。

（三）美里鄉區客家產業

1. 河婆人

美里的河婆人占客家人口的七成，美里客家人多姓楊、蔡、李、張、陳、黃、溫、劉、林等（豔陽，2003）。早年美里以加拿大山（Canada Hill）為界，分為大山前及大山背，前者包括市區、珠芭（Krokop）、埔奕（Pujut）等，大山背又包括廉律（Riam Road）、羅冰（Lopeng）。客家人大量聚居在羅冰平原、廉律老路、中山小學附近、魯叔（Lusui）路、機場四川路（Airport-Sechuan）及美民公路二哩至七哩地帶務農（萬樂，2007）。

　　客家人在美里的發展，與 20 世紀初油井開發所帶動的經濟發展有直接的關係。石油公司開採石油及相關的基礎建設需要大量人力，其中最重要的承包商就是楊扣，他自河婆地區招募了大量華人工前來美里（張茹嬌主編，2017：307-308）。

　　楊扣祖籍廣東揭陽，二戰之前已是知名的建築承包商。1927 年，他承包油田公司由美里市區通往大山背（廉律）一條 24 哩道路，以便該公司探測油源；1937 年他又承包興建羅東飛機場。楊氏除了創立「楊利利號」從事各種商業活動，並創設火鋸廠及採石廠。廉律是美里市郊最大的華人社區，河婆客家人為主在這裡種植胡椒，也種植紅毛丹、山竹等本地水果，廣集號商店乃是當地河婆人時常聚會討論的場所，中山學校就是在此討論籌款而建成（余求福，2005：61, 70）。

　　河婆客家人移民砂拉越，19 世紀中到 20 世紀初主要來石隆門及西加里曼丹；20 世紀初美里油田興盛後，更多則是直接從原鄉南來發展。他們除了成為石油公司的職工或為承包商工作，也有不少人投入種植及養殖事業。較為可惜的是，1950 年代殖民政府在美里曾兩度推動大型的樹膠、胡椒種植計劃，卻沒有取得預期的成功（徐元福、蔡宗祥，1997：49, 101）。

2. 嘉應人、新安人與寶安人

　　兩次世界大戰的戰間期，美里華人方言群多聚而居之以相互照應，工作則以適應當地環境，或靠祖傳技能謀生為主。

　　美里鄉區的嘉應客家人主要居住在埔奕（Pujut）大道兩旁，以種植瓜菜果樹為生，或到油田公司打工、承包小型工程，少有巨富。羅東（Loudong）是石油公司的主要工作區及宿舍區，當地的一些小商店也是嘉應人所開，他們早在 1930、40 年代就在此經營（余求福，2005：

69-70）。

　　新安人及寶安人是種植能手，他們主要居住在菜心園及珠芭兩區。男性多參與土木工程，客家婦女在菜心園區種植蔬菜瓜豆、椰樹，以及楊桃、蕃石榴、香蕉、木瓜和芒果為主。新安、寶安人在珠芭則以養豬為主業，種菜為副業，也有少數男性從事駕駛及建築行業（余求福，2005：79-80）。

　　與古晉相似，戰後美里的客家社團也曾發起合作社集資進軍工商業，惟成效同樣有限，多不了了之。

（四）美里市區客家產業

1. 嘉應人

　　在美里經商的嘉應客家人也不少，計有順茂雜貨店、廣德公司、成興號、彭漢光農場以及大風影社等八間（古復清，1973：151）。除此之外，余求福（2005）在《美里懷舊》一書第七、八章中整理了當地華人行業及商業種類。客屬人士經營的糧食雜貨店多集中在君王街、大街及海唇街一帶，知名者如和昌、聯合、成益、天香、南茂、常利、恒豐等，這些商店往往兼營土產收購及飼料肥料等業務，與鄉區客家居民往來密切。美里早期的洋貨生意則操在大埔客家手中，以致「其他鄉屬人士也許摸不通經營洋貨生意的秘竅，皆不敢輕易投資開設洋貨店做生意。美里的居民想要買洋貨，則非到大埔人開創的洋貨店購買不可，同時還要真金真銀現款交易，沒有賒賬的便利的。」（頁98）。

2. 大埔人

　　1913年，謝紫臣、楊玉台、邱宏養等客家人由古晉前來美里發

展，多經營洋雜布疋食貨等行業，分別創設福和隆號、翠華號、三和號、德合金店，奠定商業基礎。1919 年，楊厚初創設怡和號，羅立如亦由古晉石隆門遷來開設保元堂，經營藥材車衣，而後擴充京果洋貨。謝紫臣與謝德三、吳成美三人合股創辦和隆美號，1922 年加設大和堂藥材店。1925 年又有華商分店之設立，經過十餘年之努力經營，在美里商場上稍有地位矣（美里大埔同鄉會，1974：49）。

　　《美里大埔同鄉會茶陽大廈落成暨成立廿年週年紀念特刊》（1973）刊載〈砂勝越第四省邑人工商業調查表〉（表 1），及郭衍賓所撰的〈追述往事，報導現狀 紀念先賢，瞻望來哲〉，對美里大埔人的工商發展留下完整記錄。

表 1　砂勝越第四省邑人工商業調查表

商號	經營	地址	經理股東
泰　成　公　司	建 築 器 材 五 金	美里海唇街 57 及 59 號	謝燦新
楊　　　　　柳	眼　鏡　洋　貨	美里海唇街 43 號	楊柳
中　央　公　司	洋　貨　布　疋	美里大街 3 號	楊河源
中　華　商　行	洋　貨　布　疋	美里大街 5 號	朱應樵
新　新　公　司	洋　貨　布　疋	美里大街 15 號	羅循良
中　原　公　司	洋　貨　布　疋	美里大街 19 號	楊家琰
大　眾　公　司	洋　貨　布　疋	美里大街 2 號	楊展才
保　元　堂	洋　雜　貨	美里大街 12 號	羅志勇
公　成　行	洋　貨　布　疋	美里大街 14 號	謝照新
萬　安　藥　房	中　西　藥　材	美里大街 26 號	劉宜杭
德　生　堂	中　西　藥　材	美里大街 28 號	楊文奇
萬　華　號	洋　什　貨	美里大街 28C	楊克尼
遠　東　商　店	洋　什　貨	美里大街 28D	賴先勳
楊　壽　祥	拍　賣　商	美里海唇街 41 號	楊壽祥
廣　裕　藥　行	中　西　藥　材	美里布洛克律 9 號	陳宏灼
太　平　公　司	洋　貨　布　疋	美里君王路 39 號	朱應鰲

表1　砂勝越第四省邑人工商業調查表（續）

商號	經營	地址	經理股東
華　中　布　莊	布　疋　洋　貨	美里君王路 49 號	江柏林
廣　　春　　堂	中　西　藥　材	美里君王路 35 號	謝獎新
裕　華　藥　行	中　西　藥　材	美里君王路 33 號	鄭而生
華　　　　　新	洋　貨　布　疋	美里君王路 33 號	江貢基
廣　發　公　司	洋　貨　布　疋	美里君王路 31 號	謝協信
裕　　發　　號	唱　片　　行	美里君王路 23 號	張俊陵
聯　安　公　司	洋　什　　貨	美里君王路 21 號	鄭友樸
砂勝越貿易公司	布疋洋貨批發	美里君王路 9 號	張家田
愛　華　裁　縫　所	服　　　　裝	美里布洛克律 13 號	陳愛華
金　華　五　金　行	建　築　五　金	美里中國街 18 號	鄒精田
大　和　旅　社	旅　　　　社	美里中旺街 19 號	楊貢林
珠　麗　電　髮	電　　　　髮	美里中旺街 22 號	丘淑芳
國　　　　　記	摩　多　零　件	美里柏瑪蘇利路 17B	何開國
友　邦　商　行	電　器　唱　片	國際大廈 26G	饒尚琴
櫻　花　電　髮　院	電　髮　化　裝	國際大廈 15 號	江福珍
裕　　和　　號	京　菓　洋　貨	馬寶園 5 號	張世湘
陳　氏　五　金　行	建　築　洋　貨	馬寶園 11 號	陳宏江
鄭　氏　兄　弟	修理冷氣汽車	柏瑪蘇利路 17B	鄭國良
鄭　氏　汽　車　服　務	修　理　汽　車	珠巴區	鄭其光
百　　香　　園	經　濟　飯　菜	海唇街門牌 49 後段	楊河圖
羅　榮　旺　派　報　社	畫　報　椰　子	青菜巴剎	
楊　貢　琳	生　菓　擋	青菜巴剎	
楊　南　新	生　菓　擋	青菜巴剎	
張　世　囊	生　菓　擋	青菜巴剎	
張　加　昌	生　菓　擋	青菜巴剎	
謝　菘　興	生　菓　擋	青菜巴剎	
謝　乾　照	豆　腐　擋	菜巴剎	
朱　維　新	豆　腐　擋	菜巴剎	
廖　群　英	青　菜　擋	菜巴剎	
楊　通　環	青　菜　擋	菜巴剎	

表 1　砂勝越第四省邑人工商業調查表（續）

商號			經營			地址	經理股東
鄭	榮	興	經	濟 飯	菜	熟食巴剎	
羅	盛	義	麵		食	熟食巴剎	
賴	順	英	飽		餃	熟食巴剎	
鍾	國	光	饈		飯	熟食巴剎	
謝	南	嫂	饈		飯	熟食巴剎	
鍾	群	英	饈		飯	熟食巴剎	

資料來源：美里大埔同鄉會，1973：206-209。

（五）小結

　　梳理古晉及美里戰後的客家產業發展，可得到以下幾個發現。

　　首先，砂拉越客家產業在鄉區以農礦為主，在古晉是河婆客及新安客；在美里則是河婆客、嘉應客，以及新安與寶安客。客家在市區的行業參與較為多元，主要是大埔客及嘉應客所從事的雜貨、服飾、中藥、飲食、服務業及手工業，規模及資本較為有限。

　　其次，無論在古晉或美里，鄉區或市區，戰前的客家人在經濟領域處於後進者的邊陲地位，戰後才因經濟作物行情良好及都市化發展而快速累積資本，從而由農轉商，職業及商業參與也日漸多元。這是因為砂拉越客家人早年主要在鄉區農墾開礦，教育水準及經濟力量有限；戰後進入城市發展，挑戰已占有優勢的福建、潮州方言群。這也是福州、客家兩個砂拉越最大的方言群共同的發展路徑；而兩者最大的差別在於1950 年代，福州人順利進入資本密集的銀行、伐木產業，在工商發展上取得明顯優勢。

　　第三，因新經濟政策所引發的危機意識，幾乎所有的客家社團都成立合作社或控股公司以期提升資本及經營規模，但也幾乎最終都以失

敗收場。缺乏族裔金融機構的支撐，可能是客家產業難以擴大規模的主因。

　　第四，砂拉越客家人在政治領域的參與豪放剛直、積極爭取權益（田英成，2006），在經濟領域卻相對保守，穩紮穩打，不投機取巧，只取應得的利潤，不犯法，不冒險，腳踏實地苦幹。[5] 戰後土地升值的收益讓他們有資本投入其他商業，也可能助長安逸守成心態，更不願冒險投入不熟悉的新創事業。

　　第五，美里地處邊陲與汶萊毗鄰，目前經濟動能主要是石油、觀光及邊境貿易。古晉則為砂拉越首府，有更多的商業優勢，市場競爭也更激烈。戰後客家產業在這兩座城市的發展，主要走向專業化與多元化；砂拉越的客家企業規模雖比不上西馬及新加坡，但李志明（蔡高暖，2014）、蔡子今（蔡子今先生事跡編委會，2018）等知名企業家則是砂拉越客家人從農業轉型為工商業的典範，並以熱心公益，慷慨捐輸聞名。

四、戰後砂拉越客家族裔經濟變貌的原因及意涵

　　論者以為戰後砂拉越客家社會的變化，經濟上從農業社會走向工商業社會，心態上從保守走向開放，發展上從落後走向進步，組織上從傳統幫權社會走向融入華族社群及主流社會（楊曜遠，2013a：268）。就戰後客家產業發展而言，古晉及美里的鄉區客家人乃是立基於土地，且

5　受訪者總結砂拉越福建人的商業精神是「冒險拼搏」，客家人則是「一步一腳印」（2024 年 2 月 1 日馬來西亞客家文化協會顧問溫德新訪談記錄）。

新生代不願從事辛苦的農礦而轉向工商業發展。至於城市客家產業的變化，除了技術發展使傳統產業（如白鐵）需求減少，小規模經營也使客家人難以在進入門檻不高的零售貿易行業形成壟斷壁壘或競爭優勢，久之這些產業的客家族群的色彩也就不再鮮明。

美里河婆同鄉會會長李國勝對砂拉越客家產業的發展抱有憂患意識，主張面對日益激烈的競爭，客家人必須團結才有力量，才能掌握行業的主動性。他認為：「綜觀現今社會競爭的對手越來越強，客家人所面對的壓力也越來越大，我們不妨冷眼看看周遭環境，在砂拉越那裡是我們棲身的地方，那種行業掌握在客家人的手裡。客家人會落到漸跟漸遠的地步，究其因是缺少一份凝集力，單在美里就有八股散力在單獨掙扎、各自為政，倘若有一位有智慧有遠見的理性客家人能把這八股力量彙集起來，客家人的力量將是一股足於令人震撼的勢力。在經濟、政治及其他方面上均有足夠的力量來和其他族群競爭。」（李國勝，2006：8）。

類似李國勝看法的論述在戰後砂拉越客家社團推動經濟及產業發展時曾多次被提出（砂勝越客屬公會，1983），或許是知易行難，團結不易，匯聚客家經濟力量的嘗試所獲得成效並不顯著。

（一）影響客家產業發展的主客觀因素

最重要的主觀因素當屬創業精神，客家精神在本質上與發展商業所需的正向因素並未相悖，客家富商胡文虎（1939：92）便認為：「吾客人因為上開之數種精神（刻苦耐勞、剛強堅忍、團結奮鬥……），故特勤遠略，且以婦女均耐勞作，主持家計，使男子減內顧之憂，故吾屬男子，在數百年前，即不惜冒風濤，涉巨浪，赤手南來，以開闢此炎荒之新天地，而創立南洋各屬家屬同人之偉大基業。」

砂拉越客家人因行業型態、活動地域、共同利益、身分關係而形成相對穩定的聯繫網絡。這樣的網絡植基於共同的文化、地域及歷史，並以華人社區為市場及勞動力來源（莊國土，2005：239-261）。包括砂拉越客在內，戰後砂拉越華人經濟的方言群色彩並未完全消失，而是出現形態的變化，方言群之間的界限雖日益模糊卻也沒有完全消失，正因為如此，社團領袖及政商聞人屢屢號召同鄉需面對挑戰並加強團結：

> 而環顧廣、福、潮各屬同僑，在經濟上作根深之培植，在政治上作長遠之準備，或經營木材，或集體膠園，或開設銀行，或投資地產等，據金融實業之牛耳者，一與相較，則吾人又深覺瞠乎其後矣（張創藝，1960：13）。

1970 年代以後，因新經濟政策所引發的危機意識，主張由客家鄉親的團結發展成全馬華人的團結之論述引發廣泛共鳴，重要的作法與前提便在於資本的集中及經營專業化，又以前者更為關鍵。

事實上，對於戰後砂拉越客家產業發展，特別是客家人職業選擇及階層流動的情況，當地學人有以下的觀察：

> ……在砂拉越古晉發展起來的客家族群，最初階段，從事商業和工業的人數並不多。從 1950 年代起，富有的鄉村客家人即進入城市，從事商業和工業。到了 1970 年代，更多鄉村客家人進入市區，他們除了經營商業和工業以外，也從事建築業、汽車業、餐館業、捕魚業、金融業等。以前不同族群從事不同職業的傳統，已經因為鄉村客家人的大量湧入而打破（房漢佳、林韶華，2008：8-9）。

　　……就近年的發展趨勢來看，農業種植已走向衰落，農戶轉向養殖包括豬、雞或塘魚之外，許多農戶年輕的一輩轉向商業發展，而受過高教育的從事白領工作。諸如教師或公務員。筆者於96年進行抽樣調查，廉律區的客家人雖仍以農業為多……但三哩半、水塘及漁塘區不少已成為房屋發展區，不能再從事耕作……這種職業結成的變化乃是應時代的發展而有所變化。隨著廉律地區更多地段改為房屋發展，農業走向衰落勢所必然（田英成，1999：143-144）。

　　從理論的角度言之，我群之間因彼此信任，提供各種服務及支援的結果，雖減緩內部競爭，卻也增強了不同方言群間的分化。早年華人社會基於行業壟斷的幫權分立，造就了雙重隔離現象，使華人既是自成一格的商業群體，其經濟發展也因方言群間的彼此競合而不斷變化，幫權競逐甚至成為推動族裔經濟發展動力之一。其中很大一部分原因來自於，華人方言群意識有效地動員並凝聚同屬人士，確保資本來源及勞資關係的穩定，基於方言群認同所形成的道德社群，既聚積資本也降低交易風險，發展出獨特的競爭力；更重要的，各屬華人多小心翼翼地維持既有的行業優勢領域，大體形成一種分工默契，在沒有直接利益衝突的情況下，井水不犯河水地各自發展。由於戰後社會及產業發展，砂拉越客家在傳統上占有優勢的部門也由「族裔擁有的經濟」逐漸向「族裔參與的經濟」的趨向演進。與此一趨向共伴而生的問題有三：首先，客家認同是否隨著經濟參與情況的變化而淡薄甚至消失？其次，華人方言群的邊界是否隨著教育、通婚及現代化而消失？第三，客家族群性是否因從小團結到大團結訴求融鑄於華人性當中而不再顯著？關於認同問題，就本章所掌握的田野資料，砂拉越年輕世代的客家人雖不再像父輩般聚居在一起從事同樣行業，但仍清楚地知道自己的身分（祖籍地），也認

同客家文化及習俗。關於方言群邊界問題，華人方言群的邊界雖不若過去般壁壘分明但仍然存在，血緣、社交及既有利益在可見的未來仍會持續起著維繫方言群邊界的作用。關於客家族群性問題，從二戰結束到千禧年之間的五十年間，馬來西亞華人團結最成功的面向，在於華語普及並很大程度取代方言成為家庭及公開場合的主要語言，但這不意味著方言群之間的全面整合或客家族群性的消失，只能說是凸顯了華人性在追求公民權益方面的優勢。

（二）客家工業城

　　戰後砂拉越客家被稱道的經濟成就的重要表徵之一，在於「客家工業城」（圖2）的創立。

圖2　砂拉越客屬公會之客家工業城

資料來源：砂拉越客屬公會，2014：260。

　　1960 年代末，砂拉越客屬公會在主席楊國斯、財政蔡漢雄等人的規劃下，於古晉—西連路的朋尼遜五哩一帶購買 60 多畝土地，除充作義山外，並保留 30.25 畝地，成為日後客家工業城的所在地。1991 年召開的特別會員大會上，黃偉群提出發展此塊土地的議案，獲得一致通過（砂勝越客屬公會，1994）。2001 年 3 月 8 日，砂拉越客屬公會接受當時的巴打旺市議會主席曾鎮江同鄉的建議，由其部門協助公會發展五哩空地為「中小型工業城」。但由於分配不合公會要求，經執委會討論後，函覆拒絕。後經多方爭取以及葉金來助理部長從中穿針引線下，公會與婆羅洲房屋發展局簽訂合約，「客家工業城」發展計劃藍圖的申請，於 2004 年 6 月 12 日獲得州政府批准，作為工業及房屋發展用途。此計劃核准興建 40 間半獨立工廠，兩塊工業地段及 159 間房屋，惟公會申請在大路邊興建三層商業店的計劃，因與城市花園發展大藍圖條例相衝突而不被批准。地段申請藍圖修改後，與發展商重新洽談產業分配事宜，客屬公會最終獲分配 40 間半獨立工廠；兩塊工業地段及 159 間房屋為發展商與婆羅洲房屋發展局所有（楊曜遠，2020：128-129）。

　　「客家工業城」除了是砂拉越唯一由地緣性鄉團與半官方機構聯營的發展計劃，名義上也是客家產業經濟發展的象徵，反映了客家政商網絡與在地產業發展的嵌合。然而本章田野調查知悉，客家工業城主要是對外出租的工業店舖，左近分別是客家義山及房地產項目，雖每年為客屬公會帶來可觀的租金收入，卻無法創造客家產業的群聚效應，更遑論發揮凝聚客家資本、強化客家商業網絡的作用，從族裔經濟理論角度而言，其意義也僅停留在「為我獨有冠名之工業城」的象徵資本層次。

（三）戰後砂拉越客家經濟的特色

　　由本章對古晉及美里客家社群產業經濟發展情況的整理可知，戰後砂拉越客家產業發展歷經了一個由農業向工業商轉型的過程，此一過程的步調相對平穩，但客家產業的發展也較為保守，這可由以下幾點來理解掌握。

　　首先，就創業精神的角度而言，福州人更具冒險精神，願意深入砂拉越各地進行各種行業；甚至有集團化的木山公司及金融資本（如福華銀行、公明銀行）起帶動作用，無論在人數及商業勢力的成長方面，都明顯超越客家社群（陳琮淵，2006）。本章在砂拉越接觸到的許多報導人也指出，客家人在經濟上的保守守成與政治上的積極開創形成鮮明對比，若查閱客家企業家的傳記，也能得到他們極少經營高風險行業的印象。

　　其次，就資本積累的角度而言，韓戰、都市化發展及華人合作社運動，皆為砂拉越的客家人帶來了快速增加或集中資本的契機，並讓年輕一代客家人選擇離開鄉區往都市發展。在此過程中，一些地主及企業家因都市開發土地增值獲利可觀，更多客家人投入非農行業，（農墾）行業的集中度及客家人經濟生活方面的直接聯繫也隨之淡化；原本就在城市發展的客家人戰前多經營小型工商業，他們既沒有土地收益，戰後又在社會生活形態變遷（大型商場及購物網絡）影響下不易擴大經營規模，能夠吸納的客家同鄉職員有限，多半採行家族經營方式，這讓砂拉越客家人於中藥、白鐵、雜貨、布疋、服飾等傳統行業只是勉力維持，一旦後繼無人或子孫選擇從事其他職業，族裔經濟的成份也就進一步淡化。

　　第三，就族裔企業家的角度而言，也就是客家特質及網絡是否持續

呈現或應用特定行業當中，筆者在對砂拉越客家人談訪中最常聽到的說法就是：「客家人重視教育，也比較不願意冒險」，因此成功的企業家、大資本家較不多見。此一解釋的潛台詞是客家人強調穩健、重視退路，又隨著教育水準的提高，新生代選擇經商的概率也會降低。在砂拉越，戰前所形成的城鄉二元結構（鄉區種植開礦、城市小型工商業）式客家族群經濟，在戰後的發展條件下確實不易轉型、整合或進一步擴大。少數獲得成功的客籍鉅商，多半是出身鄉區，較早將農業資本轉投資到商業及製造業的客家人，如李志明、蔡子今及劉漢水等人。一旦進入城市或擴大規模後，他們的人際及商業網絡也就不再僅限於客家社群。

第四，就社團組織的影響而言，從本章所收集的資料可知，二戰後砂拉越的客家社團領袖——特別是在馬來西亞實施新經濟政策後——曾多次提出團結合作、集中資本的訴求，各地客屬公會、鄉團及姓氏公會也曾組建控股公司及合作社，試圖強化客家人的經濟力量。然而，這些嘗試不僅成效有限，甚至還讓不少深信社團鄉賢的投資者血本無歸。另如前所述，古晉的客家人所建立的「客家工業城」雖為客屬公會增加可觀收益，卻只是出租創收而非嚴格意義上的族裔聚居經濟，也就很難起到強化客家經濟認同或產業發展的效用。

從以上簡要的歸納可知戰後砂拉越客家產業發展變化的樣態；與同屬馬來西亞的西馬、沙巴，以及鄰國新加坡進行比較（表2），我們則可瞭解砂拉越客家經濟的特色，以及各地客家產業異同及其影響因素之所在。

總體而言，影響馬來西亞客家產業發展趨同的因素包括：一、新經濟政策的影響，使全馬各地的客家人於1980年代曾一度嘗試透過客家社團集資，但未獲成功；二、相對寬鬆的產業法規法令，傳統客家產業所面臨的管制及升級壓力較小，仍能以小本經營方式生存；三、鄉城之

別及次方言群（客家祖源地）行業參與的產業影響力雖然減弱但仍存在；四、客家社團及知名客屬企業家所發揮的影響力，以及客家元素在特定行業所發揮的作用，使得客家經濟勢力在華人社會仍有一定辨識度。

如表 2 所示，對比於新加坡及馬來西亞其他地區，則可得知砂拉越客家產業的獨特之處在於客家人高度聚居在古晉、美里兩個城市，戰後非農就業人口不斷提升，但土地經濟的形態仍基本存在，並且由於客家企業（商號）規模及網絡聯繫有限，不易向外擴張發展，而主要以家族企業模式經營。歷經戰後的發展，砂拉越的客家人雖不再高度集中在特定產業，卻仍能保有一定的族裔經濟認同。

表 2　戰後砂拉越、沙巴、西馬、新加坡客家產業變化的比較

	砂拉越	沙巴	西馬	新加坡
聚居情況	集中在古晉、美里，由鄉區客家人陸續移往都市發展	均勻地散居在沙巴各城鎮	主要集中在檳城、霹靂、雪蘭莪、森美蘭、新山等州屬	約有一半平均地散居在新加坡扇狀公路網上的主要聚落上，另外一半則在市區內
產業類型	鄉區以農礦為主，市區以商業、手工業、輕工業為主	以椰子、橡膠等大宗農產品種植為主	北馬：農商 中馬：錫礦 南馬：農業、中藥、典當、眼鏡和鞋業	白鐵、典當、手工藝、眼鏡、中藥
企業網絡	家族企業為主、聯繫有限	客家商業網絡活絡	家族企業、各地情況有別	轉向彼此競爭的專業化經營
市場因素	地區性市場有限，人口外流	地區性市場有限，人口外流	現代化、都市化	全球化市場
政策因素	新經濟政策	新經濟政策	新經濟政策	政府對典當及藥業的管制

資料來源：本研究繪製。

五、結論

　　客家曾是砂拉越最大的華人方言群，源於河婆、嘉應、大埔及惠東安等地的客家來到古晉、美里等地發展，由殖民時期的農墾經濟逐漸向現代社會的工商經濟發展，土地經濟貫串起戰前戰後客家產業發展。早年客家人面對陌生的外在環境，又缺乏原生國政府的保護，多只能透過同族資源尋求安身立命，「我族意識」乃是一種自保求存意志的體現，反映了客家人處於經濟領域的邊陲地位。戰後隨著土產及土地價格提升，客家人積累資本的同時，也逐漸走出種植及傳統行業，這樣的發展即是戰後砂拉越客家產業、就業形態變化的主要路徑。就族裔經濟理論及新族群性的概念而言，我們也可從中得到以下幾點結論。

　　首先，戰後砂拉越客家產業的發展，族裔經濟的色彩似乎不再明顯。這一方面是因為鄉區客家人不再固守種植及開礦，前往城市尋找新的生計；另方面原先在城市經商及手工業的客家人，多未能擴大經營規模，加上這些行業的進入門檻不高或發展有限，年輕一代的客家不願接手，都讓行業的族裔辨識度持續降低。資本及就業的分散，既是都市化、現代化進展的產物，也讓砂拉越客家產業從傳統的族裔聚居經濟走向族裔象徵經濟。

　　其次，就族裔經濟的參與而言，戰後客家人雖未必選擇繼承家業或透過既有的族群網來發展事業，但他們在不同行業中仍發揮著勤奮刻苦的精神，客家社團也曾扮演凝聚資本的角色。更重要的，客家作為砂拉越華人社會中的經濟後進群體，在許多行業及市場運作體系中不具優勢，為了發展，客家人必須學習各種語言及其他華人方言以滿足顧客及行業需求；多數成功的客家鉅商也較少高調宣揚自身財富，皆強化了客家產業不復存在或走向沒落的印象。

　　第三，就客家族群性發展的動態而言，特別是在年輕一代客家人的想法當中，客家認同並不侷限只能構築在相同血緣、語言及經濟團結之上。隨著通婚及生活圈子的擴大，客家人對自身族群性的認同及呈現，也出現有別於過去必須「抱團求存」的理解；身在不同地方、從事不同行業的客家人對自身族群文化、習俗、生活場域的認同，讓他們對客家身分產生高度的自覺及自信，在砂拉越多元和諧共處的族群環境中，醞釀出更具包容性及吸引力的客家新族群性。

參考文獻

Choo, Fah Sen, 2021[2009], *Children of The Monkey God: The Story of a Chinese Hakka Family in Sarawak, Borneo, 1850-1965*. Monee: Independently published.

Harrison, Tom 編，黃俊賢譯，1962，《砂勝越民族叢談》。古晉：婆羅洲文化局。

Light, Ivan and Dana Leo-Paul, 2013, "Boundaries of Social Capital in Entrepreneurship." *Entrepreneurship: Theory and Practice* 37(3): 603-624.

Ng, Hui Koon, Jenny. 1995. *Sarawak Chinese Society: A Family Case Study*. Singapore: Southeast Asian Studies Programme, National University of Singapore.

Portes, Alejandro and Julia Sensenbrenner, 1993, "Embeddedness and Immigration: Notes on the Social Determinants of Economic Action." *American Journal of Sociology* 98(6): 1320-1350.

Samuel Huntington 著，高德源、劉純佑、石吉雄譯，2008，《誰是美國人？族群融合的問題與國家認同的危機》。臺北：左岸文化。

Voon, Phin-Keong, 2024, "The Hakkas of Malaysia to 1970: Population, Livelihood, and Culture." *Malaysian Journal of Chinese Studies* 13(1): 37-59.

Wong, Danny Tze-Ken, 2021, Hakka Studies in Malaysia: Recent Development。收錄於張維安、簡美玲主編，《全球客家研究的實踐與發展》。新竹：國立陽明交通大學出版社。

Yeap, Joo Kim, 1994, *Far from Rangoon*. Singapore: Lee Teng Lay.

Yong, Kee Howe, 2013, *The Hakkas of Sarawak: Sacrificial Gifts in Cold War Era Malaysia*. Toronto: University of Toronto Press.

Yong, Stephen, 2010, *A Life Twice Lived: A Memoir Tan Sri Stephen Yong*. Kuching: Estate of Stephen Yong.

Zhou, Min, 2004, "Revisiting Ethnic Entrepreneurship: Convergences, Controversies, and Conceptual Advancements." *International Migration Review* 38(3): 1040-1074.

山打根客屬公會，1986，《馬來西亞沙巴州山打根客屬公會百周年紀念特刊》。山打根：山打根客屬公會。

文平強，2005a，〈從空間的視角探討馬來西亞華人經濟與社會的變動〉。收錄於何國忠編，《百年回眸：馬華社會與政治》，頁 19-45。吉隆坡：華社研究中心。

_____，2005b，〈略論馬來西亞客家人的環境適應性與經濟活動的變遷〉。收錄於陳世松主編，《「移民與客家文化」國際學術研討會論文集》。桂林：廣西師範大學。

不著編者及出版年，《砂拉越客家人奮鬥史》。古晉：編者自行出版。

不著撰人，2023，〈僅次於福州籍 客家人巫第二大華族〉。《詩華日報》2023 年 7 月 18 日，中區 A3 版。

古晉大埔同鄉會，1960，《古晉大埔同鄉會四十週年紀念刊》。古晉：大埔同鄉會。

_____，1970，《古晉大埔同鄉會慶祝五十週年暨新大廈落成紀念刊》。古晉：大埔同鄉會。

古晉惠東安公會，1985，《古晉惠東安公會會訊》1。古晉：惠東安公會。

古復清，1973，〈馬星嘉應人士工商概況〉。收錄於黃偉強等編，《馬星

嘉應人士工商引介》。新山：馬星嘉應人士工商概況編輯委員會。

田英成，1999，〈一個客家村鎮的社會變遷——美里廉律地區的調查研究〉。收錄於《砂拉越華人社會的變遷》，頁 126-162。詩巫：砂拉越華族文化協會。

＿＿＿＿＿，2004，〈砂勞越客家人拓殖及其社經發展的考察〉。收錄於《客家研究探索》，頁 37-54。吉隆坡：馬來西亞客家公會聯合會。

＿＿＿＿＿，2006，〈砂拉越客家族群的政治參與初探〉。收錄於林金樹主編，《從「客人」到馬來西亞客家人：第二屆客家學研討會論文集》，頁 23-37。吉隆坡：馬來西亞客家學研討會。

白偉權、張翰璧，2018，〈由小團結而大團結：星洲客屬總會與南洋客家意識的傳播與維繫（1923-1965）〉。收錄於黃賢強主編，《會館、社群與網絡：客家文化學術論集》，頁 83-114。新加坡：新加坡國立大學中文系、新加坡茶陽（大埔）會館客文化研究室、新加坡茶陽（大埔）基金會、八方文化創作室。

任弘，2021，《淬煉——戰後東南亞政局與華文教育的興衰》。臺北：世界華語文教育學會。

安煥然，2009，〈馬來西亞柔佛客家人的移殖及其族群認同探析〉。《臺灣東南亞學刊》6（1）：81-108。

＿＿＿＿＿，2010，〈馬來西亞柔佛客家人的移殖形態及其認同意識〉。收錄於莊英章、簡美玲主編，《客家的形成與變遷》（下冊），頁 887-910。新竹：國立交通大學出版社。

安煥然、劉莉晶編撰，2007，《柔佛客家人的移殖與拓墾》。新山：南方學院、新山客家公會。

余求福，2005，《美里懷舊》。美里：美里筆會。

余龍通，2014，《客家族群象徵產業的當代新風貌》。臺北：師大書苑。

吳慧菁，2008，〈客家傳統行業與新加坡中藥業發展〉。收錄於黃賢強主編，《新加坡客家文化與社群》，頁 59-68。新加坡：新加坡國立大學中文系等。

吳慶輝，2008，〈新加坡客屬民間團體的分布變化初探〉。收錄於何炳彪主編，《永遠說不完的課題——客家文化論集》，頁 81-125。新加坡：新加坡茶陽（大埔）會館。

吳靜玲，2015，〈新加坡白鐵業的歷史發展探析〉。收錄於黃賢強主編，《跨域研究客家文化》，頁 261-278。新加坡：八方文化。

李恒俊，2012，〈客家人與新加坡中藥業的早期發展〉。收錄於黃賢強主編，《走進客家社會：田野考察、文化研究》，頁 65-74。新加坡：八方文化。

李振源編著，2020，《聚沙成塔——拿督斯里貝新民回憶錄》。古晉：德光貿易有限公司。

李偉權，2013，〈國內外政策干預下之族群產業：越南胡志明市客家產業經營困境之初探〉。收錄於林開忠編，《客居他鄉：東南亞客家族群的生活與文化》，頁 178-189。臺北：客委會客家文化發展中心。

李偉權，利亮時，林開忠，2011，〈聚焦印尼邊陲：邦加客家人的經濟與文化活動初探〉。《亞太研究論壇》51：126-136。

李國勝，2006，〈獻辭〉。《砂拉越美里河婆同鄉會慶祝廿八周年會慶暨敬老晚宴特輯》，頁 7-8。美里：砂拉越美里河婆同鄉會。

沈儀婷，2013，《譜寫虎標傳奇：胡文虎及其創業文化史》。新加坡：八方文化。

周敏、林閩鋼，2004，〈族裔資本與美國華人移民社區的轉型〉。《社會學研究》3：36-46。

房官麟，2001，〈古晉惠東安公會成立的歷史背景及其發展概況〉。收錄

於古晉惠東安公會編，《古晉惠東安公會成立卅一週年暨新會所落成紀念特刊》，頁 101-102。古晉：古晉惠東安公會。

房漢佳，1983，〈陳保祿傳〉。收錄於古晉惠東安公會編，《馬來西亞砂勝越古晉惠東安公會成立十二週年紀念特刊》，頁 35。古晉：古晉惠東安公會。

_____，2001，〈惠東安人的移居與發展〉。收錄於古晉惠東安公會編，《古晉惠東安公會成立卅一週年暨新會所落成紀念特刊》，頁 103-122。古晉：古晉惠東安公會。

房漢佳、林韶華，2008，〈砂拉越古晉的客家族群與客家公會〉。「第七屆河洛文化國際研討會」論文，頁 1-11。河南：作者自印。

林開忠，2010，〈布洛克時期砂拉越河婆客家移民的流動、根據地與行業的發展：從蔡氏族譜略傳談起〉。收錄於莊英章、簡美玲主編，《客家的形成與變遷》（下冊），頁 931-954。新竹：國立交通大學出版社。

林煜堂，2020，《砂拉越華裔：移民‧身份‧人口》。詩巫：砂拉越華族文化協會。

林瑜蔚，2008，〈新加坡當鋪業與客家〉。國立中央大學客家政治經濟研究所碩士論文。

南洋客屬總會，1956，《客屬年刊：銀禧紀念號》。新加坡：南洋客屬總會。

_____，2009，《南洋客屬總會成立八十周年紀念》。新加坡：南洋客屬總會。

星洲日報社編，1977[1940]，《星洲十年》。臺北：文海。

砂勝越客屬公會，1959，《砂勝越客屬公會二十五周年紀念特刊》。古晉：砂勝越客屬公會。

＿＿＿＿，1983，《砂勝越客屬公會金禧紀念特刊》。古晉：砂勝越客屬公會。

＿＿＿＿，1994，《砂勝越客屬公會六十週年銀禧紀念特刊》。古晉：砂勝越客屬公會。

＿＿＿＿，2014，《砂拉越客屬公會 80 週年紀念特刊》。古晉：砂拉越客屬公會。

美里大埔同鄉會，1974，《美里大埔同鄉會茶陽大廈落成暨成立廿週年紀念特刊》。美里：美里大埔同鄉會。

胡文虎，1939，〈客家精神論〉。收錄於《新嘉坡客屬總會十週年紀念特刊》，頁 92。新加坡：新加坡客屬總會。

徐元福、蔡宗祥編著，1997，《美里省華族社會發展史料集》。美里：美里筆會。

馬來西亞河聯控股有限公司董事部，1981，〈河聯控股有限公司告同鄉書〉。《河婆之聲》7：31。古晉：古晉河婆同鄉會。

馬來西亞客家公會聯合會，2006，《馬來西亞客屬會館史料彙編》（上中下）。吉隆坡：馬來西亞客家公會聯合會。

張肯堂，2008，《風雨九十年：一個馬來西亞河婆老華人滄桑史》。吉隆坡：智慧城有限公司。

張茹嬌主編，2017，《飄洋過海創新天：河婆人南來的故事》。吉隆坡：馬來西亞河婆文化基金會。

張創藝，1960，〈邑人蒞居古晉簡述〉。收錄於砂勝越古晉坡大埔同鄉會慶祝四十週年紀念籌委會編輯委員會編，《砂勝越古晉坡大埔同鄉會四十週年紀念刊》，頁 13。古晉：砂勝越古晉坡大埔同鄉會慶祝四十週年紀念籌委會出版委員會。

張菁蓉，2022，《馬來西亞擂茶研究：從河婆飲食看客家認同》。吉隆

坡：新紀元大學學院／馬來西亞河婆文化基金會。

張德來，2002，《沙巴的客家人：客家華人貢獻沙巴州現代化之探論》。
　　亞庇：沙巴神學院。

張翰璧，2007，〈新加坡當鋪與客家族群〉。收錄於黃賢強主編，《新加
　　坡客家》，頁 89-111。南昌：江西大學出版社。

_____，2011，〈馬來西亞浮羅山背（Balik Pulau）的客家族群分析〉。
　　收錄於黃賢強主編，《族群、歷史與文化：跨域研究東南亞和東
　　亞》。新加坡：八方文化，頁 195-216。

_____，2013，《東南亞客家及其族群產業》。桃園：國立中央大學出版
　　中心。

梁純菁，1998，〈客屬會館是創業者的溫床〉。收錄於《第四屆國際客家
　　學研討會：客家與當代世界論文集》，頁 795-809。臺北：中央研
　　究院民族學研究所。

莊國土，2005，〈從海外華商對中國大陸的投資看東亞華商網絡的發展
　　趨勢〉。收錄於《當代華商網絡與華人移民──起源、興起與發
　　展》，頁 239-262。臺中：東海大學通識教育中心。

許以謙，1972，〈序〉。收錄於朱子慧主編，《馬星泰嘉應五屬鄉人工商
　　業指南（第一輯）》。新山：東方廣告出版社。

郭衍賓，1970，〈古晉、成邦江邑人生活概況〉。收錄於砂勝越古晉坡大
　　埔同鄉會慶祝五十週年紀念籌委會編輯委員會，《砂勝越古晉坡大
　　埔同鄉會五十週年紀念刊》，頁 157。古晉：砂勝越古晉坡大埔同
　　鄉會慶祝五十週年紀念籌委會出版委員會。

陳琮淵，2006，〈砂拉越華人資本發展探析──以福州與客家兩個族群
　　為中心〉。《淡江史學》17：295-320。

_____，2010，《文學、歷史與經濟：砂拉越華族社會發展探思》。詩

巫：砂拉越華族文化協會。

_____，2014a，評介《臺灣越南配偶的族裔經濟》〉。《南向》17：6-10。

_____，2014b，〈東南亞華人經濟發展論析：經濟社會學理論的參照〉。《淡江史學》26：243-264。

彭聖，2006，〈馬來西亞華人社團公司化的發展與影響〉。淡江大學東南亞研究所碩士論文。

湯九懿，2011，〈浮羅山背的豆蔻產業與客家族群〉。國立中央大學客家社會文化研究所碩士論文。

黃予，1994，《墾荒時代的不幸者：卜通叔傳》。古晉：砂勝越華文作家協會。

黃有霞，2014，〈泰國勿洞地區客家人的移墾與橡膠業的發展〉。國立中央大學客家政治經濟研究所碩士論文。

黃枝連，2014[1970]，《南洋大學新加坡華族行業史──調查研究報告》。新加坡：八方文化。

黃賢強，2009，〈國家、族群與客家紳商：以新馬兩地新式學校的創建為中心〉。《客家研究》3（1）：1-33。

楊曜遠，2013a，《客家人南遷砂拉越百年奮鬥史：晉漢省客家人百年開拓經歷》。古晉：砂拉越客家文化歷史編撰委員會。

_____，2013b，《砂拉越客家人社團：晉漢省客家人組織團體與活動》。古晉：砂拉越客家文化歷史編撰委員會。

_____，2014a，《鐵血客家：客家人開拓砂拉越》。古晉：砂拉越客家文化歷史編撰委員會。

_____，2014b，《砂拉越客家人物》。古晉：砂拉越客家文化歷史編撰委員會。

_____，2020，《犀鄉文史集》。古晉：作者自印。

萬樂，2007，〈「鐵管大王」張建民 美里地下輸送管都是他建的〉。《詩華日報》，2007 年 12 月 12 日，C8 版。

劉崇漢，1999，〈西馬客家人〉。收錄於賴觀福主編，《客家淵源流長：第五屆國際客家學術研討會論文集》，頁 159-213。吉隆坡：馬來西亞客家公會聯合會。

劉瑞超，2022，《沙巴客家的形成與發展》。臺北：巨流。

蔡子今先生事跡編委會，2018，《蔡子今先生事跡（1939-2018）》。古晉：未著出版者。

蔡羽、鄧雁霞、鄭玉萍，2021，《古晉老巴剎：歷史掌故與生活變遷》。古晉：古晉老巴剎民眾聯誼會。

蔡高暖，2014，《拿督李志明傳》。北京：人民文學。

鄭宏泰，2018，《虎豹家族──起落興衰的探索和思考》。香港：中華書局。

蕭新煌，2011，〈什麼是族裔企業？臺灣客家企業文化又是什麼？〉。收錄於江明修主編，《客家企業家》。臺北：智勝。

謝永茂，2021，《蘭芳共和國史：西元 1777 年~1884 年》。臺北：世界客屬總會。

顏清湟，1994，〈早期新馬的客家會館〉。收錄於謝劍、鄭赤琰主編，《國際客家學術研討會論文集》。香港：香港中文大學。

饒尚東，1999，〈東馬客家人口之增長與分佈〉。《客家淵遠流長──第五屆國際客家學研討會論文集》，頁 215-228。吉隆坡：馬來西亞客家公會聯合會。

饒靖中，1965，《海外埔人工商概覽》。香港：大亞。

豔陽，2003，〈聚居美里華人族群客家從數排行榜首〉。《詩華日報》，2 月 22 日，D5。

附錄一

大埔人在古晉所經營的商、工、農、醫等各業列表

名稱	業務	地址	東主經理
燕　山　公　司	布　疋　洋　雜	印度街 76 號	楊克勤
僑　商　公　司	布　疋　洋　雜	印度街 66 號	陳漢光、陳俊民
美化眼鏡公司	驗　眼　配　鏡	印度街 66 號	楊醒華
南　僑　公　司	新　布　疋　洋　雜	印度街 53 號	蕭振廉
南　新　公　司	布　疋　洋　雜	印度街 17 號	張導輝
永　發　公　司	洋雜皮箱皮鞋	印度街 57 號	羅元發、羅仲勳
全砂商業公司	代理廠商出品	印度街 65 號	羅元發
大安兄弟公司	洋雜製造新衣	漢陽街 10 號	邱瑾潤、邱理潤
大　隆　公　司	洋　雜　新　衣	漢陽街 20 號	楊育煌
義　隆　公　司	華　洋　百　貨	甘蜜街 43 號	楊裕全
五月花美容廳	美　容　電　髮	漢陽街 20 號	楊育煌
楊育煌有限公司	建　　　　築	漢陽街 20 號	楊育煌
華　華　公　司	華　洋　百　貨	印度街 1 號 A	楊如鏡
晉　光　公　司	洋　　　雜	萬福巷 12 號	羅超贊
華　華　分　店	華　洋　百　貨	電星大廈 5 號	楊如鏡
饒　初　號	製　新　衣　發　行	東方花園大廈	饒能玉
東　方　花　園	冷　藏　飲　品	東方花園大廈	羅佛機
劉　森　華	電　器　行	印度街 9 號	劉星昆、劉華昆
天　　　然	沖　洗　複　印	電星大廈	羅仲勳
森　公　司	洋　雜、　運　輸	海唇街 28 號	劉克平
萬　志　成	布　賂　新　衣	海唇街 32 號	饒美果
煥　記	洋雜布賂新衣	海唇街 61 號	丘曾煥
萬　昌	洋　　服	亞答街 18 號	饒為照
丘　紹　業	麵　食　店	亞答街 24 號	丘紹業
萬　山　和	中　西　藥　材	亞答街 18 號	藍俊人
星　洲	美　容　院	亞答街	張少剛

大埔人在古晉所經營的商、工、農、醫等各業列表（續）

名稱	業務	地址	東主經理
國 際 書 店	書 籍 文 具	亞答街 47 號 2 樓	邱曾和、邱曾平
古 晉 書 店	書 籍 文 具	亞答街 64 號	楊錦輝
爵 記	布 疋 新 衣	友海街 67 號	丘爵麟
源 和	白 鐵 業	下橫街 16 號	何瑞南
競 發	白 鐵 冷 氣 工 程	下橫街 5 號	朱初常
新 裕	新 衣 發 行	海唇街 94 號	丘燊潤
大 源	洋 雜 新 衣 發 行	海唇街 41 號	邱昆潤
張氏兄弟律師館	律 師	亞答街 5 號 2 樓	張守輝、張守江
張 氏 醫 務 所	西 醫 生	亞答街 5 號	張守英
楊 惠 泉	電 版、 刻 印	中國街 2 號	楊惠泉
賴 泉 興	白 鐵 工 業	中國街 1 號	賴泉興
楊 順 和	白 鐵 工 業	中國街 5 號	楊安輝
羅 如 日	豆 腐、 養 豬	新巴剎	羅如日
羅 國 疆	豆 腐、 養 豬	新巴剎	羅國疆
羅 國 祥	豆 腐、 養 豬	新巴剎	羅國祥
保 生 和	中 醫 師、 藥 材	浮羅岸 125 號	何瑞廣
燕 山 分 店	布 疋 洋 雜	浮羅岸 239 號	楊克勤
謝 山 利	鐵 工 業	打鐵街 13 號	謝隆志
陳 生 利	鐵 工 業	打鐵街 5 號	陳星渭
鍾 和 利	鐵 工 業	打鐵街 1 號	鍾羨章
孫 發 記	鐵 工 業	打鐵街 2 號	孫發棠
黃 錫 魁	木 材 行	成邦知加	黃錫魁
羅 復 昌	白 鐵 工 業	中國街 6 號	羅建國
和 和	白 鐵 工 業	中國街 8 號	羅建國
源 勝 當	當 業	中國街 22 號	何傑生
益 和	白 鐵 工 業	中國街 3 號	羅同開
朱 灼 旺	白 鐵 工 業	大井巷	朱灼旺
朱 錦 周	屠 業	新巴剎	朱錦周
羅 如 川	豆 腐、 養 豬	新巴剎	羅如川
羅 金 來	豆 腐 攤	新巴剎	羅金來

大埔人在古晉所經營的商、工、農、醫等各業列表（續）

名稱	業務	地址	東主經理
羅　　亨　　記	豆　腐　　攤	新巴剎	羅吉粦
羅　　經　　通	青　菜　　攤	新巴剎	羅經通
羅　　經　　國	青　　　　果	新巴剎	羅經國
和　　　　昌	白　鐵　工　業	浮羅岸	楊明銓
順　安　公　司	藥 品 出 入 口 商	浮羅岸	張創藝
華　　　　興	洋　　　　雜	娥殿戲院內	楊明安
鍾　　仕　　芳	鐵　　工　　業	打鐵街 1 號	鍾名寶
蕭　　全　　利	鐵　　工　　業	打鐵街 9 號	蕭松有
羅　　明　　利	鐵　　工　　業	打鐵街 8 號	羅金星
孫　　南　　興	鐵　　工　　業	打鐵街 3 號	孫福善
孫　　接　　來	小　　　　販	打鐵街 3 號	孫接來
曾　　得　　利	鐵　　工　　業	打鐵街 4 號	
東　方　影　社	影　　　　像	達閩路 35 號	羅先晃
羅　　協　　隆	京　果　雜　貨	山利園 38 號	羅兆雄
雄　利　公　司	冷 氣 電 器 工 程	浮羅岸 46 號	鍾福祥
何　　喜　　然	半　義　務　牙　醫	昔加末	何喜然
永　泰　辦　事　處	各　種　業　務	海唇街 36 號	何保興
黃　　永　　昌	木　　材　　行	新電火城路	黃錫魁
郭　　炳　　能	白　鐵　工　業	黃梨路 4 段	郭炳能
鍾　　桂　　才	白　鐵　工　業	馬當二哩半	鍾桂才
煥　　源　　園	農　業　種　作	朋遜路 7 哩	李煥源
發　記　果　園	果　木　養　雞	7 哩	楊仲光
賓　公　書　室	編　著　書　籍	山利園 41 號 2 樓	郭衍賓
裕 明 眼 鏡 商 行	驗　眼　配　鏡	海唇街 36 號	郭守正

資料來源：郭衍賓，1973：58-62。

第四章

我族打大番：越南同奈㑇人客家的宗教信仰與族群邊界

張書銘

一、前言

自 2020 年起，新冠肺炎（COVID-19）疫情開始在全球蔓延，世界各國隨即陸續採取邊境管制政策。越南政府在疫情初期，除了實施嚴格的邊境封鎖之外，在國內亦施行多項社會隔離措施，並於 2020 年全球疫情爆發之際，取得相對穩定的防疫成效。然而好景不常，2021 年 7 月起越南新冠肺炎感染人數急速增加，在疫苗普及與全面施打之前，全國各地的防制措施仍是以社會隔離和封鎖為主。2022 年，越南政府為刺激經濟復甦，加上當地疫情趨緩，國家遂針對疫情管控採取逐步放寬措施。在此疫情解封的社會氛圍下，下半年起南部同奈省與其周邊省分多個㑇人客家社區，為祈求早日度過疫情危機，陸續開始籌備「打大番」（Tả Tài Phán）儀式活動。同奈客家社區透過打大番儀式祈求身心平安，使其心靈獲得安慰與滿足，化解了諸多天災人禍所帶來的精神危機，特別是在新冠疫情趨緩與管制措施解封的當下。

筆者認為同奈㑇人客家與西堤崇正客家之間的差異，乃是因為：

（1）法國殖民時期對海寧儂族的政治命名；（2）特有的語言腔調和傳統信仰文化；（3）他者的社會性建構。也就是說，造成「西堤客家」與「同奈客家」這種族群內部的差異，除了客觀的語言和宗教信仰文化之外，很多是來自於主觀的社會性建構，如海防人和細種偓的說法。法國殖民當局為了將居住於中越邊境的偓人客家，與來自中國的華僑加以區別因而命名為海寧儂族，在 1954-1955 年海寧儂族（偓人）南遷後，越南共和國（南越）政府仍繼續將海寧儂族視為少數民族而非華人。其後，在 1975 年南北越統一後，越南社會主義共和國政府在民族身分認定上，雖然將這群南遷偓人分類屬於華族，但對偓人族群身分的轉換迄今仍未有公開的官方立場可以參考。這也導致於這群偓人客家儘管在官方所認定的民族身分為華族，但在越南學者與五幫華人之間卻有著不同的論述。

例如 Trần Hồng Liên（2008）的海寧華人說，以及 Huỳnh Văn Tới（2019）的華儂說。Huỳnh Văn Tới 是同奈省知名文化史學者，他認為同奈省有一群自稱儂族的華人，他也稱之為華儂（Hoa Nùng）。Huỳnh Văn Tới 提到華儂來源的說法很多，但是他卻將華儂與少數民族的儂族放在一起討論，儘管他也分別指出二者的人數差異，但是 Huỳnh Văn Tới 並沒有進一步說明華儂與儂族之間的關係。也就是說 Trần Hồng Liên 的海寧華人說與 Huỳnh Văn Tới 的華儂說，對於這群現居於同奈省源於 1954-1955 年南遷華人的存在，越南學者的立場其實是存而不論。筆者認為越南學者存而不論的原因，有兩點可能：一是越南學者對於客家語言的掌握有限，二是社王信仰、案首公公信仰與打大番儀式；這兩點都與越南華人有所不同。

偓族所講的客語存在腔調差異，可能是因為偓族進入越南時間不一且分散於越南境內，遷居各地所遭遇的鄰近族群也不盡相同，因此客

家可能有不同的族群稱呼。然而偏族所使用的語言究竟是單一客語，或是不同的客語方言等語言調查研究，在越南學界方面幾近於零（Trần Trí Dõi, 2000；轉引自蔣為文，2019：224）。其次，在 Trần Hồng Liên（2008）與 Huỳnh Văn Tới（2019）的著作中，介紹同奈偏人客家時分別使用了「海寧華人」和「華儂」的不同稱謂，但在描述族群特徵時，卻不約而同地展示了他們特有的宗教信仰文化。像是信仰設施的社（大）王廟和護國觀音廟，儀式活動則有一年四次的作社、一年一次的觀音寶誕與數年一次的打大番；甚至特別以定館縣與展邦縣的打大番信仰儀式活動為例，圖文並茂地介紹了打大番的緣由與目的，以及番廠內各種設施和信仰儀式等。

　　由於打大番活動大多為期一週時間，在這期間各種儀式不分晝夜地舉行，而且儀式過程充滿神秘與法術，例如放水燈、上刀山和過火煉等。這些同奈客家獨有的信仰儀式，都使他們與五幫華人（包含崇正客家）在信仰文化方面顯得不盡相同，因此不理解其科儀內容與意涵者便會認為是旁門左道。實際上，打大番儀式目前仍流行於中國廣西客家地區（世界客屬第 24 屆懇親大會組委會，2011：173），中共建政前也曾流行於江西和湖南交界的客家村落（劉勁峰，2005）。在客觀因素上，越南學者對於同奈偏人與五幫華人之間差異的認知，很大部分是來自於對其信仰文化的表徵與對五幫華人的比較。相較於越南學者的存而不論，筆者即於 2022 年 6 月 29 日至 7 月 8 日以及 2022 年 10 月 26 日至11 月 8 日，前往越南同奈省邊和市、隆慶市、展邦縣、錦美縣、春祿縣、定館縣，平順省北平縣海寧社（潼毛）和胡志明市等地進行田野工作，主要前往偏人客家居住社區的信仰設施（如社王廟、護國觀音廟）進行實地調查；並且參與清平社打大番儀式，進一步說明當地特有的宗教信仰文化活動，是如何展現偏人客家的靈活性身分認同。

二、㑮人客家的社會概況

　　同奈省官方出版的《同奈華人》（*Người Hoa Ở Đồng Nai*）一書，將境內華人的移入分為兩個階段。第一階段，始於 17 世紀下半葉，即為中國明末鄭氏王朝降清滅亡之際，鄭成功的舊屬高雷廉總兵陳上川與龍門總兵楊彥迪等人初抵邊和，是為明鄉人。第二階段，從 19 世紀末開始，但最明顯的時期是 1954-1975 年間。此時，移居同奈的華人人數持續顯著增加，可以說是同奈最大的移民潮，決定了現今同奈的華人人數。由於社會歷史條件和移民原因，同奈的華人社區呈現出多樣化的面貌，並且在兩次移民潮中呈現出兩個群體之間的差異。1954 年後，大部分華人的遷徙起點來自廣寧省（海寧），他們的後裔大多出生在同奈省。這批華人居民，占該地區華人總數 80% 以上，居住在農村，主要從事農業生產。以 Trần Hồng Liên（2008）的說法來看，1954-1955 年之前來到同奈邊和的華人，即是五幫華人；而之後遷移至同奈，就是海寧華人。也就是筆者提到的西堤（崇正）客家與同奈（㑮人）客家的區別。[1]

　　目前同奈省下轄 11 個行政區，分別為：邊和市（Thành phố Biên Hòa）、隆慶市（Thành phố Long Khánh）、錦美縣（Huyện Cẩm Mỹ）、定館縣（Huyện Định Quán）、隆城縣（Huyện Long Thành）、仁澤縣（Huyện Nhơn Trạch）、新富縣（Huyện Tân Phú）、統一縣（Huyện Thống Nhất）、展邦縣（Huyện Trảng Bom）、永久縣（Huyện Vĩnh Cửu）、春祿縣（Huyện Xuân Lộc）。根據同奈省官方出版的《同奈華人》記載，1999 年同奈省境內華人人口共有 105,551 人，京族（Kinh，越南人）占

1　西堤客家與同奈客家的異同比較，請參閱第二章〈同奈人即客家：越南客家研究的回顧與討論〉，頁 74-82。

總 91.3%，華族占 5.1%（請見表 1），[2] 其餘為少數原住民族，如 Châu
Ro、Châu Mạ 和 Stiêng 等。華人約占全省人口 5.1%，85% 華人居住
在農村地區，而這部分人口很多是 1954 年以後，從北部省份遷至同奈
省。定館縣占全縣華人人口 30.7%，是全省華人人口最多的縣市，其次
依序為展邦縣（20.05%）、錦美縣（15.62%）、隆慶市（8.95%），這些
縣市也是同奈華人居住較為集中之地區（請見表 2）。雖然邊和市為此
區華人最早落腳之處，但至今華人僅占同奈省 7.06%。另從同奈省公
安動員部所取得的統計資料顯示，整體而言，華人人口數量並沒有明顯
變化，因此每個華人社區的人口結構特徵處於一種相對穩定發展的情況
（Bui Ngoc Thanh et al., 2009）。

表 1　同奈省人口按族群和性別分

編號	族群	總數（人）	占全省總人口（%）	男性	女性
	全省總人口	1.990.678	100	992.064	998,614
1	Kinh（京）	1,819,603	91.4	903,133	916,470
2	Hoa（華）	102,444	5.14	52,918	49,526
3	Nùng（儂）	15,141	0.76	7,871	7,270
4	Tày（岱依）	14,681	0.73	7,598	7,083
5	Châu Ro	13,733	0.68	6,675	7,075
6	Dao	4,186	0.21	2,124	2,026
7	Mường	3,121	0.15	1,575	1,546
8	Khmer	2,582	0.12	1,353	1,229
9	Chăm	2,307	0.11	1,182	1,125
10	Châu Mạ	2,186	0.10	1,082	1,104
11	Stiêng	1,135	0.05	547	588
12	其他種族	人口 < 1,000 人			

2　在越南 2019 年的全國人口普查統計顯示，越南以京族為主要族群人口，
　　約占人口總數的 85%（82,085,826 人），而華人僅占 0.8%（749,466 人）
　　（General Statistics Office of Vietnam, 2020）。

表 2　同奈省華人人口分布

年 地區	1996		2003		2006		占全省人口（%）
	戶數	人口數	戶數	人口數	戶數	人口數	
邊和	1,243	7,681	1,228	9,940	1,354	7,876	1.31
新富	1,067	7,526	1,225	7,446	1,323	7,417	6.65
定館	4,288	29,343	5,095	34,649	5,688	34,222	16.38
統一	3,702	23,878	3,539	21,514	297	1,795	1.19
展邦	——	——	——	——	3,298	22,354	11
隆慶	1,698	11,928	1,706	10,792	1,388	9,979	7.54
錦美	2,867	15,304	3,009	19,251	2,673	17,410	11.47
春祿	——	——	——	——	837	6,670	3.17
永久	348	1,821	286	1,764	345	1,868	1.67
仁澤	548	2,664	193	511	155	784	0.67
隆城	——	——	411	1,863	218	1,081	0.91
全省	15,761	100,148	17,093	107,730	17,576	111,456	5.02

　　從表 1 中得知，華人人數為位居同奈省第二位，緊接在後的是儂人，人數有一萬五千多人。但是我們知道海寧儂族（南遷倮人之前身）與儂族並無關係，加上現今儂族一般指多數居住在北部高平省與諒山省的傣語系（Tày-Thái Language）族群，那麼這群為數不算少且民族身分為儂族的群體，他們有可能也是 1954-1955 年南遷時移居至同奈的嗎？同奈省的邊和市是越南南部華人最先抵達之地，也是 1954-1955 年以前明鄉人和五幫華人的落腳處。在邊和市決勝坊（Quyết Thắng）有福建幫的鳳山寺、和平坊（Hòa Bình）有崇正客家和潮州幫的天后宮、清平坊（Thanh Bình）有廣東幫的關帝廟、寶龍坊（Bửu Long）還有崇正客家幫的天后古廟（2022 年改回先師祖廟）；另外，位在邊和市協和坊（Hiệp Hòa）有三百多年歷史的關帝廟（又稱七府古廟），也是潮州、廣東、福建和崇正客家四幫華人的總會館。據 2006 年統計，邊和市有7,876 名華人居住；在這其中，以 1954 年之前抵達的華人居多，大多數

居住在上述的華人會館和寺廟附近地區。

而此區佲人，根據 Huỳnh Văn Tới 和 Phan Đình Dũng（2010: 336-338）的研究指出，同奈省的佲人集中居住在邊和市新豐坊（Tân Phong）和平多坊（Bình Đa）兩個地區。佲人群體有著鮮明的漢文化特徵，使用廣東話，風俗習慣也受到漢文化的影響。在新的地方生活，為融入華人群體和各種理由，他們一般不願自認是佲人，而通常自稱為華人。另一方面，在關於戶籍登記的行政文本上，大部分佲人都申報是華人；所以實際上，華人和佲人的統計數據並不正確。基於上述理由，一般難以在種族文化上區分佲人和華人。越南人歷史上曾經稱其為「華佲」，這一稱呼到目前還是很常見。佲人的傳統文化特徵受到漢文化所影響，與華人相同；在多個地方的華人和佲人共同生活，保存和發揚同一個信仰和各節日盛會。邊和市新豐坊是眾多華人和佲人聚居地方之一，經過對邊和市新豐坊的華人和佲人群體的實際考察結果顯示，這一群體主要是佲人（之前是屬於華人群體，但後來劃分為獨立的族群，也有意見指其是客家人的別稱）和佲人，以及一小部分華人。邊和市新豐坊華人和佲人的經濟活動是在市場附近做小買賣，部分以農務維生；而大部分的青年人的工作職業都是工人為主。筆者認為由於過去複雜的歷史因素，使得現今佲人的族群身分呈現一種多元的看法，但是 Huỳnh Văn Tới 和 Phan Đình Dũng 卻將他們與少數民族佲人混為一談，可能是受限於研究資料不足或者是國家意識形態等原因，似乎有些將錯就錯的無奈之感。

以筆者在邊和的田野經驗來說，平多坊和新豐坊在越南共和國時期舊稱三協（三合）和福海，屬 1960 年代南遷的海寧佲人落腳地。1961年，以南遷海寧佲人為主力之共和國第五步兵師團奉調駐防邊和，軍眷也隨部隊一同前往，抵達後分別在邊和市郊區的福海和三協兩地搭建房舍定居（廖源，2013）。儘管 1975 年後，許多具有共和國軍人背景的佲

人紛紛走避海外，但仍有部分儂人留下。目前邊和市平多坊仍有三合護國觀音廟與案首廟，三合為三協後來之地名，當地人表示將案首廟視如土地城隍廟，以及新豐坊有福海護國觀音廟，這些宗教設施都是儂人特有的信仰中心。越南學者指出由於民族登記的行政措施並不完備，因此同奈省華人和儂人的統計資料並不準確。為什麼 1954 年海寧儂自治區解散後，仍有部分海寧華人保留儂族身分呢？這是因為 1965 年南越成立團結南遷少數民族的「越北上游相濟會」，入會者才能取得少數民族證明書，享有少數民族權益。筆者認為目前這群居住於邊和市平多坊和新豐坊的儂人，應該就是 1960 年代奉調駐守福海和三協的第五步兵師軍團的儂人及其後代。

　　從表 2 可以得知，同奈的華人社區幾乎遍布全省，但每個地區的分布情況不同，例如永久縣、仁澤縣、統一縣等內有些村社甚至沒有華人居住。反之，在定館縣雖然 14 個社級行政區均有華人居住，但是在富榮社、富利社、富新社（以上三地為舊富和社）就有 4,403 戶、28,027 名華人，占全區華人總數的 91.9%；這些地方即為前文所說的 115 和116 華人社區。華人數量占第二位的展邦縣，華人居住最多的村社為寶含（Bàu Hàm）、潼操（Sông Thao）、繼交（Cây Gáo）、清平（Thanh Bình）。這些地區地理位置緊鄰，因此形成了一個緊密的華人社區，而這些華人聚居的社區則被稱為「華人同胞區」（vung dong bao nguoi Hoa）。在華人比例居於第三位的錦美縣，華人主要居住在保平（Bảo Bình）、春保（Xuân Bảo）、春西（Xuân Tây）等地，這三個社共有華人13,588 名，占全縣華人總數的 78%。華人來同奈定居生活，從事各種工商貿易、手工製造業等，但主要的生產活動還是農業；目前從事農業和服務業的家庭比例占 7% 和手工藝品 3%，而農業為 90%。其中，富裕家庭比例為 1%、小康家庭比例 20%、普通家庭比例 70%，以及貧窮

家庭比例 9%（Bui Ngoc Thanh et al., 2009）。

　　由於㑷人客家屬於較晚遷徙至同奈的華人族群，許多肥沃耕地早已有所屬，但他們仍盡力開墾並朝梯田耕作型態發展。當地人稱此靠近丘陵山邊所開墾出來的土地為「山車」，主要種植豆類、玉米、香蕉、木瓜，後來因為經濟發展需要，他們也開始種植咖啡、腰果、胡椒、芒果、山竹、紅毛丹、榴槤等經濟作物，成為收入頗豐的中小農園主。因此，同奈客家與邊和客家的主要經濟型態不同，他們的農業生產活動（種植業為主和畜牧業次之）收入占收入結構的比重較高，例如定館縣華人的農業（耕種和畜牧業）收入占總收入的 30%；在展邦縣農業收入為 54%；錦美縣的農業收入為 62.5%。此外，當地也有暫時離家前往遠地工作的風氣，像是定館縣有 25%、錦美縣有 12.35% 的家庭，都有成員到外地或國外工作的經驗（Trần Hồng Liên, 2008）。如定館縣護國觀音廟重建碑記所載，不難看出同奈㑷人客家自 1954 年陸續南遷後迄今，多是以農耕為業：

　　「〈越南同奈省，定館縣 116 護國觀音廟重建序〉定館富華，位於南方東部，土壤肥沃，交通方便，商士工農，都宜安居樂業，溯本社三十年前，原是叢林荒野，經開闢後，成為百戶之鄉，地利人和，農產年年豐穫，因有美譽，鄉民日日加增，直至今天，已達萬家之眾，佇看他日，遂成華族之光。回憶鄉邑成立不久，則有護國廟堂，祀奉觀音娘娘，以尊信仰，覺見慈悲恩祐，靈感可嘉，可是原廟創建之秋，偶遇滄桑之世。當時居民生活，大多業是耕農，造舍墾荒，都是初開步驟，欲裝玲瓏之廟貌，問能力從何來，為了適應民情，只可草成而已。而今河清海晏，物換景新，百業欣欣向榮，鄉村轉為市鎮……。」

三、社王信仰與案首公公信仰

　　同奈㑖人客家的傳統宗教信仰，乃是扎根於自身特殊的族群歷史之中，文化起源於歷史上中越邊境的海寧地區，並隨著族群遷移與時間演進，成為㑖人客家的一個重要組成部分。㑖人客家的宗教信仰不僅透過世代相傳維護傳統文化，更是塑造了族群的歷史記憶和身分認同。因此，釐清㑖人客家宗教信仰的儀式內容和社會意涵，將有助於理解它們如何形塑族群的身分認同。

　　Phan Đình Dũng（年代不詳）等人指出同奈省華人的信仰場所繁多，光是集中在隆慶、隆城、春祿、統一、新富等地，這些華人傳統耕作地區的土地崇拜廟宇不計其數，而邊和市則是較具規模信仰場所的聚集地區。據非正式統計，2003 年之前同奈境內較具規模的華人寺廟約有六十座左右。這些華人寺廟的建立年代恰好相對應華人移居同奈的歷史時期，一是從 17 世紀到 1954 年，二是 1954 年以後。華人傳統信仰場所的崇拜神明非常多元，每個社區群體都依照自身的特點，發展出符合所屬族群形象的崇拜對象。五幫華人信仰的主要崇拜對象是先聖先賢、天后娘娘、關聖帝君和神格化先祖。而 1954 年後，來到同奈的華人主要崇拜對象是則是社王（Xã Vương；亦有稱本境大王、土地公公、伯公）、觀音菩薩、關聖帝君、案首公公等。在㑖人客家社區中，各個信仰場所也反映了社區參與的規模。小規模的社王廟通常是由同一社區（甚至只有單一家庭）的居民供奉，專門祈求種植和生產，此類型屬於自主運作；具有中等建築規模的寺廟，則由居住在同一村莊地區的居民建立並參與管理；較大的建築規模就屬護國觀音廟。南部所有的護國觀音廟彼此之間都有著承繼關係，香火源流可追溯至潼毛護國觀音廟，最後開枝散葉形成現今同奈省及其周邊省分各地的護國觀音廟。

圖 1　同奈省錦美縣社王廟（上）、展邦縣大王廟（下）

　　在 1954 年以後來到同奈的偍人客家，也有著與五幫華人不盡相同的信仰習俗。客家社區較為常見的信仰設施為「社王廟」（請見圖 1），專門祈求種植和生產，亦有一年四次（春夏秋冬）的「作社」習俗，[3] 此作社習俗目前仍可見於中國廣西客家地區。「社日」在廣西客家地區，一年中多設有春社、秋社，集體出穀宰豬祭社壇，並有會餐分肉的習

3　以茶園護國觀音廟為例，全年春社、夏社、秋社、冬社日期固定，分別為農曆二月初二、五月初四、七月十四日、十一月冬至前一日。實際舉辦作社日期，依各個客家社區而定。

俗。社日舉行日期各地雖有不同，但春社意在祈求社王保佑風調雨順、
五穀豐登、人畜平安；秋社則在慶豐收時感謝社王的恩賜。社日會餐分
肉，對農民而言，都是春種秋收時的一種勞中有逸的愉快活動（鍾文
典，2005：197）。

　　筆者在展邦縣寶超城隍觀音廟也有觀察到「伯公祠」的崇拜現象，
每年的「春社」祭祀活動即在農曆二月初二土地公誕辰舉行，社王或社
神的名稱實為土地公信仰源流（邱宜文，2010：57-82）。古人「封土為
社」，選擇一地築土台或立石塊作為土地神的象徵，祭祀土地感恩土地
的賜予和庇佑。在珠江三角洲一帶（北海）的客家地區，有主管村落較
大片區域的社王伯公，亦有只管一屯一宅的土地伯公（世界客屬第 24
屆懇親大會組委會，2011：164）。1954-1955 年後，南遷的海寧華人習
慣在居住地設立小神殿供奉土地神，稱之社王廟，意為掌管新居所的土
地和村莊的保護神。起初社王廟的設施都很簡陋，居民選出村裡最年
長、最有聲望的人，代表全村建廟，親手放置第一塊磚石。主要由木
材、竹子構成，多建築在他們的農田裡，祈求上天保佑農業生產風調雨
順作物豐收。由於社王廟規模不大、簡單，所以廟的數量相當多，單錦
美縣保平社 Lò Than 村就有幾十座（Bui Ngoc Thanh et al., 2009）。根據
幾位偦人客家受訪者表示：

「過去社王廟的活動就是作社，現在還一直持續，每年農曆二月初
二、四月十六、七月十三、十月十六，十二月中還有求神，每一個
地方作社的日期可能不一樣，但差不多都是這幾天。大家平常種
田，彼此住的地方也有段距離，所以利用作社來交換耕作訊息或聯
絡感情。加上，過去大家窮沒有好東西吃，作社祭拜時會有豬肉分
給大家，利用作社的機會吃一頓好的。」（NNDNBH01）

「我們村子裡會依照每戶家庭分組，然後輪流主辦春夏秋冬四次作
社，大家要一起出錢，經濟條件好的就多出一點，不好的就出少一
點，如果有剩下的就留到下一次。」（NNDNBH02）

「我們住的村子，每年有四次作社，參加的大概有四十戶家庭，所
以每次有十戶擔任舉辦組。大概是舉辦日前兩、三天，由舉辦組挨
家挨戶去收錢，一戶家庭大概出十至十五萬越幣，準備作社的祭拜
物品，香燭、豬肉、雞肉等，很簡單的祭拜物品。然後這些祭拜用
的豬、雞吃的，我們通常拿來煮粥，就叫社粥。這一年第一次作社
叫春社，春社煮的粥最好，大家都會來打包一點回家給家人吃，尤
其是小孩，有保佑平安的意思。」（NNCMBB03）

　　位於同奈境內的社王信仰設施名稱不一，普遍稱為社王廟；亦有其
他別稱，如大王廟、本境廟等；亦
有在觀音廟內供奉社王的情形；有
的則無具體廟宇名稱。㑯人客家的
社王信仰本質雖為土地神信仰，但
是也結合了客家地區普遍存在的公
王崇拜民間信仰。一般說來社王廟
神牌上所供奉神祇，大致可分為自
然崇拜與先聖先賢兩類，以寶含天
良廟所供奉社王為例（請見圖2），
神壇對聯為「大德英靈全民吉慶」
（指先聖先賢）和「王恩默佑四境平
安」（指自然崇拜），神排上所列神

圖2　寶含天良廟所供奉社王之神牌

明為「高山低山大王之座位、水口大王之神之座位、護村護國大王之座位、保村保國大王之座位、范法隆之神之座位」。高山低山大王與水口大王為自然崇拜，而范法隆之神則為先聖先賢。另在清平大王廟之神牌則為「高山大王、低山大王、劉仙大王、案首公公、廖仙大王、水口大王、地頭大王」；而胡志明市舊自由村社王廟之神牌，只有供奉「本境里社大王符雲志」。這些㑋人客家的社王信仰反映出多元崇拜的信仰本質，這種多元崇拜的現象亦常見於海外客家與華人社會。

社王信仰也可能受到越南本境城隍（Thành hoàng）信仰之影響，在越南每個村社都供奉稱為「城隍」的神祇，每位城隍都有獨特的性格並非指某一特定神祇，與原始時期每個父權氏族祭祀本族的祖先相似。城隍神的出現開始時只是有功之人，首先是對村民有功之人，例如開墾建邑的先賢或對村民有恩德者，或為本社公益事業募捐者，後來的城隍也可能是對國家有功之臣。在地方人民的信仰中，城隍是村社的靈魂，是能夠為村民消災解厄保佑平安與繁榮的守護神（阮鴻峰，1983：91-92）。村莊是一個連結同一地區世代族群和居民的共同體，世代共居的過程因而產生熟人社會，甚至提升為倫理群體，享有相同的價值體系。每個村社皆有一座「亭」（đình），它是村社最典型的象徵，處處可見村社共同體的傳統生活，其主要功能是行政中心，其次是文化中心和信仰中心；「亭」被使用來供奉本境城隍，也就是村社的守護神（Nguyen Van Huyen, 2002: 102；陳玉添，2019：178；黎海登，2022：19-20）。

另外，較具規模的信仰設施就屬護國觀音廟，護國觀音廟是19世紀後期㑋人客家在越南北部海寧（現廣寧）所建設的廟宇，主要供奉他們從中國帶過來的觀音娘娘。1954年後海寧華人移居到南部之後仍陸續建設這些廟宇，1975年以後有些人則從越南移居澳洲等國，也在移入國建設了相同的廟宇（芹澤知広，2018）。一般而言，天后聖母（媽

祖）與關聖帝君（關公）是海外華人的普遍信仰，雖然偃人客家也崇拜
關聖帝君，但他們主要的宗教信仰場所「護國觀音廟」（Hộ Quốc Quan
Âm miếu）卻不見於其他華人社區，這些在 1954 年後出現於同奈各地
的觀音廟，何以特地加上「護國」二字？在觀音廟中，更供奉著獨有的
案首公公神像。

　　根據《潼毛護國觀音廟：重建落成功德榜》記載，阮朝明命帝
（1791-1841）委任當地客族人潘姓氏族世襲歷任海寧知府，潘氏家族最
後一任知府（因無子嗣）為潘方容，於 1820 年興建觀音廟，該廟座落
從芒街到河檜四號路段的靈山上，遂被稱為「靈山寺」。1840 年刺史范
文碧重修，這是當時河檜、潭河人民的城隍廟；1864-1870 年，海寧知
府黃德士讓客家人移居到河檜、潭河謀生，也准許其帶來觀音娘娘供奉
並依照風俗組織祭祀，由於靈山寺供奉觀音娘娘，因此易名為「觀音
廟」。至 1896 年，潘方容獲人民尊為「案首公公」，也恭迎入觀音廟裡
供奉，自此該廟稱為「護國觀音廟」，成為居住在十萬大山、巴者、大
田南、竹海山、諒溪、馬濟南、那發、潭河發、潭河洞等地的客家族
人，以及汕銳族、土族、儂族人的信仰中心，各族居民為修建廟宇出錢
出力。至 1954 年，鄧玉光（又名保保）把在河檜護國觀音廟內供奉的
神牌、祭祀器皿和香腳一齊南遷潼毛，暫建廟供奉；至 1958 年，人民
安居後便籌款動工興建廟宇，使河檜護國觀音廟在北平縣海寧社（潼
毛）重現。

　　相傳本名為潘方容的案首公公為當地世襲首領，平時維持治安、造
橋鋪路、廣設寺廟造福地方，海寧各族群為了感念其功德，便在他死
後將其神格化為地方守護之神（請見圖 3）。案首公公不僅可以祈福驅
魔，在戰場上還有殺敵致勝的靈力，因此成為海寧儂族軍人出征前祈求
勝利的守護神（Tran Duc Lai, 2013）。此外，海寧儂族素來奉祀東漢馬

援伏波將軍，每年正月初六是伏波
廟廟會時間。伏波將軍馬援平定嶺
南和建設安南有功，其忠孝愛國精
神深得兩廣地區客家人的敬佩，伏
波將軍信仰亦為客家人特有信仰之
一。甚至一些海寧儂族軍人在每次
出擊作戰時，事前必馨香三柱祈求
伏波將軍保佑平安，因此海寧儂族
所到之處皆立伏波廟，在越南、寮
國以及法國的海寧儂族均有立廟祭
祀（清風，2005：347）。從文獻資
料與田野訪談來說，海寧儂族北部
廣寧河檜與南遷時在東南部平順潼

圖3　案首公公真容塑像

毛皆曾建有伏波廟，但因政治因素皆已消失；反而現今南部同奈部分佷
人客家社區仍存有伏波信仰。

　　針對此現象，筆者曾詢問同奈當地華人關於伏波將軍信仰情形一
事，其表示在 1975 年以前同奈確實存有伏波將軍廟，但在統一後特別
是 1979 年前後中國與越南發生邊境戰爭時，華人問題顯得特別敏感。
當時所有崇拜伏波將軍信仰均被禁止，目前僅存有案首公公信仰，有的
會在案首公公神像後供奉伏波牌位以資緬懷。據潼毛護國觀音廟常值副
理事說，1975 年後政府確實禁止供奉伏波將軍，因此移除觀音廟中的
伏波將軍神像。不過當地存有一座伏波廟舊址，傳聞 1975 年政府勒令
拆除時，伏波顯靈致使拆除作業一波三折，過去的伏波信仰迄今在當地
仍被視為禁忌，因此不便帶領筆者前往察看舊址所在地。儘管如此，同
奈當地其實仍然可見伏波信仰，如同奈省隆慶護國觀音廟、錦美縣保平

社五福護國觀音廟以及胡志明市新平郡茶園護國觀音廟等地，目前都存在「伏波將軍─案首公公」雙聯供奉的現象；其中，茶園護國觀音廟則是以「將軍」（Tướng Quân）的隱晦方式稱之。

然而從田野經驗來看，同奈㑷人客家對於案首公公信仰的由來莫衷一是，有一說法是案首公公跟隨華人移民到越南謀生，而且常為華人顯靈指點迷津、趨吉避凶等；另也有說案首公公本身為華人名為潘勝，19 世紀末在法國殖民軍中服役，職位崇高並得到法國人重用。但他卻時常暗中輸送糧食武器幫助華人，最終曝光被法國人處死。在越南北部生活的華人以前習慣祭拜伏波將軍（即馬援，鎮壓二徵夫人起義風潮的中國漢朝將領），目的是表揚抗敵衛國精神。據說海寧儂族南遷後，為了避免衝突並取得越南人好感，黃亞生曾下令以案首公公信仰取代伏波將軍崇拜（Trần Hồng Liên, 2008；Phan Đình Dũng et al.，年代不詳）。甚至，同奈㑷人亦有認為案首公公其實就是伏波將軍的化身（卜賴嬌，2014：24-25）。

筆者目前以為案首公公與伏波將軍並非指同一人，伏波將軍信仰先於案首公公信仰兩者並不衝突，只是以馬援為形象的伏波將軍信仰曾廣泛存在於越南北部。但隨著越南民族主義與國家意識的不斷建構，作為真實歷史人物的馬援與二徵夫人的歷史詮釋，在近代越南的國族建構過程中，華人的伏波信仰逐漸轉向一種隱晦的群族敘事。實際上，案首信仰代表著一種公王信仰，而公王信仰普遍存在於客家信仰中，公王是人們意識中的守護神，是人們祈願永保平安、消災賜福的精神寄託，幾乎客家各村都有公王。公王信仰的傳播形式多種多樣，其中常見隨著移民的腳步而遷移，這也表現客家移民對文化的認同、歷史的記憶和故土的懷念（陳弦章，2019：250-259）。

最後，《潼毛護國觀音廟：重建落成功德榜》中提到，1896 年潘方

容神格化後被迎入觀音廟裡供奉，而該廟自此稱為「護國」觀音廟，因此海寧僊人南遷後所到之處所興建的信仰設施均稱為護國觀音廟，此為同奈僊人特有的信仰現象。而「護國」又代表什麼意涵？在越南語中，具有傳統性的概念是「村國」（làng nước），而不是「國家」（nhà nước），國家的稱法是受到中國語言與文化的影響，越南人是在儒教受到重視之後才多次提到家庭這個概念。中國的國家概念是從重視家庭的文化體系產生，而越南的「村國」概念則是從重視家族的文化體系而產生。國家可以說是從村社擴大而來的，國家的功能與村社相似，其任務都是在應付自然環境與社會變遷，二者之間的差異很多時候只在於規模程度上而已（陳玉添，2019：169, 185-187）。所以，此處的「國」，不能從近代西方的民族國家概念來理解，而是以「村」為基礎進一步擴大為僊人客家的族群意涵，這一點也可以從寶含天良廟所供奉的「護村護國大王」和「保村保國大王」得到解釋。

四、大番勝醮信仰儀式

同奈僊人客家，一年之中主要的信仰祭典有以社王廟為中心的作社，以及以護國觀音廟為舉行場所的觀音誕和盂蘭勝醮；除此之外，最盛大的祭典莫過於三至五年舉行一次的「大番勝醮」。民間信仰農曆二月十九為觀世音菩薩聖誕，早先僊人客家各地護國觀音廟均在此日舉行慶祝觀音菩薩千秋寶誕，主要活動為標投聖袍、聖燈與福炮，籌得捐款均用於維繫廟務與慈善事業，後來為避免同日舉辦造成參與者分身乏術，各地觀音廟便協調擇日分開舉辦。農曆七月十五中元節則舉行盂蘭勝醮，超渡先人、戰爭陣亡的烈士英魂與遊魂野鬼，以及施米濟貧等社

會慈善救濟活動。

「大番勝醮」當地俗稱「打大番」（「番」亦作「幡」或「旛」），為同奈客家驅災避難的一種作醮宗教活動，原則上三至五年舉行一次，大多為期四日五宵，屬於定期祭祀的一種。其目的在於藉由定期的敬天酬神、祈攘求福儀式，確保自然界的正常運行與社會生活的安居和諧。在越南，無論是北部偃族聚居的太原省或北江省，或者是南部偃人客家聚居的同奈省及其周邊省分，都有著打大番的宗教信仰習俗。打大番的舉行通常落在一個具體的地理區域內（某個村社或幾個村社聯合），社區內的所有居民都是儀式的參與者。

在偃人客家道師所傳的〈大番雜用〉和〈大番目錄雜用〉文書中僅見「大番勝醮」用語，「大番勝醮萬人緣」之名稱則是受到佛教法會所影響。萬人緣法會的淵源可追溯每年農曆七月舉行的盂蘭盆會，從中國唐代開始，盂蘭盆會結合了漢族薦享祖先、秋嘗之祭的民間習俗，以及道教的中元節，成為了儒釋道三教同節的節日，以表彰華人社會一向重視的孝道。越南南方華人文化以廣府為主，1975 年以前，萬人緣勝會以穗城會館及所屬的廣肇醫院為最先舉行，無論從組織形式以及宗教儀範等方面，都可以看到香港及廣東地區文化的影響。革新後的 1990 年代迄今，西堤華人社會已舉辦多次萬人緣法會。「萬人緣」的意思即在齊集多人同心協力，廣結善緣透過法會成就功德目標（游子安，2019）。

根據劉勁峰（2005：410-411）的研究，「陽平大番」民間俗稱打大番，是道教清事類科典中規模最大、耗資最多、延續時間最長、影響面最廣的一場醮壇法事，過去在中國江西西南邊境的崇義、上猶及與之相鄰的湖南汝城、桂東一帶客家地區甚為流行。1950 年代以後，由於中國共產黨政府打壓宗教信仰等原因，使得當地已不再舉行該項法事，以致現在知其面貌的人屈指可數。陽平大番是道教醮法科儀中的一個重要

類型，「醮」的含意是祭祀鬼神，但依照活動方式的不同，祭祀可分為定期與不定期兩種，前者是在正常情況下舉行的儀式，因此活動舉行是固定的。而後者是在非常情況下，即在自然的運行規律出現了意外的情況，個人或社會群體的生命遭遇突發事件時，為了解除災殃而臨時舉行的儀式。打大番總以申文拜奏、誦經禮懺作為醮法的中心。申文之外，再依照法事規模的大小，分別增加若干驅邪靖安、解冤結、媚神娛神的科目。以下筆者將描述參與同奈省展邦縣清平社，舉行於 2022 年農曆十月的大番勝醮萬人緣儀式活動的過程，並討論各項儀式內容與意涵。

（一）舉行打大番的預備工作

以往同奈省打大番多舉行於雨季之後，2022 年下半年因新冠肺炎疫情趨緩，農曆六月清平社護國觀音廟理事會決議恢復舉行打大番儀式，距離上次舉行打大番已經有將近七年之久。觀音廟理事會將打大番舉行時間訂於農曆十月，在此之前理事會必須先向地方社政府與上級縣政府（文化與資訊部）申請舉行打大番。申請文書由觀音廟理事長代表全體理事提出，觀音廟理事共計九位：其中七位籍貫廣寧、兩位廣東，皆為男性，四十歲以上兩位、五十歲以上兩位、六十歲以上五位。申請文書名為〈祈求平安節（打大番）舉辦通知〉，由理事長擔任此次打大番總理（總籌負責人），內容載明清平觀音廟理事會向地方政府說明大番活動舉行的儀式內容，如下：

「根據 2022 年 6 月 5 日在本廟的會議內容，參與會議人民意見達成一致希望在本廟舉行祈福儀式，願望：國泰民安，風調雨順。觀音廟位於同奈省展邦縣清平社新成村。建廟以來，本廟一直是民間信仰的祭祀場所、社區團結凝聚的場所、慈善單位，始終遵循國策，

指引大家行善，懂得彼此分享，<u>祈求平安節（打大番）</u>被認為是<u>華儂人</u>社區長期存在的文化，促進了當地的慈善活動，如為窮人提供救濟金、建造愛心之家等。根據百姓的共同心願，本廟已經多年沒有舉行過打大番儀式了（上一次是六年多前）。

現在，我代表觀音廟管理委員會和當地人民，提交一份請願書，希望政府領導考慮允許我們在清平觀音廟舉行打大番儀式，除了實現當地人的願望，協助超度死士亡魂，祈求國泰民安、風調雨順、全年豐收、家家幸福平安，更促進和保存民族文化，喚醒互愛精神，攜手為社區慈善事業增一份心。真心希望領導和部門慎重考慮其重要性，幫助我們舉辦儀式，內容如下：一、舉辦時間：舉行時間3天。2022年10月29日至2022年10月31日（農曆虎年10月5日至7日）（附活動內容）。二、地點：於清平觀音廟內，同奈省清平社新成村。三、組委會組成：九名成員（附名單）。四、道士隊：十人（附名單）。五、參加人員：組委會負責人、大番師（受命人）、監督師（受命人），以及與約五百名來自清平、繼交、寶含、潼操社的當地<u>華儂人</u>。如果我們獲得許可，我們承諾遵守指令範圍如：一、按照申請程序進行。二、不用於商業目的。三、不藉由節慶宣傳迷信。四、向地方政府報告道士和祭祀名單。五、減少開支，避免浪費財務。六、儀式結束後，只平衡收支，若有經費結餘會與地方政府合作實施社會福利。

我們承諾會嚴格遵守國家政策，確保不干擾社會秩序與安全，儀式範圍內不賭博，嚴格做好防疫工作。一切為了國家文化保存和社會慈善事業。誠心希望得到領導們的允許。獻上最真摯的感謝。」

社政府收到觀音廟理事會申請後，理事長須親自向地方人民政府報告舉行打大番的相關細節，社政府同意申請後會向上級縣政府呈上報告（Báo Cáo），如下：

「〈報告〉清平社辦理祈求平安儀式（打大番）。致敬：展邦縣人民委員會、展邦縣內務部、展邦縣文化部。

2022 年 7 月 5 日，清平社人民委員會收到了理事長先生代表清平觀音廟管理委員會申請舉行祈求平安儀式（打大番）的申請。（附申請表）。時間：3 天，2022 年 10 月 29 日至 2022 年 10 月 31 日。地點：清平社，清平觀音廟內。參與人數規模約五百人。這是當地華儂人文化中的一個節日，目的是祈求平安、風調雨順、五穀豐登。

由清平社人民委員會報告，展邦縣人民委員會、內政部、資訊與文化部審議。」

縣政府收到社政府報告文書後，原則上皆會同意打大番的舉行，同時回覆社政府和觀音廟理事長同意辦理打大番儀式活動，如下：

「〈同意允許辦理打大番儀式〉致敬：展邦縣資訊與文化部、展邦縣內務部、展邦縣民族部、展邦縣衛生部、展邦縣公安局、清平社人民委員會、觀音廟理事長先生。

縣人民委員會收到了清平社新成村觀音廟理事長先生申請舉行祈

<u>求平安儀式（打大番）</u>的申請。根據 2018 年 8 月 29 日政府頒布關於節慶管理和組織條例第 110/2018/ND-CP 號法令第 9 條第 3 款 b 點。根據 07/07/2022，清平社人民委員會關於在清平社新成村舉行打大番儀式的第 103/BC-UBND 報告和 22/7/2022 資訊與文化部協調檢查和調查報告，對於清平社新成村觀音廟申請辦理打大番儀式，縣人民委員會提出以下意見：

一、同意清平社新成村觀音廟舉辦打大番儀式，具體如下：時間：2022 年 10 月 29 日至 2022 年 10 月 31 日 03 日。地點：清平社新成村觀音廟。二、要求打大番儀式組委會（組委會負責人）負責確保儀式前和儀式過程的社會秩序、安全醫療環境和預防 COVID-19、火災等有關法律規定以及其他條件。三、指派資訊與文化部與內務部、清平社人民委員會協調負責檢查和監督整個儀式。四、指派縣公安局與社人民委員會合作控制社會安全與秩序，並實行國家對清平觀音廟申請辦理打大番儀式的各條規定。以上是縣人民委員會關於清平社新成村觀音廟申請辦理打大番儀式的意見。」

清平觀音廟理事會在正式收到地方政府允許辦理打大番的公文書後，便可以著手籌備一切打大番所需人事物。對於理事會來說，首要之務即是集合眾人之力籌建打大番，一位清平觀音廟理事說：「清平社有五間廟，清平護國觀音廟、繼交護國觀音廟、潼操關帝廟、寶超城隍觀音廟、寶含護國觀音廟，這五間觀音廟大家都有默契，只有一方有事打電話，大家都會互相支援，這也是清平社㑒人特別團結的原因。」（NNDNTB01）清平護國觀音廟理事會除了透過個人關係與組織力量邀集㑒人客家出錢出力，也會登報公告周知胡志明市和南部各省華人社團

共襄盛舉。例如邀請信函與報紙公告內容，如下：

> 「結廠修番，通天普度，祝陽超陰。祈求風調雨順，國泰民安，闔境康泰，戶戶迪吉。是<u>我族</u>歷有悠久傳統文化本色。茲訂於二零二二年六月五日（星期日）即壬寅年五月初七日，上午八時。於本廟召開籌建大番勝醮福事。舉辦開標表首、福首、募施物資等慈善項目。屆時恭請各界熱心人士撥冗蒞臨，廣結善緣，功德無量。」

> 「簡告　敬啟者：<u>大番勝醮萬人緣會</u>是<u>我族</u>歷史悠久傳統文化美俗。結廠修番，祈求：全球免疫，世界和平，風調雨順，國泰民安，四民康泰，豐耕讀顯，工商利樂。謹於國歷二零二二年十月廿八日，歲次壬寅年十月初四日（星期五），於本廟建修<u>大番勝醮萬人緣</u>福事。道場四日五宵。（由十月初四日申番至初九日功德圓滿）屆時，敬希各界熱心人士踴躍參加！慈善為懷，福田廣種，功德無量，福有攸歸。為廣眾仙靈獲得超度，早登仙界，逍遙極樂。凡有意送先靈赴番修因、超度及赴煉者，完全免費。」

（二）打大番儀式活動

觀音廟理事會在收到縣政府同意辦理打大番文書後，便可以開始正式對外組織一切活動，首先便是公告周知鄰里鄉親與鄰近的倻人客家社區，特別是各地的護國觀音廟及其理事會。單就清平社就有五座廟宇：清平護國觀音廟、繼交護國觀音廟、潼操關帝廟、寶超城隍觀音廟、寶含護國觀音廟，整個同奈省與周邊省分保守估計有三十座以上倻人客家的護國觀音廟。這些觀音廟在個別舉行觀音寶誕和盂蘭勝醮慶典時，其

他觀音廟理事會成員都會互相支援盛情參與。尤其是舉行打大番的時候，各觀音廟理事會無不出錢出力共襄盛舉。在確定收到地方政府同意舉行打大番的公文書後，觀音廟便會出示稱為「番洞」的公告，如下（請見圖4）：

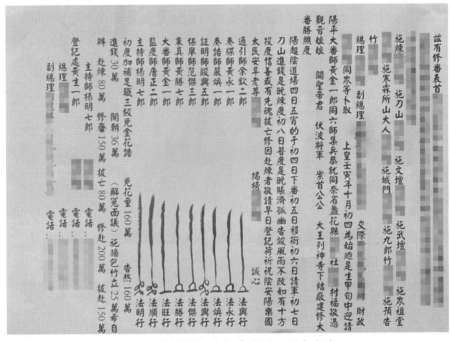

圖4　舉行打大番之「番洞」預告文書

「茲有修番表首○○○（以下為諸多人名，略）施煉○○○施刀山
○○○施文壇○○○施武壇○○○施眾祖堂○○○施寒霖所山大人
○○○施城門○○○施九郎竹○○○施預告竹○○○

總理○○○副總理○○○交際○○○財政○○○同眾等卜取 上皇
壬寅年十月初四為始迺是生甲旬中迎請陽平大番師黃金一郎同六師

　　　集兵恭就同奈省盞花縣清平社新成村福敬憑　觀音娘娘　關聖帝君
　　伏波將軍　案首公公　大王列神寺下結廠建修大番勝醮度陽超陰道
　　場四日五宵的于初四日下番初五日移衙初六日請軍初七日刀山進錢
　　是晚煉度初八日普度是晚賑濟孤幽告竣風雨不改如有十方投度信善
　　或有先魂拔亡修因赴煉者敬請早日登記荷祈祝陰安陽樂國太民安阜
　　老尊○○○揭榜○○○誠心

　　　通引師余欽二郎　法興行、奏牒師黃永一郎　法永行、奏詰師嚴煥
　　一郎　法煥行、証明師殷興五郎　法興行、保舉師范傑三郎　法傑
　　行、秉真師黃勝七郎　法勝行、大番師黃金一郎　法旺行、監度師
　　唐正二郎　法順行、主持師楊明七郎　法明行。」

　　這份「番洞」即為清平社舉行打大番的正式公告文書，此次打大番
總理即為觀音廟理事長，副總理為觀音廟的五位理事，另選聘交際和財
政若干名，作為組織籌辦打大番工作的幹部。經費由各表首、福首和企
業團體贊助，「頭表首」在整個打大番儀式中占有重要地位，必須是品
行良好、家庭美滿的有福之人，更重要的是具有經濟能力足以標下頭表
首之位，也就是捐款最多之人。其餘表首也都是同奈偅人客家，但不一
定都是清平社居民，福首則是結緣之外地人。連同整個番廠建築以及儀
式所需設施，都會在先前的籌備會議中確定贊助人並公告周知。
　　打大番的舉行對於偅人客家還有「建幡傳度」制度的形式意義，
「建幡」意為「舉行大番」；而「傳度」意即「傳承度化」，偅人道師一
職是家族道壇世襲性的制度化。凡要成為道師必先有所師承，由師傅引
進道門，經過傳度後，才能稱做入門道師取得道名。同奈當地人稱偅人
道師為「師傅佬」，據筆者觀察清平打大番之道教科儀應為道教閭山派

之傳承，每一家族多有家族道壇，道壇發展傳承主要依靠族內子孫世襲，只要是族內子弟均可繼承，但僅止於一脈單傳。在為期一週的清平打大番過程中，參與舉行法會之道師不下三十餘人，這是因為每位道師的道行能力不一、術業有專攻，加上各項科儀可以說是接連舉行，需要許多道師才能協力完成。在打大番儀式中，較為重要的道師角色有通引師、奏牒師、奏誥師、証明師、保舉師、秉真師、大番師、監度師、主持師。此次打大番儀式即由主持師負責全程，而大番師為另一道壇名義上接班人，其餘道師則兼有考官意涵，而大番師在經過「傳教放告」儀式的洗禮後，才能成為真正受人認可的道師。這些㑩人道師在主持一切儀式法事，所參考科儀經典均由漢字書寫而成，並以㑩話誦讀。

　　儘管清平觀音廟告示說明打大番為期四日五宵，但若從搭建番廠起算，此次實際舉行時間則為七至八日。打大番的「打」字有建造、修築之意，儀式活動舉行需先搭棚建廠，計有眾祖堂、覺皇壇（文壇）、陽平衙（武壇）、五嶽樓（城門）、寒林所、牢獄、九郎竹、火煉、刀山等，舉行地點以清平護國觀音廟以及緊鄰的清平華文學校為主要活動範圍，學校前廣場即為修建番廠所在地。番廠的主要建物是由眾祖堂（中）、覺皇壇（右）、陽平衙（左），三者組成（請見圖5）。眾祖堂上方有一「福」字，覺皇壇上方有一「卍」字、陽平衙上方有一「☯」圖案，各自代表著儒、釋、道思想。

圖5　番廠建築：陽平衙（左）、眾祖堂（中）、覺皇壇（右）

在正式舉行打大番儀式前一個月，會由主持師舉行預告朝（出番洞），即在清平觀音廟前番廠預定地豎起一根竹子，竹頂上掛一盞風吹不滅的燈盞，目的在於告訴那些遠近的遊魂野鬼回來赴幡。接著舉行封山朝，封山是指由道師作法，劃定打大番的東西南北界限，也就是清平社的本境範圍。前一日，則由打大番眾道師領隊前往師家舉行起馬朝召集兵馬。番廠祭壇外部裝飾著彰顯儒釋道理念的對聯，而內部則懸掛著各種神佛畫像，以及道師所使用的法具。打大番首日由眾道師、將軍、表首、龍獅團等人，前往各表首家中接迎各家祖先至番廠供奉，拜祭儀式莊嚴隆重，開壇當天豎立大番恭迎天神地祇光臨勝醮，道師們誦讀奏表、奏疏、奏牒、奏誥，於眾祖堂舉行下馬朝；首宵，亦有斬草朝。次

日早晨於文壇拜表揭榜豎幡，並受各方信眾之託，舉行求財、求子、求姻緣等祈福儀式；由此可見打大番儀式並非單純以超渡拔薦為目的，還有滿足回應大眾需求的社會意涵。另有一路，道師們、表首們恭請山大人招納遊魂回番廠超渡（連續兩天舉行），逐一前往清平社的各個社王廟（大王廟、本境廟）、觀音廟，甚至是佛寺、教堂、戰爭遺址以及鬧鬼之所（此處為受信徒所託）等。晚上，由隆慶千華歌舞團蒞臨演出藝文節目，清平華文學校自己也有歌舞團以及龍獅團表演，表演時間大概一個半小時，很多附近居民都會前來觀賞演出。表演結束後，由道師主持為長者祝壽的「拜星」儀式直至深夜，拜星先是為全社區長者祝壽、再來是為自己父母祝壽，期間部分道師著裝扮八仙向眾表首獻壽桃，拜星儀式結束後，道師們仍繼續其他工作，眾表首則返家休息。

　　三日，番廠內舉行請軍朝、催兵朝，由道師藉助神力召集東方營九夷兵馬、南方營八蠻兵馬、西方營六戎兵馬、北方營五狄兵馬、中央三巡（秦）兵馬等諸路神將神兵前來助陣。接著，造牢探報。另有一路人馬恭請山大人繞境，以及前往河邊放水燈、放生（鳥、魚、雞）、接水燈、接雞。返回番廠後，眾人稍做休息隨即徒步前往附近五公里處砍九郎竹回番廠舉行接竹儀式。同時，理事會邀請胡志明市茶山慶雲南院寶寧堂，依五靈教科前來舉行傳香設醮降帝儀式。四日，為打大旛儀式的重頭戲，一大早許多同奈佴人客家與各地華人社團均到場致意並參加午宴。番廠內儀式仍持續進行，接迎聖旨、傳教放告、勞軍賞兵、頒師出刀山（請見圖6）等，道師上刀山時還會攜帶信眾託付的隨身首飾，據說可以吸引靈氣而飾物主人便可驅魔避邪。晚上則為過火煉，由親屬捧著已故親人或意外身亡者的靈位步過火煉，目的在化解去世者的冤親債主以及保佑陽世子孫平安健康。五日，宴兵留駕、連名朝，傍晚再次前往河邊施放水燈，返回番廠準備晚上的普度施孤（分衣施食）儀式。傍

圖6 侹人道師上刀山

晚時分附近居民都帶著香燭供品前來番廠，合力將所有紙錢在廣場上排
列出「卍」字，在眾道師儀式帶領下眾人開始焚燒紙錢。接著，退兵朝
儀式甫開始，所有居民不約而同迅速返家，某道師說因為諸路神將神兵
將返回駐地，番廠已無重兵駐守恐有遺漏之遊魂野鬼，所以居民都知道
普度儀式結束後不宜在外逗留。六日，宴擺仙場、押兵回營、完滿普
度；而番廠設施也陸續拆卸，最後回師家與眾道師家中舉行屯兵朝，至
此番廠儀式可謂告一段落。

五、宗教信仰與族群邊界

　　同奈省的偓人稱謂，是一種族群類型，並非是種族分類觀點，同奈偓人實為越南華族中的客家。中法戰爭後，因為法國殖民政府的海寧偓族政治命名，使得他們的政治與經濟地位，不同於法屬印度支那境內的華僑。1954 年後偓人南遷，雖然獲得南方越南共和國政府的安置，但西堤等地早已有五幫華人落地生根，也因為生計的競爭而不受五幫華人待見。因為政治因素南遷偓人依然保留著海寧偓族的少數民族身分，例如黃亞生退役後曾當選國會議員以及少數民族委員會主席，一般偓人也樂於保留海寧偓族身分，一位受訪者說：「因為華偓有優先權（政策優惠），不用服兵役，畢業考試可加兩分，一般高中畢業才可考入士官學校，而華偓則初中畢業即可考入。」（NNCMBB01）另外，好幾位受訪者在談論華偓身分時，都不約而同提到「五劃生」與「華偓」，[4] 指的就是 1954 年後隨著黃亞生南遷的海寧偓族軍眷，是享有少數民族優惠政策的一群人，此處強調的是政治地位而非種族的差異。

　　直至今日，我們可以觀察到在觀音廟理事會與地方政府往來的正式文書中，「華偓」迄今仍是社會表述同奈偓人客家的族群名稱，儘管他們身分證上的民族登記是華族。其實，同奈省官方也認為「華偓」是一個短暫出現過的歷史名稱，特地指出華偓之說不僅沒有具體說明任何民族的特徵，還會引起誤解甚至歧視（Bui Ngoc Thanh et al., 2009）。越南社會迄今仍有部分意見認為偓人客家並非華人，甚至不是客家人，造成這種族群內部差異的原因，除了客觀的語言和宗教信仰文化之外，很多

4　黃亞生退役前官拜上校，法國陸軍上校軍階階級章為五條線，因此同奈受訪者都暱稱黃亞生上校為五劃生。

是來自於主觀的社會性建構，例如加諸於倀人客家的各種稱謂：儂族、華儂、海防人、細種倀（相對於大種倀）等說法。

張翰璧、蔡芬芳（2023：9-14）認為學界對於客家（Hakka）研究的指涉意涵，歷經了「種族」、「族群」、「多元文化」的不同概念階段。然而，由於越南的民族學者並未深入研究倀人與客家議題，因此筆者在同奈倀人身上所經驗到的，仍是處於種族和族群的辯證階段。Nguyễn Văn Chính（2022）指出倀人和客家這兩個群體屬於一個共有名稱「Ngái」民族是有其科學依據的，但自1979年越南政府正式承認倀族以來，一直沒有後續研究，為「Ngái」的名稱和政策，提供相關科學依據和具體指導。倀人（包括山倀和客家）被認為是當地的華人或漢族群體，但從這些群體的名稱、遷徙歷史、語言和文化特徵來看，他們是一個與漢族沒有什麼聯繫的群體。歷史上越南與漢族等民族交往的過程，使得不同群體之間的民族認同認知存在差異，反映出越南少數民族的民族認同產生模糊性的狀況。儘管 Nguyễn Văn Chính 認為倀人與客家屬於同一民族，但他卻不認為倀人與客家屬於華人；而筆者對於 Nguyễn Văn Chính 這一觀點，抱持著不同立場。筆者以為這是因為早期越南民族學者受到馬列主義意識形態的影響，將生產方式視為民族分類的重要指標之一；倀人是以農耕為生，而居住在西堤的華人很多是以製造和經商為業，也就是資產階級。以及越南民族學者認為，承認倀人為非華人群體除了具有科學依據之外，也是反擊中國霸權陰謀的具體方法（Việt Bàng, Diệp Trung Bình and Thi Nị, 1979；轉引自 Nguyễn Văn Chính, 2020: 8）。然而，在強調民族分類科學證據的同時，卻也參雜了國族主義的價值判斷與政治立場，這點是有待商榷的。

筆者以為客家族群意識的界定與變遷，是將族群認同（ethnic identity）視為一種關係的建構（relational construction）（Roosens, 1989:

12）。一個族群的成員身分是一種社會定義（social definition），是其成員的自我認定和其他族群對其看法二者之間的相互作用（Horowitz, 1975: 113）。族群是經由它與其他族群的關係而確立的，並且透過它的邊界而顯現，但族群邊界本身即是一種社會的產物，會隨時間推移而變化（Eriksen, 1993: 38）。一位受訪者在談論自己的族群身分時，說道：「（筆者：你認為自己是偃人？還是客家人？）我是偃人，也是客家人，我自己知道我是從哪裡來的客家人（去翻找拿出祖譜），我祖先是防城來⋯⋯1954 年到南部，我是到越南第五代。別人說什麼我是海防人，我說你亂說⋯⋯（語氣有些激動）」（NNDNTB02）。

在客觀因素上，越南學者對於同奈偃人與五幫華人之間差異的認知，很大部分是來自於對其信仰文化的表徵與對五幫華人的比較。例如 Huỳnh Văn Tới（2019）在 2019 年出版的《同奈少數民族文化》（*Văn hóa các dân tộc thiểu số ở Đồng Nai*）一書中，提到同奈省有一群自稱偃族的華人，關於華偃則有很多不同的說法，並特別將華偃人（Người Hoa Nùng）與華人（Người Hoa）視為兩個不同群體分開來討論。比較與眾不同的是 Huỳnh Văn Tới 在此，也把偃族（Người Nùng）納進來討論；因為一般的認知是華偃即為偃人，與偃族並無關係。且在介紹華偃的族群特徵時，幾乎都在描述定館縣與展邦縣的社王信仰與打大番儀式特徵，例如番廠內各種設施城門、眾祖堂、文壇、武壇等，以及放水燈、上刀山、過火煉等科儀。由於打大番活動為期將近一週時間，很多種儀式都在深夜舉行，而且儀式過程充滿神秘與法術，不解其意者很可能將之視為旁門左道。事實上，同奈偃人客家的打大番信儀式即是客家的傳統信仰之一。

Fredrik Barth（1969: 15-16）指出如果一個群體的成員與其他群體的成員在互動時，仍然保持自己的身分，那很明顯地族群邊界是存在

的，群體成員的資格與排除方式，並不侷限以獨占領土為基礎；維持群體的獨特性除了人口增加之外，還有不斷的表述和驗證。更重要的是，族群邊界還會「引導社會生活」，它往往牽涉到複雜的行為和社會關係的組織。作為同一族群的成員，他人的認同暗示著評價與判斷的標準是一致的，其社會關係有可能擴展至社會生活各個層面。另一方面，作為另一族群成員的他者，則意味著對共同理解的認可是有限制的，在價值觀和行為的判斷標準上存在差異，因此在互動方面存在著約束。這就使我們理解到邊界維持的最終形式，是可以以文化單位的形式持續下去。穩定的族群關係的先決條件是互動結構化，一套支配彼此接觸的情境和允許在某些範圍內進行聯繫的規定，以及一套關於社會情境的禁止規範，阻止他們在其他領域的互動，從而使各種文化的各個部分不致發生對抗和變化。

　　以 Barth 的話來理解，即是不同族群成員間的互動，並不會使他們彼此越來越像，反而是在這些社會情境中，族群邊界仍然繼續存在。這個族群之間的界線位置，並非靜止不變，而是處於一種動態的狀態，其動力是族群之間透過積極協商或消極默許而產生的，此即為互動結構化，因而形成了穩定的族群關係。這也就是本文所討論的越南同奈㑼人客家的宗教信仰，為什麼是形塑族群邊界的一個重要表徵。筆者觀察同奈省各地護國觀音廟中，所供奉的觀音娘娘、關聖帝君與案首公公等神明，分別代表著不同族群的主要信仰。觀音娘娘為佛道二教所尊崇，而越南佛教和本土女神信仰興盛，觀音娘娘因此也受到多數越南人的崇拜。關聖帝君則是體現儒家文化中忠義勇武的形象，關聖帝君在歷史上多次受帝王褒封為後世崇拜，同時道教亦尊為協天大帝，佛教奉其為護法伽藍菩薩，也是海外華人的共同信仰。至於案首公公，則代表著歷史上海寧儂族與南遷後㑼人的特有信仰，為㑼人客家族群的保護神。前

來觀音廟參拜的信眾並不僅限於當地的㑩人，也包含了各地華人和越南人。在舉行打大番儀式活動時，南部各地華人社團也都會前來參與或助陣，以及舉行扶弱濟貧發放米麵或營養補給品的活動，而對象通常是以越南人居多。

　　㑩人客家為了與更大社會生活範圍的越南人、華人族群共處，選擇接受過去將其稱為海寧儂族的歷史共業，因此也看到清平觀音廟向地方政府申請舉行打大番儀式活動的公文書上，仍自稱「華儂」。以及在對外宣傳與聯繫的請柬上，自稱「我族」，並且將「打大番」轉化為其他群族可以接受的「祈求平安」和「萬人緣」儀式名稱，從而維持既存的族群邊界並且引導了社會生活。在族群內部中，打大番的建幡傳度儀式亦發揮團結凝聚集體意識的功能，包含事前集合眾人的籌備工作，以及番廠的建設、各項儀式的接連舉行、各表首的財物奉獻、社區居民參與普度施孤等。更重要的是㑩人客家道師內傳的傳統，加上各項科儀誦經也必須使用㑩話進行，這些都維繫與強化族群內部的自我認同。

　　吳雲霞（2023：353-354）指出如今在越南南部的打大番儀式已經被當成是㑩人的特有習俗文化，表現出欽廉客家與廣東客家的差異。打大番是㑩人社區出資邀請道師透過超度祖先，來祈求平安的一種佛道兼容的信仰儀式，這原來是㑩人的信仰傳統，隨著㑩人的遷移到了越南南部。打大番現在已經逐漸發展為越南華人社會樂於參加的傳統信仰活動，而且還吸引了當地越南人的參與。這樣的儀式表演強化了㑩人移民與故鄉之間的歷史連結，儀式的影響力促進了㑩人與南部五幫華人之間的互動交流，也逐漸模糊了以 1989 年加入崇正會為依據的客家身分與認同感。

　　筆者認為吳雲霞所謂的「模糊性」（ambiguity），係指打大番所代表的強烈的㑩人認同表徵，逐漸模糊了 1989 年加入崇正會為依據的客

家身分與認同感，這件事可以分為兩個部分討論。第一是個人加入崇正會，是否可以視為建立客家族群認同的依據？在越南崇正總會文書所寫的內部參考資料《越南客家人滄桑史》（Yip Hatu, 2013）中，指出：「欽廉州個人以熱心人士參加，欽廉鄉人已入儂族。」根據筆者的田野觀察和訪談經驗而言，同奈客家與西堤客家雖然同為客家，但仍存在明顯的族群界線。例如前文所說的信仰文化等習俗，西堤客家大多供奉天后媽祖，而同奈客家則是以社王（大王）、觀音娘娘和案首公公為主。再以會館組織為例，在吳雲霞和河合洋尚（2018）的文章中提到欽廉客家參與崇正會館組織的情況，筆者認為這是個人的社交能力所為，並不能視為儂人客家族群參與崇正會為普遍情況，而這裡指的出身欽廉的熱心人士，就是曾任茶園護國觀音廟理事長的張仕宗。實際上，在張仕宗去世之後，越南崇正總會中的欽廉一組，已無人參與會務。

　　第二，延續上述吳雲霞（2023）指出因為打大番具有太過明顯的儂人特色，反而逐漸模糊了客家認同。然而，就筆者的觀察而言，打大番的「建幡傳度」是儂人維繫自身文化的重要根本，自身文化指的就是客家本色。例如：番廠的眾祖壇（請見圖7）、拜星（祝壽）儀式、社王廟裡供奉的先賢先烈，儂人打大番儀式的「眾祖壇」中供奉各表首祖先和表緣眾氏祖先，與胡志明市崇正慈善會館供奉越南客家百家姓祖先的「追遠堂」（請見圖7），以及邊和寶龍崇正客家的先師祖廟中供奉的「旅越邊和省客幫眾先僑總神位」等。表述的就是對於家族和社區在世長輩須盡孝道，以及對先人慎終追遠的客家傳統文化，儘管同奈儂人的打大番儀式沒有出現以客家之名的活動，但其信仰文化的根本即是源於客家。

圖7　偍人打大番眾祖堂（上）、崇正慈善會館追遠堂（下）

　　第三，偍人在中國廣西與越南南部與其他華人族群的互動，展現出不同程度的客家認同，吳雲霞（2023）認為這是一種「不確定性」（uncertainty）的客家認同，而這樣的模糊性也意味著身分的多重性，意味著偍人與外部世界的交流有更多的可能性。筆者認為偍人的客家認同具有「靈活性」（flexibility），這與吳雲霞所說的不確定性概念不同。不確定性係指偍人的身分認同並不一致，但不確定性意指無從得知事件發

生的原因，或者無法預期事件的結果；而靈活性是指面對不同的情況
時，有能力去改變或調整進而應對各種情況。偎人在面對不同的他者群
體時，清楚地知道要以何者身分與之互動，方能確立所處社會環境的自
身族群位置，這種靈活性是來自於法國殖民時期的儂族政治命名、戰爭
影響被迫南遷、南遷後與南部華人的競爭與合作，以及統一後面對越南
地方政府治理所產生的各種回應。亦即，前文說的在與越南地方政府互
動時自稱「華儂」，而打大番儀式則轉化為「祈求平安節」；在與五幫華
人互動時自稱「我族」，打大番則是加上了「萬人緣」。這些面對不同族
群的回應方式，也就是維持穩定族群關係的一種互動的結構化（請參考
圖 8）。

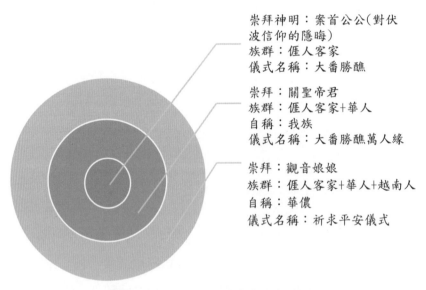

崇拜神明：案首公公（對伏
波信仰的隱晦）
族群：偎人客家
儀式名稱：大番勝醮

崇拜：關聖帝君
族群：偎人客家＋華人
自稱：我族
儀式名稱：大番勝醮萬人緣

崇拜：觀音娘娘
族群：偎人客家＋華人＋越南人
自稱：華儂
儀式名稱：祈求平安儀式

圖 8　偎人客家宗教信仰與族群邊界

六、結語

　　關於俫人的身分認同與族群邊界議題，語言學者 Christopher Hutton（1998; 2000）透過香港難民營所收容的越南船民的調查報告指出，這些受訪的俫人回答時會使用俫話和越南話。在詢問他們指認自己所屬族群時，也有儂族和華人的不同回答，但不會回答說自己是越南人，雖然他們口中說的是越南話，其中有些人則堅定的說自己是華儂（Nung was a kind of Chinese）。以俫人這樣複雜的身分認同案例來說，Hutton 認為要將居住於邊界、船上或者是跨越邊界（cross-border）、游牧的人群加以分類是有其困難的，因為這些人不受固定領土的束縛，也不適合使用基於土地認同的西方族群理論（ethnic group plus language plus homeland）或是強調以農為本的民族主義意識形態來解釋。他們的回答代表著一種受前現代（pre-modern）影響的認同感知，這表示他們並不在意是否能清楚精準地回答，諸如：「你的母語是什麼？」或「你的族群是什麼？」這類問題。因為人類學或語言學者的這些問題，象徵著國家正在進行集中分類的過程，然而現代國家之間的邊界地區具有複雜與過渡性質，對這群跨界的人們來說，這類問題通常代表著苦澀的身分政治和領土歸屬。也就是說，不斷遷移的歷史過程以及與其他族群的互動經驗，形塑了同奈俫人的族群邊界。

　　Heggheim（2011）以其中國客家的研究表示，客家與漢人長期的歷史互動經驗使客家人發展出一種「雙重身分」（dual identity），在不同的情境下有時被視為漢人，有時則否。Nguyễn Văn Chính（2018）認為俫人和客家群體雖然生活在不同的地方，並擁有不同名稱，但在文化、宗教、語言、歷史等方面似乎有著共同的特徵。然而，他們對族群歸屬的看法卻相對模糊，部分原因是來自遷移過程以及在居住地與其他群體

的互動經驗，亦即㑇人的這種族群身分是流動的，並且會隨著環境的變化而改變。儘管越南人通常將㑇人、華儂、客家視為華族的一部分，可是胡志明市的華人卻傾向將㑇人視為少數民族，這也表明了㑇人與華人之間其實存在著一種根植於社會、政治和歷史的邊界。例如在他的田野經驗中，曾經有一個㑇人家庭向他展示家庭成員的身分證，在身分證的民族欄位登記中有著京族、華族和漢族（Kinh, Hoa and Hán）。[5] 然而，同奈㑇人的民族名稱並沒有對他們產生太大的影響，因為㑇人內心覺得自己屬於同一個群體，擁有共同的文化特徵和語言，他們認為自己是說㑇話和客家話的華儂，這反映了㑇人對族群身分的認知不僅基於對共同歷史、語言和文化的強烈信心，而且還根質於過往政治社會的歷史記憶。

　　傳統的宗教信仰在社會中具有一定的功能，它們不僅提供了一種宗教和靈性的指導，還在族群內部建立了社會聯繫和共同體意識。這些宗教信仰可以作為社會結構的重要元素，促進了族群成員之間的互動和合作。此外，信仰還可以為族群提供不同於其他族群區的表徵，從而強化了自身族群的認同感。涂爾幹（Émile Durkheim）指出現實的宗教信仰向來是某個特定群體的共同信仰，這個群體不僅公開宣稱要忠於自己的信仰，而且還奉行與信仰有關的一切儀式活動。這些宗教信仰不僅為群體的所有成員接受，而且它們還屬於該群體所有並促進群體的團結。所有群體成員都擁有一個共同的信仰，這個簡單的事實使大家感受到彼此是團結在一起的（Yinger, 1957: 345）。㑇人客家族群擁有自身的文化特質和身分特徵，其中包括㑇話、社王信仰、案首公公信仰、打大番、對

5　Nguyễn Văn Chính 文中的 Hán（漢），不清楚是否指同為漢民族集團的㑇族和山由族，因為身分證上是不太可能出現 Hán 這樣的民族登記。

共同起源「海寧」的信念以及群體的認同感。也是通過這樣特定宗教信仰文化的特徵，協商族群邊界並區別他者，這種族群邊界的形塑並不是獨立存在的，而是存在於與其他族群的互動關係之中。

參考文獻

Barth, Fredrik, 1969, "Introduction." Pp. 5-38 in *Ethnic Groups and Boundaries: The Social Organization of Cultural Differences*, edited by Fredrik Barth. London: George Allen & Unwin.

Bui, Ngoc Thanh, Nguyen Van Phi, Le Van Lien, Bui Quang Huy, Le Minh Son, Nguyen Cong Ngon, Tran Quang Toai, Luong Kim Thach and Tran Hong Lien, 2009, *Người Hoa ở Đồng Nai* (同奈華人). Dong Nai: Nha Xuat Ban Dong Nai.

Eriksen, Thomas Hylland, 1993, *Ethnicity and Nationalism: Anthropological Perspectives*. London: Pluto Press.

General Statistics Office of Vietnam, 2020, *Completed Results of the 2019 Viet Nam Population and Housing Census*. Hà Nội: NXB Thống kê.

Heggheim, Ricky. 2011. *Three Cases in China on Hakka Identity and Self-perception*. Master's Thesis in Chinese Studies, Department of Culture Studies and Oriental Languages, University of Oslo, Norway.

Horowitz, Donald L., 1975, "Ethnic Identity." Pp. 111-140 in *Ethnicity: Theory and Experience*, edited by N. Glazer and D. P. Moynihan. Cambridge: Harvard University Press.

Hutton, Christopher, 1998, "From Pre-modern to Modern: Ethnic Classification by Language and the Case of Ngai/Nung of Vietnam." *Language & Communication* 18: 125-132.

_____, 2000, "Cross-border Categories: Ethnic Chinese and the Sino-Vietnamese Border at Mong Cai." Pp. 254-276 in *Where China meets Southeast Asia*, edited by G. Evans, C. Hutton and K. E. Kuah.

Singapore: Institute of Southeast Asian Studies.

Huỳnh, Văn Tới, ed., 2019, *Văn Hóa Các Dân Tộc Thiểu Số ở Đồng Nai* (同奈少數民族文化). Đồng Nai: Nhà Xuất Bản Đồng Nai Phát Hành.

Huỳnh, Văn Tới and Phan Đình Dũng, 2010, *Đồng Nai Góc Nhìn Văn Hoá* (同奈文化面貌). TP. Biên Hòa, Vietnam: Nhà xuất bản Đồng Nai.

Nguyễn, Văn Chính, 2018, "Memories, Migration and the Ambiguity of Ethnic Identity: The Cases of Ngái, Nùng and Khách in Vietnam."《アジア・アフリカ地域研究》(*Asian and African Area Studies*) 17(2): 207-226.

_____, 2020, "Người Hoa ở Vùng Biên Giới Đông Bắc: Bản Sác, Quê Hương Và Cớ Hương" (東北邊境的華人：特色、家鄉和故鄉). *Tạp chí Dàn lóc học số* 5: 3-23.

_____, 2022, "Người Ngái ở Việt Nam: Lịch Sử, Văn Hóa và Ý Th c Về Bản Sắc" (越南偃人：歷史、文化以及認同感). *Tạp chí Dán tộc học số* 2: 3-19.

Nguyen, Van Huyen, 2002, *The Ancient Civilization of Vietnam*. Hanoi: The Gioi Publishers.

Phan, Đình Dũng, et al. ，年代不詳，"Bước đầu khảo sát một số cơ sở tín ngư ng người Hoa ở Đồng Nai" (同奈省部分華人宗教場所的初步調查). http://dongnai.vncgarden.com/van-hoa-dhong-nai/17-buoc-dau-khao-sat-mot-so-co-so-tin-nguong-nguoi-hoa-o-dhong-nai.

Roosens, Eugeen E., 1989, *Creating Ethnicity: The Process of Ethnogenesis*. Newbury Park: Sage Publications.

Tran, Duc Lai, ed., 2013, *The Nung Ethnic and Autonomous Territory of Hai Ninh - Vietnam*. Taipei: The Hai Ninh Veterans and Public

Administration.

Trần, Hồng Liên, 2008, "Các Nhóm Cộng Đồng Người Hoa ở Tỉnh Đồng Nai-Việt Nam" (越南同奈省的華人群體). Hội thảo quốc tế Việt Nam học lần 3, ngày 4-7 tháng 12 năm 2008. http://qlkh.hcmussh.edu. vn/Resources/Docs/SubDomain/qlkh/SU_KHAO%20CO%20HOC/ NH%C3%93M%20C%E1%BB%98NG%20%C4%90%E1%BB% 92NG%20NG%C6%AF%E1%BB%9CI%20HOA.pdf, 2019/05/23.

Trần, Trí Dõi, 2000, *Nghiên Cứu Ngôn Ngữ Các Dân Tộc Thiểu Số Việt Nam* (越南少數民族語言研究). Hà Nội: Nhà xuất bản Đại Học Quốc Gia Hà Nội .

Việt, Bàng, Diệp Trung Bình and Thi Nhị, 1979, "Người Hoa, người Ngái ở Việt Nam và âm mưu của chủ nghĩa bá quyền Trung Quốc" (越南華人、越南倨人與中國霸權的陰謀), *Tạp chi Dán tộc học* số 2: 4-12.

Yinger, J. Milton, 1957, *Religion, Society, and The Individual: An Introduction to The Sociology of Religion*. New York: Macmillan.

Yip, Hatu，2013，《越南客家人滄桑史》。未出版。

卜賴嬌，2014，〈越南華人的廣東話與 Ngái 話的語言能力及語言使用——以同奈省及胡志明市為例〉。元智大學中國語文學系碩士論文。

小林宏至、河合洋尚、飯島典子著，周俊宇譯，2021，《客家：歷史‧文化‧印象》（客家：歷史‧文化‧イメージ）。苗栗：客家委員會客家文化發展中心／臺北：南天書局。

世界客屬第 24 屆懇親大會組委會，2011，《北海客家》。桂林市：廣西師範大學出版社。

西貢解放日報，2018，〈我不是海防人〉。2018 年 5 月 6 日。https:// cn.sggp.org.vn/%E6%96%87%E8%97%9D%E5%89%B5%E4%BD%9

C/%E6%88%91%E4%B8%8D%E6%98%AF%E6%B5%B7%E9%98%
B2%E4%BA%BA-87684.html，2020/06/18。

吳雲霞，2023，〈在大番下與祖靈相聚——從越南艾人的宗教儀式看客
　　家身份之不確定性〉。《国立民族学博物館研究報告》47（2）：333-
　　356。

吳雲霞、河合洋尚，2018，〈越南㑶人的田野考察分析：海寧客的跨境
　　流動與族群意識〉。《八桂僑刊》4：61-71。

阮鴻峰著，梁紅奮譯，1983，《越南村社》。雲南：雲南省東南亞研究
　　所。

河合洋尚，2018，越境集団としてのンガイ人—ベトナム漢族をめ
　　ぐ る 一 考 察 —（The Ngai People as a Trans-border Ethnic Group:
　　Reconsidering the Han Ethnic Groups in Vietnam）。アジア・アフリ
　　カ地域研究（*Asian and African Area Studies*）17（2）：180-206。

芹澤知広，2018，ヌン族の華人の祀る神—中国・ベトナム・オースト
　　ラリアの実地調査から—（The Gods Worshiped by the Hoa Nung:
　　An Exploration in China, Vietnam, and Australia）。アジア・アフリ
　　カ地域研究（*Asian and African Area Studies*）17（2）：227-257。

邱宜文，2010，《從社神到土地公：以平鎮地區伯公為中心的考察》。臺
　　北：文津。

張翰璧、蔡芬芳，2023，〈族群理論與政策的反思：以「客家」為核心
　　的思考〉。收錄於張翰璧、蔡芬芳編，《客家研究與族群研究的對
　　話》，頁 1-25。高雄：巨流圖書。

清風，2005，〈儂族考〉。收錄於王建周編，《廣西客家研究綜論》第 1
　　輯，頁 342-351。桂林：廣西師範大學出版社。

陳玉添（Tran Ngoc Them）著，蔣為文總校訂，2020，《探索越南文化

本色：從系統及類型論的視角》。臺南：亞細亞國際傳播社。

陳弦章，2019，《民間信仰與客家社會》。臺北：崧博出版。

游子安，2019，〈萬人緣法會──從香港到越南的華人宗教善業〉。《輔仁宗教研究》，38：113-130。

廖源，2013，《越南海寧省傳記》。未出版。

黎海登（Lê Hải Đăng）著，呂越雄譯，2022，《亭於越南》（Ngôi Đình ở Việt Nam）。臺北：國立臺北藝術大學

劉勁峰，2005，〈流行於贛湘邊界地區的陽平大番科儀〉。收錄於勞格文（John Lagerwey）編，《客家傳統社會》，頁 410-473。北京：中華書局。

潼毛護國觀音廟，2016，《潼毛護國觀音廟：重建落成功德榜》。未出版。

蔣為文，2019，〈越南明鄉人與華人的文化認同差異〉。收錄於蔣為文編，《越南文化：從紅河到九龍江流域》（Dòng Chảy Văn Hóa Việt Nam Từ Sông Hồng Đến Sông Cửu Long），頁 199-231。臺北：五南圖書。

鍾文典，2005，《廣西客家》。桂林：廣西師範大學出版社。

第三篇

音樂、博物館與文化遺產

第五章

唱自己的歌——當代馬來西亞客家流行音樂的認同展現

張容嘉

一、前言

　　Ethnicity 一般被譯作族群性，或者族群意識，前者指涉研究脈絡從客觀角度探究族群性，後者則著重於由主觀角度探討文化與族群，反映族群概念意涵的變動與模糊性（黃宣衛，2010：118）。族群作為一種人群分類的概念，關注自我與他者的界線區分，也與當地社會特定的歷史、政治社會與經濟脈絡有著密切關係。展現在 1960 年代末期族群理論的轉向，挑戰了過去美國學者將族群視為非理性、前現代的血緣團體，終將同化、融入於現代國家的理論預設，族群並未如學者們預測完全融入主流社會而消失，相反地卻出現以族群為基礎的政治運動，既反映族群同化政策的失敗，也開啟學界對於同化政策的反省討論（Marger, 2007: 6）。伴隨著移民浪潮，1970 年代族群研究的探討重點即在於如何使用不同的理論解釋現代社會裡族群復甦現象，重新理解族群在當代社會的意義與功能（王甫昌，2008：503-505）。Novak（1996: 346）提出的新族群性（New Ethnicity）概念即是反省美國過去的熔爐

（melting pot）同化政策，討論移民後裔的更新自我意識運動。

新族群性概念的浮現，涉及一種對於普同性「熔爐式」認同的不安；這群居住於美國的白人移民後裔，從小就被教導成為美國人，接受主流文化的價值規範，不被鼓勵展現個別的族群性。但是在經歷在地化、融入主流社群文化過程中，重新看見過去被歧視與忽視的感受；重新轉向重視自身本能直覺反應裡的潛在智慧與歷史根源，透過面對真實、正義與平等的個人感受權力與公共權力的內在衝突，逐漸獲得漸增的自信與社會權力（Novak, 1996: 347, 353-359）。

新族群性的概念並不意味著要求人們必須回歸某種亞文化生活，回應特定族群性訴求與社群。毋寧更是以多元文化公民權為基礎的認同，並且與當地社會的政治空間、移民在地化程度相關。以馬來西亞華人為例，馬來西亞華人的認同會受到當地政治經濟結構環境與在地族群互動所影響，移民居住國家的族群政策既影響移民社群的在地化與社會階級流動，同時也反映當地族群關係，進一步影響移民的身分認同與族群意識，甚至不同世代的華人移民也可能因此發展出不同的族群認同。那麼，隨著 90 年代馬來西亞政府廢除新經濟政策，族群關係稍微緩和之際，當馬來西亞華人群起請求政府重視華人文化的同時，客家人是否可能隨之反思自身族群傳統文化，進而展現新族群性（族群意識）？如果有，又會如何呈現呢？

本文藉由討論當代馬來西亞客家音樂，觀察分析年輕的客家音樂創作者面對著當代馬來西亞的政治過程與社會變遷，對於客家認同想像的變化。

二、音樂、認同與社會

　　音樂在人們的日常生活經驗中扮演著重要的角色，作為一種社會性意義的產物，音樂既能展現個人認同與地方感，同時也會受到外在政治與經濟環境的壓力所影響（Huck Ying Ch'ng, 2014: 609）。音樂更是認同文化體現的一種形式，創作者透過音樂作品表達自身的文化經驗與認同想像，音樂文本相當程度能夠反映創作者的族群想像與文化邊界。過往族群研究裡較常關注文學、電影以及飲食等面向，音樂事實上也承載著豐富的移民經驗文化、記憶與以及與主流社會的關係，值得進一步深究（王俐容，2010：160-161）。

　　Martiniello 與 Lafleur（2008: 1193-1199）強調音樂本身帶有的政治意義，認為音樂因為包含聲音、歌詞、旋律等元素，尤其歌詞是音樂元素裡最具有明顯意義的成分，除此之外，旋律與韻母也具有政治意涵，甚至樂器與韻律的選擇都可以是確認、延續族群文化認同的展現，在許多政治活動的場合，例如越戰、美國黑人民權運動等，人們經常會與音樂歌曲結合，作為鼓舞人心的力量。音樂並且能夠提供個人展現對於社會或是特定族群團體的歸屬感，特別是提供移民與族群團體作為建構、強化甚至召喚認同的媒介。由於音樂能夠創造出情感性的內涵，像是透過特定的音樂旋律保持「異文化元素」，維繫人們的族群文化認同，另一方面，音樂也帶有一種文化創新的功能，不僅只是提醒人們從何處來，移民也可能透過新音樂形式的創造，傳遞對於定居當地展開新生活的認同，這點在居住國落地生根、成長的移民第二代、第三代尤其適用（Baily & Collyer, 2006: 173-175）。

　　放在作品社會學的研究範疇，透過文本認識社會現象則是社會學家著重關心的面向，許多研究者常聚焦於「作品本身之外」的社會現象分

析，將作品視為社會現象的體現，或作為論述理論或社會學議題的材料。在不同取徑的研究策略裡，關注分析作品本身與外在結構（作品以外的社會）的雙向往返關係，可以增進對於作品的理解以及對於外在社會的認識，進一步體現更深層的社會結構，畢竟作品、作者以及作者所處的社會之間是難以割裂的（王梅香，2014）。回到音樂創作分析，就不僅止於關注音樂作品本身，同時要將作品之外的創作者及閱聽社群、甚至是作品生產機制等外部場域納入討論範圍，透過討論音樂創作者及其音樂作品與外在社會脈絡，進一步觀察分析馬來西亞華人社會以及客家年輕人對於自身的客家族群身分所展現的認同想像。

三、馬來西亞華人社會與客家流行音樂

（一）馬來西亞客家人的在地脈絡與多重認同

　　馬來西亞客家人所處的在地脈絡以及客家人與其周邊人群的關係，必須從移民觀點理解其多重認同。英國殖民統治馬來亞時期，採取族群分而治之的制度，將不同族群放到不同的經濟領域，20 世紀初因為錫礦與橡膠在國際市場的供不應求，英國殖民政府遂引進大量的華人勞工到霹靂、雪蘭莪與森美蘭當錫礦工人，或安排部分華人從事種植工作，禁止馬來亞土著居民種植相關商業農作物，藉由族群分居的政策方便管理（張翰璧，2013：48-49）。戰後英國政府與馬來亞共產黨間的征戰，英國在 1948-1950 年代實行布里格斯計畫（Briggs' Plan），更將散居各處的村民集中到新村，切斷華人與共產黨游擊隊間的支援聯繫，「緊急狀態」直到 1960 年才正式宣告結束。華人大量集中於新村的結果，不

僅切斷與馬共的聯繫，同時也阻隔了華人與其他族群的交往互動（溫澤勒，2018：119-121）。[1]

1957年獨立的馬來亞聯合邦，在東姑阿都拉曼的領導下，主張溫和的族群政策，並與馬華公會合組「華巫聯盟」，在憲法上承認馬來人的特殊地位，然而巫統內部的權力鬥爭、城鄉差距以及馬來人與華人間在經濟政治上的緊張關係，導致1969年爆發的五一三種族流血衝突事件，原任首相的東姑阿都拉曼因此下台，1970年由阿都拉薩掌政，改組成立國民陣線，一改過去寬鬆的族群包容政策，打壓巫裔之外的族群，推行實施新經濟政策，大力扶植馬來族群、提高馬來族群的社會經濟地位。文化上也以形塑單一的馬來國家文化為主，華人文化受到很大的壓抑，遭到政治與文化權利排除的華人因此在80年代起身捍衛華人文化，90年代後儘管新經濟政策廢除，但整體而言國家發展政策仍然是採區分土著與非土著的不平等種族政策（廖文輝，2019：402-413）。

戰後馬來西亞整體政治局勢的改變，也讓華人的國族認同從「落葉歸根」轉向「落地生根」的本地認同，逐漸發展出在地化特色。馬來西亞客家人因此揉雜不同層次的認同與想像，一方面是相對於馬來人占多數的華人少數群體，與當地華人共享華人身分，努力於馬來人占多數的政治環境裡，渴望被國家承認爭取平等公民權身分。另一方面則是華人內部，相對於有錢有權的福建人與廣府人的少數群體的客家身分，儘管期待能夠團結內部團體保障客家人的權益，但伴隨現實生活中馬來西亞國內華巫關係的隱微張力，華人認同毋寧是更為顯明、被強調的部分，特別是經歷在地化、融入主流社群文化過程裡，客家身分傾向是存在於

---

1 原先居住在農村的華人主要是散居在橡膠園間，與馬來人、印度人比鄰而居的。

日常生活裡隱而不顯的認同。

（二）音樂、華人與客家想像

　　過去因為語言與文化的親近性，東南亞華人一直以來都保有跨區域文化聯繫的傳統，將孩子送回中國受教育，或是聘請中國學者前往移居地建立華校，以維繫華人文化與認同根源。儘管當代東南亞華人的國家認同已隨著在地化發展有所變遷，但是在文化上東南亞華人仍維持著華人文化圈的交流。冷戰時期美國甚至曾經利用香港（政治相對自由空間），針對「離散華人圈」（香港、馬來西亞、緬甸等）的青年建立中文世界的宣傳網絡（龐浩賢，2020：49-50）。馬來西亞華人的流行音樂文化更是長期深受香港與臺灣的影響，由於早期馬來西亞的唱片多數在香港製作，馬來西亞華人流行音樂界因此深受香港粵語曲風的影響，加上1960到1980年代，當時東南亞各地尚未有版權保護概念，因此各式歌曲翻唱相當普遍，文夏的「日歌台唱」如此，臺灣與新加坡、馬來西亞流行歌曲翻唱也是如此（石計生，2022：323），許多創作者甚至會嘗試在轉譯的詞曲作品裡採用在地族群互動的詞彙，融入廣東話、馬來當地用語、甚至英語元素，凸顯在地特色，因此音樂元素帶有混雜（mix）的多元性特色，更加速推進了歌曲的流通性。

　　臺灣的唱片產業在馬來西亞華人流行音樂亦占有一席之地，許多馬來西亞年輕人其實是看香港連續劇、聽臺灣流行音樂、觀賞臺灣、香港與中國電影長大的。但這並不代表馬來西亞華人即會因此形成同一的跨國華人認同，他們仍然會渴望期待能夠反映當地認同感的文本，回應馬來西亞華人所居住的地方以及「馬來西亞華人文化認同」（Huck Ying Ch'ng, 2014: 610-611）。因此當臺灣在1970年代興起民歌，宣揚

「唱自己的歌」的音樂創作浪潮，也輾轉影響馬來西亞「本地性」音樂的出現。曾經留學臺灣、大量接觸臺灣校園民歌的林金城回到馬來西亞後，成為激盪工作坊的發起人之一，1980 年代末在馬來西亞引領本地創作的風潮，受到當地人熱烈歡迎。在激盪工作坊靈魂人物黃喜光的召集下，1993 年以檳城為基地成立「北馬各工作坊交流站」（簡稱北工站），每年定期舉辦「金鋒獎」與「新浪潮創作營」。事實上，這些行動多少也帶有回應馬來西亞國陣政府 1971 年頒布獨尊馬來、打壓其他族群文化的政策，華社 1980 年代開始向政府要求肯認華族文化，努力突破國家限制，為自己發聲。1995 年北工站第一次舉辦「我們都住在這裡」的演繹會，即曾以馬來西亞各地方言（潮州、閩南、客家、海南、廣東）多語創作屬於馬來西亞華人的歌曲（李嘉雯，2012：10-17）。值得注意的是，校園民歌運動主要訴求對象是學校裡的青年學子，因此多採用華文進行音樂創作。

　　馬來西亞本地客家歌曲的盛行，儘管乍看比校園民歌引領本地創作的風潮更早，但與前面談到「唱自己的歌」、為華族發聲的脈絡不太相同，承前所述，1960 到 1980 年代開始有大量歌曲被搭配在地特色進行翻唱，翻唱的語言相當多元，更有利帶動地方音樂流行。大約 1970 年代末期，受到香港粵語流行歌曲影響的張少林，開始在歌詞裡加入馬來西亞客家本土元素，改編成富有當地色彩的客語歌曲版本。1977 年勇於嘗試客家歌曲的邱清雲，搭配將廣東歌《天才與白癡》改寫為客語歌曲《巴剎風光》的張少林，加上獨具慧眼麗風唱片老闆黃連振的支持，讓邱清雲一曲走紅。充滿小市民風味的「阿婆賣鹹菜」從此成為馬來西亞華人琅琅上口的歌曲，開啟一段馬來西亞客家歌謠的黃金時代。饒富意味的是，邱清雲自身其實是福建人，因為從小在客家人占多數的森美蘭州知知港新村長大，因此說得一口流利的客語。唱片大賣之後，不僅

為邱清雲贏得「客家歌王」封號，也帶動了馬來西亞客家歌的流行。

　　舞台造型前衛的邱清雲與搞怪戲謔的填詞者張少林兩人間的合作，陸續創作了許多富有馬來西亞當地特色、展現接地氣的歌曲，像是描述市場風光、當地華人共同記憶的名人葉亞來、書寫常民生活與在地特色飲食等等的作品。兩人獨特搞笑、誇張的舞台表演特色，充分展現對音樂的掌握自信，並列為開創當地客語流行歌的重要人物，也為後繼的客家歌手所承襲。除了香港樂曲之外，張少林也借用流傳於南洋地區的印尼民謠，翻唱為客語版本的《賣雜貨》。隨著張少林與邱清雲兩人富有默契地合作無間，他們推出了一系列描述飲食的「客家釀豆腐」、「肉骨茶」、講述馬來西亞榴槤的「貓山王」等音樂，充分展現接地氣的客家音樂風貌。兩人的合作帶動起馬來西亞客家歌曲流行的風光歲月，反映當地華人對於歌謠創作貼近在地小民市井生活的喜愛。可惜長期下來因為歌曲多以翻唱為主、欠缺原創性，題材難免重複、花樣難以翻新，加上唱片市場面對全球競爭與不景氣，儘管唱片公司嘗試招募年輕新人，但原先偏於小眾的客家音樂仍少有新血加入，馬來西亞客家流行音樂發展難以回復昔日榮景，也因此停滯下來（李明釗，2019）。

　　值得持續觀察的新興現象則是 2000 年後出現了網路新興媒體，提供年輕人突破傳統媒體在資金、集團的宣傳限制，透過無遠弗屆的網絡可以直接面對觀眾進行交流互動。另一方面，在文化搭台，經濟唱戲的時代裡，「客家」成為海外客家社團跨國聯繫的重要元素，伴隨著臺灣、中國引領而起的客家熱潮，像是臺灣政府舉辦「臺灣原創流行音樂大獎」、金曲獎增設客語獎項、中國舉辦的「客家音樂金曲榜比賽等，陸續鼓勵年輕人加入客家音樂創作，海外客家社團、學術研究機構與馬來西亞客家社團等各式交流事務增加。2016 年以降臺灣政府推展新南向政策，鼓勵與馬來西亞、印尼與泰國等東南亞國家於文化及產業等面

向進行合作交流，透過簽署台馬客庄文化合作備忘錄，帶動臺灣客庄與馬來西亞客庄雙向聯繫交流，加上馬來西亞華人近年來逐漸興起的在地認同意識，也為馬來西亞當地客家流行音樂帶來了新的發展契機。

　　然而，什麼是客家音樂創作呢？所謂客家歌曲的定義，只要是客家人以客語進行的創作就可以算是客家音樂，或者是必須帶有客家意識的作品才能算是客家音樂？關於這個部分，可參酌學界對於客家文學的定義，黃恆秋（1998：30-31）對客家文學採取相對寬鬆定義，大致為人們所共同接受：

1. 任何人種或族群，只要擁有「客家觀點」或操作「客家語言」寫作，均能成為客家文學。
2. 主題不以客家人生活環境為限，擴充為世界性的或全中國的或臺灣的客家文學，均有其可能性與特殊性。
3. 承認「客語」與「客家意識」乃客家文學的首要成分，因應現實條件的允許，必然以關懷鄉土社會、走向客語創作的客家文學為主流。
4. 文學是靈活的，語言與客家意識也將跟隨時代的腳步而變動，所以不管使用何種語文與意識形態，只要具備客家史觀的視角或意象思維，均是客家文學的一環。

　　換言之，「客家意識」與「客語」為客家文學的首要成分，只要具備其一，均可視為客家文學。這樣的定義標準同樣適用於客家音樂的定義，本文接下來將延用這個標準討論馬來西亞的客家音樂創作。

四、一起來唱「自己」的歌
——音樂人、創作與其觀眾

　　承前所述，馬來西亞華人面對政府自 1969 年族群衝突過後立法通過獨尊馬來族群、打壓控制其他族群的政策，迫使華人社團 80 年代開始捍衛自身文化傳統，透過參與吉隆坡的開埠者爭議、保衛三寶山等論爭議題，嘗試對抗國家強勢的單一族群政策。儘管 90 年代馬來西亞政府高倡「新馬來人」概念，只是在文化面向的「小開放」，部分解禁過去對於華人文化的限制，卻也激起華人重視「馬華文化」的主體性，進而強調本土性（李永傑，2002：9, 38-40）。

　　2000 年之後網際網路興起，讓年輕創作者有機會跳脫傳統媒體行銷的小眾限制，獲得更多創作發表空間，有別於過去的翻唱文化，新生代客家歌謠創作人從詞到曲都是自己創作，儘管這些音樂創作者目前人數並不多，卻是值得持續觀察的新興現象。其中西馬客家音樂創作人阿爽（楊有財）與東馬沙巴歌手余佃龍的音樂作品最具代表性，恰可以相互對照分析，阿爽是西馬客家人，阿爽的出道其實仍是靠行傳統唱片公司，後續開始嘗試運用新式網路媒體趨勢。余佃龍則是東馬沙巴人，儘管不是客家人，卻採用嫻熟的客語創作，透過新式網路媒體經營自己的創作甚至延伸影音事業。相較於有些音樂創作者並不是以客家為主要市場，阿爽與余佃龍的創作很清楚以客家音樂為主，算是具有代表性的客家音樂創作人。

（一）從客語歌到客家歌的阿爽（楊友財）

　　曾表示受到張少林與邱清雲啟發，阿爽的創作頗有承接前輩張少林

的味道，2015 年以一首自創的《莫忘祖宗言》MV 加上搞怪的造型與無厘頭的歌詞，被「豐榮音樂」發掘簽入旗下歌手，後續發表了一系列的客家歌曲。細究阿爽的音樂創作，2015 年的《莫忘祖宗言》，除了以客語演唱之外，其中客家元素並不是太明顯，在這首歡快搞怪的曲子裡，描述世界變化速度很快，透過「寧賣祖宗田、莫忘祖宗言」的諺語，傳達莫忘傳統客家價值觀，省錢過日等等。加入豐榮音樂後的阿爽，其創作跟宣傳主要仍是按照傳統唱片公司的規劃路線，例如配合馬來西亞華人社群最熱賣的新年歌曲，創作《客家恭喜發財》一曲，搭配微電影拍攝，MV 場景充分使用當地人所熟悉的元素：板屋、過年打掃、家人團聚、花生年糕蕉柑、打麻將、打紙炮等，很容易喚起觀眾的共鳴：

> 年又到啦　恭喜發財
> 全家呀歡喜來　打掃屋知背
> 只只人高興呀　打麻雀開台
> 年年都系按熱鬧來　按精彩
> 過年幫手阿媽來煮介靚菜
>
> 街坊撈親戚　請來坐知背
> 花生拿一大袋　年糕呀一大堆
> 蕉柑又擺滿台　送禮梗系愛
>
> 恭喜發財　恭喜發財　萬字又來開
> 恭喜發財　恭喜發財　紅包裝滿袋
> 滿街放火炮　飛上來
> 乒乒乓乓　乒乒乓乓　細瞴仔最愛
> ………

　　阿爽後續的創作多是以客語演唱，儘管詞曲內涵與客家並沒有密切關聯性，但與過去前輩們不同的是，他不再只是翻唱改編，而是自己獨立創作詞曲。阿爽的音樂創作開始加入客家意象與元素，其實與 2017 年臺灣的音樂創作歌手劉榮昌與打幫你樂團，來到馬來西亞芙蓉進行海外客家交流計畫有著密切關係，當時拿督張盛聞與森美蘭客家公會向臺灣客家委員會提案為芙蓉拍攝文化紀錄片，[2]開啟台馬雙方的文化交流，張盛聞邀請臺灣的打幫你樂團團長兼主唱劉榮昌前往芙蓉創作一首芙蓉歌曲，期待激盪地方年輕人的文化創意。劉榮昌創作發表的《Sungai Ujong My home 芙蓉》，[3]邀請阿爽共同合作拍攝 MV 並擔綱演唱者。這首單曲樸質地勾勒客家先輩們來到南洋開拓洗錫米、落地生根的故事，並融入許多在地元素：著名開拓英雄葉亞來、盛明利，以及芙蓉當地的特色客家美食（客家麵、魷魚粉、燒包等）等，MV 裡呈現芙蓉的小鎮風貌、巴剎以及一個個笑容可掬的客家人唱著自己家鄉芙蓉，詞曲簡單卻很有意境。

　　後續阿爽於 2018 年嘗試與張少林合作，共同創作《芙蓉花開》的客家歌，曲風類似張少林過去的風格，但詞曲內容則轉向從芙蓉在地歷史出發，細緻地描述祖輩以賣豬仔方式來到南洋的艱辛過程，在芙蓉採錫礦；最後甚至加入芙蓉客家人有著「硬頸」氣概，熱心客家愛的敘事，歌曲 MV 中也邀請教育部副部長拿督張盛聞參與其中軋一角[4]：

2　參閱 https://www.sinchew.com.my/content/2017-08/18/content_1673822.html（查詢日期：2023/12/15）。

3　參閱 https://www.youtube.com/watch?v=1Z5Eq1Z9d9A（查詢日期：2023/12/15）。

4　參閱 https://reurl.cc/dG6VeV（查詢日期：2023/12/15）。

在大馬介南部　有個城鎮　歷史有記載
在森美蘭州　以花為名　在第九州底背
當年介客人　為了生活　唐山賣豬仔過來
勤勞介打拼　認真介磨練　錫礦佢會採

經過時代介變遷　以芙蓉介名傳開
靚靚個城鎮　開始旺起來
經過客人個打拼　芙蓉花長開
靚靚個風情　流傳到海外
……
汝看個芙蓉介小鎮　佢有多精彩　汝看個芙蓉介花開　芬香得人愛
汝看個芙蓉介客人　有硬頸介氣概　汝看個芙蓉介熱心　發揚客家愛
……

　　2019年阿爽出版的新歌《客家親》，MV背景拍攝地點來到了中國圍龍屋，儘管歌詞整體來說承繼、強調的是心手相連的「客家根源想像」，面對中國主流客家祖地論述，收攬世界各地客家一家親的大家庭預設；阿爽也嘗試將馬來西亞客家人認同放入歌詞，將馬來西亞視為祖地，透過客家元素與五湖四海的客家人彼此連結，肯定人們共同攜手傳承客家文化、發揚客家精神：

馬來西亞係祖地　各地客人一家親
客家民族大家庭　五湖四海有親鄰
人人都有了衝勁　齊為客家來打拼
客家美德人贊稱　團結友愛情意深

　　涯兜係客家人　齊家係自家人

　　傳承客家文化　發揚客家個精神

　　齊來維護客家音　齊來打造客家興

　　千年榕樹共條根　心手相連客家親

　　千年榕樹共條根　心手相連客家親

　　【客家文化客家情　客家民族大家庭　千年榕樹共條根　隔山隔水
　　一條心】

　　……

　　這首歌放在 YouTube 上引發許多網友熱烈回應，網友們多數回應
的重心著眼於客家文化傳承，像是：「客家文化要傳承，不然新一代都
不會客語客家文化了。」、「大家一起加油，維護客家文化！」等等。整
體來看阿爽的創作主要是以客語為主，2017 年受到來自臺灣客家委員
會以及打幫你劇團等所強調、推動的客家論述影響，加入一些對於客家
認同、馬來西亞在地歷史文化的思考，讓阿爽後續的創作帶有客家文化
意識，但是他主要經營路線仍是利用客語流行音樂形式推廣客家文化。
近期阿爽也嘗試在 YouTube 以及臉書發布一些客家順口溜或是路訪的
短影片，對於阿爽而言，客家並不是沈重的傳承符號，毋寧更是一種輕
鬆詼諧鼓勵年輕人貼近客家在地生活的態度，這也與臺灣客家音樂時帶
有一種失落的鄉愁懷念兒時客家村落與家族記憶，同時承載著傳承客家
文化傳統的使命的特色相當不同。[5]

5　近年來臺灣新興客家流行音樂創作者其實已加入許多新興找尋自我認同或
　　社會參與的部分，「承載客家文化傳承使命」相較不再那樣明顯，但不可否
　　認許多客家音樂人會面對客家長輩們投射這樣的期待。

（二）以客語唱出在地認同的余畑龍

　　跟客家歌王邱清雲一樣，余畑龍其實是廣東人，因為從小在東馬來西亞的沙巴長大，因此練就一口流利道地的客家話，能夠嫻熟使用客語創作，他的作品富有當地語言混雜（hybrid）特色（客語、英語、華語、馬來語）。余畑龍在訪談中[6]自陳自己從小就生長在周圍都是客家人的環境，對他而言，客語是充滿親切感的。年輕時候曾經到首都吉隆坡發展失利，[7]黯然回到沙巴亞庇後，他反思沙巴是個以客家人占多數的環境，卻沒有一首客家歌曲的創作，因此在 2009 年首次做了一首自創客家歌曲《哈亚庇，溜货私》放在網上，意外受到眾多網友的喜愛，網友們紛紛鼓勵他推出客家專輯繼續創作，發行第一張客家專輯《余畑龍撞作》。有別於過去仰賴唱片公司的協助製作與宣傳，這張專輯從作曲、作詞、編曲混音製作甚至連美術平面設計、宣傳行銷都由余畑龍一手包辦，在亞庇短短一個月獲得銷售一千張的佳績。[8]音樂專輯的熱賣，讓他開始有信心專心從事客家音樂的創作，成為眾人認可的客家歌手。

　　余畑龍後續的作品《海邊看飛機》，描述一個即將被分手的男子，懇求女友不要離開，細究余氏的音樂創作除了是以客語演唱之外，事實上其創作內涵並沒有鑲嵌客家元素，毋寧說歌曲裡所展現的亞庇在

6　參閱 https://www.facebook.com/iamtianlong/videos/3522464517780677/（查詢日期：2023/12/15）。

7　事實上，余佃龍早年其實是希冀跟阿爽一樣，走傳統跟唱片公司簽約出道的路線，因此曾與來自臺灣的唱片公司簽約，預備來臺灣接受培訓發展，沒想到卻因為樂團人事以及後續專輯問題，最後以毀約告終黯然回到東馬。星洲網，2020，《音樂路上堅持不懈 余佃龍闖出一片天》。參閱 https://reurl.cc/V1xYQQ（查詢日期：2023/12/15）。

8　參閱 https://reurl.cc/jGE9bq（查詢日期：2023/12/15）。

地認同更為顯明，這首歌並陳兩種對比，一種是「遷移」——想去英國滑雪看月亮的女友，一種是「在地認同」——男子嘗試凸顯亞庇生活的「好」，展現在人們日常生活的食物木瓜酸與生肉麵，以及外國人趨之若鶩的觀光勝地沙巴神山與海灘，這首歌曲除了客語之外，同時也大量採取當地生活語言的混用，像是 straw & book（英語）、pulau（馬來）等：

一个人在 Tg. Ar，看到好多人在拍拖
一粒椰子两条 straw，嘴角还咬着木瓜酸
想到那天你和我讲，你决定跟他去英国
终于有机会跟他滑雪，还可以看看外国的月亮
⋯⋯
是说你想坐飞机，不如我带你去近近地
反正翻开报纸都有零票，两间航空公司斗到要死
槟城 JOHOR 吉隆坡　随便你说，我立刻上网
要就快点，迟就没罗！零票 book 完，我就冤枉！

其实我好多话想跟你说，亚庇是一个好好住的地方
多年来鬼老都来观光上神山过 pulau 去 3rd beach 晒月光！
我真是中意你，可不可以不要去英国
我真是中意你，怕你睡觉冷到没盖被
我还是中意你，英国吃不到亚庇生肉面
我真是中意你，最好还是不要离开亚庇　因为没你在身边我会死

《海邊看飛機》引起了廣大粉絲的喜愛，回應熱烈。甚至上了華僑

日報新聞，同時更有數家電訊公司主動聯絡簽屬電話鈴聲的合約，讓許多沙巴客家人感到振奮驕傲。這首歌曲創作在 YouTube 影音平台上的點擊率更是累積破 34 萬人次，多數網友的留言回應為英文或是夾雜著當地特殊語言使用，事實上，移民英國是當代許多沙巴客家人共享的遷移經驗，甚至有定居英國的沙巴客家網友留言鼓勵，期待余能夠繼續創作客語歌曲。[9] 由於觀眾迴響太過熱烈，余畑龍在續集 MV《不要去英國 第二集》[10] 裡更大量運用當地元素，像是馬來西亞在地人生活裡少不了的 kopi o（「黑咖啡」，新馬在地的俗稱用詞）、並且在沙巴著名的 *Tanjung Aru* 海灘拍攝，更進一步召喚離鄉遊子們對於沙巴的鄉愁與在地的客家認同。顯然余在網路世界裡與網友的互動，讓他更清楚自己的音樂創作受眾群在那裡，確認創作路線與定位。

　　網友們針對續集 MV 熱烈的回饋留言裡，除了稱讚歌曲好聽之外，多數網友留言的關鍵字都環繞「沙巴」與「客家」，許多網友稱讚余是沙巴之光，甚至表示：「我是客家人，我聽過很多客家歌，小時候也聽外婆唱很多種各樣的山歌，但是這首歌是我聽過最有感情的客家歌」，也有網友將對於客語甚至是華人文化傳承的期待投射在余畑龍的作品上：「讓客家在沙巴永不滅。在新馬華文影響下，需要你的力量」、「好聽阿，繼續加油吧，現在都好像找不到客家話的作品了，挺多客家人也不教兒女客家話了，不想看到客家話消失。頂你啊！」

　　無庸置疑地，余畑龍歡快、無俚頭的創作風格，抓住年輕人的胃口，改編自「江南 style」的「Sabah Hakka Style」，也深受歌迷喜歡，

9　參閱 https://www.youtube.com/watch?v=aJEdjmIJ7yQ（查詢日期：2023/12/15）。

10　參閱 https://www.youtube.com/watch?v=q2ukvrmd9q4（查詢日期：2023/12/15）。

甚至有居住在蘇格蘭的網友留言肯定必須靠這樣的音樂推廣方式，才能夠讓客語不致滅絕。事實上對於非馬來西亞的網友而言，余的客語歌並不容易理解，因為歌曲裡混雜許多語言，像是馬來語或是當地的生活混用字等，但余氏的創作風格並不影響網友們的支持與喜愛。當余畑龍逐漸被大眾認可為馬來西亞的客家音樂人，甚至是沙巴客家音樂創作者，他無可避免地接收到許多客家人藉由音樂傳承客家文化的期待，以及年輕人客語能力普遍流失現象的焦慮。站在「客家音樂人」的位置，對於余畑龍顯然也思考過這些問題，他在訪談中直言自己所採取的立場是既要延續推廣客語，也要回應當代年輕人的創新期待，[11] 主張若要推廣客家文化就必須兼顧兩種層面，一是文化傳承，客語傳統必須被保留，二是在維持傳統脈絡上必須要創新，才能讓更多人認識客語、認同客家。

　　在余畑龍的創作裡，召喚在地沙巴認同是非常重要的部分，透過一種生活中輕鬆美學方式，即便是討論沙巴華嘉混血族（Sino Kadazandusun）[12] 議題，也以一首歡快曲調的《I LOVE SINO KADAZAN》（我愛嘉華混血妞），[13] 稱讚嘉華混血美女很漂亮、講華語很可愛，表達對於當地華嘉混血族的肯定。這首歌除了深深打動沙巴客家網友之外，也召喚出許多混血網友們紛紛留言回應表達他們的認同與感動。余畑龍的作品吸引了許多族群並且提供不同族群認識彼此串流的媒介，有網友即表示自身雖然不懂客語，卻因為沙巴朋友的推薦，進而認識沙巴、認

11　參閱余畑龍訪談，https://www.facebook.com/iamtianlong/videos/3522464517780677/（查詢日期：2023/12/15）。

12　華嘉混血族（Sino Kadazandusun），指涉的是華人與沙巴當地原住民通婚混血後裔所形成的新族群。

13　參閱 https://www.youtube.com/watch?v=eVO04PdGuNE&list=RDCMUCI1Qu9WsswtPyd9rfYckICQ&index=1（查詢日期：2023/12/15）。

識沙巴有客家人，因此對沙巴感到好奇。

　　整體來說，余畑龍的創作豐富多樣，客語在余氏的作品裡扮演認同媒介，能夠召喚出在地客家人的客家認同，沙巴在地認同更是重心。因為客家流行音樂創作者身分，余畑龍更成為代表馬來西亞客家音樂人之一員，應邀至臺灣、中國及香港參與國際性客家音樂演出，進一步搭築跨國網絡連結。例如 2011 年余畑龍《海邊看飛機》的單曲，從馬來西亞、臺灣、海南、江西、梅州、惠州等各媒體與個人將近 2,000 多首作品裡脫穎而出，獲得中國舉辦「第一屆全球客家流行音樂金曲榜」的十大金曲獎，除了前往梅洲參與頒獎典禮之外，余畑龍亦受邀參加錄製電視臺舉辦的「客家流行歌曲高峰研討會」。[14] 2018 年，臺灣的桃園市政府邀請余畑龍來臺參與國際客家流行音樂節，[15] 推動客家音樂國際化交流。2023 年以客家音樂人身分獲邀出席臺灣舉辦的全球客家文化會議等等。這些國際性交流經驗加深余畑龍從事客家音樂創作的自信，藉由余的作品，去國懷鄉的沙巴客家人遙望家鄉的神山、著名海灘，以及日常生活裡的黑咖啡、木瓜酸小食，也讓其他國家的客家人認識馬來西亞沙巴客家人與當地特色。

五、結語

　　音樂作為一種認同文化體現的形式，藉由探詢作品本身與外在結構

---

14 參閱 http://www.ocdn.com.my/news.cfm?NewsID=22014（查詢日期：2023/12/15）。

15 參閱 https://www.idn.com.tw/news/news_content.aspx?catid=5&catsid=3&catdid=0&artid=20180430sean014（查詢日期：2023/12/15）。

的雙向往返關係，協助我們增進對於馬來西亞客家社會的認識。以臺灣客家流行音樂流變為例，即能看見客家的世代差異與認同內涵的變化，以及客家人面對不同時代社會環境的回應。

　　臺灣戰後的客家音樂活動以山歌、客家民謠為主調，結合電台與報紙的宣傳推廣以及作品的徵集改作，回應日治時期對客家音樂低俗的批評，透過山歌班、客家民謠比賽的舉辦推廣，結合機構事務的宣傳推動，取得發聲位置，客家山歌演唱甚至成為海外客家社團的康樂活動表演節目（許馨文，2011）。90 年代晚期伴隨著族群運動，以客家族群文化為創作根源的音樂開始崛起，展現在臺灣流行音樂「金曲獎」正式劃分為國語、台語、客語、原住民語四類，尊重多元族群文化。這些創作者也開始建構更開放、動態的客家認同，努力形塑新客家音樂形貌（簡妙如，2010）。90 年代回到家鄉參與反美濃水庫運動的鍾永豐、林生祥等人，則為臺灣新客家音樂裡增加了運動色彩，從「交工樂團」到「生祥樂隊」，透過客語音樂書寫美濃農庄社會，關心外籍配偶、石化產業等社會議題。繼起而來的後生們除了探索自身村莊、家族故事之外，黃瑋傑關心臺灣社會裡的移工議題，或者是米莎為 LGBT 族群發聲打氣。這些客家音樂人在摸索、宣稱客家特色的過程中，有時會嘗試訴諸一種鄉愁式客家認同，回頭尋找、反思客家文化的養分——很大部分人們的客家記憶可能是來自於童年裡的客庄印象以及父執輩的認同記憶，他們或帶著長輩們（或背負著閱聽人們）的期待，藉由客家音樂創作回應傳承客家認同與文化的使命。這或許與臺灣客家人面臨客語衰退、客家元素在日常生活裡並不明顯的大環境有關，儘管傳統與現代，不同世代對於客家音樂的認識與歸屬有所差異，但也反映一種變化形成中的樣貌。

　　馬來西亞客家音樂則展現一種輕鬆詼諧的生活特色，混雜在地使用

的多元語言，不論是早期的張少林、近代的阿爽、余畑龍、甚至是近期與臺灣客家歌手邱連欽共同創作發表《客人的腳跡》的砂拉越客家YouTuber蔡阿保，這些音樂人身上都有著類似的特質——帶著在地性生活化的風格與幽默感。相較而言，馬來西亞客家人面對周圍馬來優勢族群的單一文化政策，「華人少數」的身分焦慮感可能更明顯，透過客語演唱加上在地元素，強調接地氣的生活感加上輕鬆詼諧的展演更能夠讓廣大的閱聽人們所接受，離鄉遊子亦能獲得生活裡客家的情感認同，同時連結客家與在地的關係。

　　在馬來西亞限縮的政治族群空間裡，馬來西亞客家人或許也有承傳客語族群文化的期待，但身處在相對於馬來人的弱勢華人群體，以及華人內部的客家少數群體，當代馬來西亞客家年輕人的新族群性（或新客家性）其實是以一種更為幽微的方式展現，或者可說是尚在形成中的新族群性——從在地性出發，肯認自己同樣是在地的主人身分，進一步肯定自身的族群文化。他們的客家觸媒主要來自外在於馬來西亞的「客家圈」影響。90年代以來，中國跟臺灣對於客家議題的重視，客家音樂創作者間的共同創作與交流，或強或弱地刺激馬來西亞客家人對於客家根源或是客家認同的反思與變化。例如劉榮昌與阿爽間的合作，讓阿爽的客語歌曲創作加入一些當地歷史文化脈絡，展現在歌曲風格，也從過去「自在」的客語歌轉變到「自為」的客家歌曲。[16] 儘管阿爽的客家想像同時受到來自中國與臺灣客家論述的影響，他的客家「祖地認同」顯然是在地化的馬來西亞客家人，在國際客家社群的交流中保有馬來西亞自身特殊的揉雜族群多元與詼諧的在地特色，同時也意識到對於客家文

---

16 「自在」與「自為」的差異在於前者純粹是以客語創作，後者則是帶有客家的認同意識。

化的關懷與承傳的使命。

　　余畑龍的客家歌曲創作反映的則是客語生活特色，儘管其中並沒有特殊的客家意涵，但他的創作理念其實是從在地性出發，看見客家人與沙巴的密切關聯性，召喚沙巴人對於客家以及對於沙巴的認同念想。身為一個被年輕世代公認的「沙巴客家歌王」，無可避免地也意識到當代客語面臨文化傳承的挑戰，他選擇以創新、帶有地方色彩的方式讓客語吸引更多年輕人，喚起人們對於沙巴與客家的認同。儘管余畑龍自身並非客家人，但客家音樂創作者身分也讓他與客家建立親密的認同關係。阿爽與余畑龍的客家音樂創作，展現出來的是種形成中的新客家性，不是對於傳統客家根源的認同追尋命題，也無需回應召喚眾人起身共同爭取客家族群權益這種帶著強烈背負承傳客家社群文化的使命感，而更是一種強調在地性、生活性的客家經驗書寫，連結客家與扎根在地的關係，帶著輕鬆詼諧，或搞怪或戲謔的態度，這種音樂作品的呈現反映了當代馬來西亞客家人對於客家認同意識的想像：期待被看見、認同自己是客家人，客家展現在日常生活裡同時與在地緊密地連結著，並且與其他族群發展出合作共榮的關係。

參考文獻

Baily, John and Michael Collyer, 2006, "Introduction: Music and Migration." *Journal of Ethnic and Migration Studies* 32(2):167-182.

Huck Ying Ch'ng, 2014, "Cultural Formation of Identity: Interweaving of Nationality and Ethnicity in Ben Di Chuang Zuo, a Chinese Malaysian Musical Movement." *Journal of Intercultural Studies* 35(6): 604-620.

Marger, Martin N. 著，祖力亞提・司馬義譯，2007，《族群社會學》。北京：華夏出版社。

Martiniello, Marco and Jean-Michel Lafleur, 2008, "Ethnic Minorities' Cultural and Artistic Practices as Forms of Political. Expression: A Review of the Literature and a Theoretical Discussion on Music." *Journal of Ethnic and Migration Studies* 34(8): 1191-1215.

Novak, Michael, 1996, *Unmeltable ethnics: politics & culture in American life*. New Brunswick, U.S.S.

Ong, Aihwa, 2006, *Flexible Citizenship: The Cultural Logics of Transnationality*. Durham & NC: Duke University Press.

Portes, Alejandro, Luis Eduardo Guarnizo and Patricia Landolt, 2017, "Commentary on the Study of Transnationalism: Pitfalls and Promise of an Emergent Research Field." *Ethnic and Racial Studies* 40(9): 1486-1491.

Schiller, Nina Glick, 2010, "A Global Perspective on Transnational Migration: Theorising Migration without Methodological Nationalism." Pp. 109-29 in *Diaspora and Transnationalism: Concepts, Theories and Methods*, edited by T. F. Rainer Bauböck. Amsterdam University Press.

＿＿＿，2018, "Theorising Transnational Migration in Our Times." *Nordic Journal of Migration Research* 8(4): 201-12.

Winzeler, Robert L. 著，徐雨村譯，2018，《今日的東南亞族裔群體──一個複雜區域的民族誌、民族學與變遷》。臺北：原住民族委員會、文化部。

王甫昌，2008，〈臺灣族群分類概念與內涵的轉變〉。論文發表於「臺灣社會學會年會：解嚴二十年臺灣社會的整合與分歧」。臺北：中央研究院社會學研究所、臺灣社會學會，2008 年 12 月 13 日至 14 日。

王俐容、楊蕙嘉，2010，〈當代臺灣客家流行音樂的族群再現與文化認同〉。《國家與社會》8：157-199。

王梅香，2014，〈臺灣文學作為作品社會學研究對象的發展與可能〉。《社會分析》9：111-149。

石計生，2022，《歌謠傳社會學──洄流迴路與臺灣流行歌》。臺北：唐山。

李永傑，2002，〈馬來西亞中文民眾音樂「本地創作」場域之研究（1987-2001 年）〉。國立暨南國際大學東南亞研究所碩士論文。

李明釗，2019，〈唱自己的歌：1970 年代後臺灣與馬來西亞客家流行歌曲發展比較〉。國立臺灣師範大學華語文教學系碩士論文。

李嘉雯，2012，〈迷途聲航：馬華青少年音樂創作的身分認同追求與失落──以北工站為例〉。《蕉風》505：8-21。

周敏、劉宏，2013，〈海外華人跨國主義實踐的模式及其差異──基於美國與新加坡的比較分析〉。《華僑華人歷史研究》1：1-19。

林開忠、蕭新煌，2009，〈跨國客家族群認同是否存在？檢視馬來西亞客家青年的族群意識〉。《臺灣東南亞學刊》6（1）：49-79。

張翰璧，2013，《東南亞客家及其族群產業》。桃園：國立中央大學出版中心／臺北：遠流出版公司。

許馨文，2011，〈戰後臺灣客家音樂的建制化歷程：以《中原（苗友）》月刊（1962-1981）的再現為例〉。《民俗曲藝》171：121-179。

黃宣衛，2010，〈從認知角度探討族群：評介五位學者的相關研究〉。《臺灣人類學刊》8（2）：113-136。

黃恆秋，1998，《臺灣客家文學史概論》。臺北縣：客家臺灣文史工作室。

廖文輝，2019，《馬來西亞：多元共生的赤道國度》。臺北：聯經。

簡妙如，2010，〈九〇年代後客家及原住民創作音樂中的原鄉想像與族群認同〉。《文化實踐與社會變遷》1：43-76。

龐浩賢，2020，〈1950-1970年代中華民國視野下的亞洲：以《中國學生周報》為研究中心〉。《思與言》58：45-73。

第六章

東南亞客家博物館的客家意象探討

黃信洋

一、全球客家博物館的發展趨勢

依筆者的初步調查（黃信洋，2018）目前全球存在著超過七十個以上的客家主題相關博物館，臺灣的客家博物館是在 2000 年以後開始大量出現，中國的客家博物館主要是在 2009 年中國客家博物館開館以後才大量出現，而東南亞的客家博物館則是在 2014 年後開始快速成長。若我們把臺灣與中國的客家博物館發展浪潮分別稱為第 1 波與第 2 波浪潮，那麼，東南亞的客家博物館則可以稱之為第 3 波浪潮。[1] 除了中國

---

1 依筆者的初步調查（黃信洋，2018），全球客家博物館有 3 波發展趨勢，就時序上來說，臺灣的客家博物館發展趨勢主要是出現於 2000 年以後，而這當然與 2000 年大選後客委會出現後對於臺灣客家文化的制度性支持有關。中國的客家博物館發展趨勢主要是在 2009 年中國客家博物館出現之後，該館是中國第 1 個以國家名義掛名出現的客家博物館，其後中國內部陸續出現超過 10 個以上的客家博物館，至今方興未艾。東南亞的客家博物館的文化脈絡比較複雜，若單就時間上來說，2014 年印尼客家博物館的開館可說

與臺灣之外，其餘的客家博物館大多座落於東南亞的新加坡、馬來西亞與印尼等三個國家，因此緣故，對這三個國家的客家博物館進行研究，就是對東南亞的多數客家博物館進行研究。臺灣與中國的客家博物館幾乎都是由官方予以設立，意味著國家對於客家族群公民地位的肯認。東南亞的客家博物館雖然都是由民間社團設立，突顯的卻是客家族群於所在國家的參與及發展歷程，因此也具有某種程度的公民意涵。

基本上，東南亞有設置客家博物館的國家，都是已經往民主體制邁進的國家，允許不同的族群有展現文化的空間，因此能夠讓客家文化以某種體制性的方式來展現自身的族群文化。一般來說，客家博物館是民主體制下多元社會的一種體現，也是族群在地化發展後的一種對於自身文化身分的重視。實質上，東南亞的客家博物館也是一種客家文化的發展趨勢展現，在臺灣與中國的客家博物館漸次浮現之後，東南亞國家也呼應了這股發展風潮，並且是這種浪潮下刺激出來的一種文化認同，因此有其特定的社會文化背景，如前所述，東南亞客家博物館可說是第 3 波客家博物館的發展浪潮，以印尼客家博物館為例，其博物館入口意象的巨型偃字，就是直接複製中國客家博物館的入口意象作法，實質上就是受到該館展示的直接影響。

本研究將對新加坡、印尼與馬來西亞等國的客家博物館展現出來的客家意象進行研究，進而瞭解這些於當代文化脈絡下發展出來的東南亞客家博物館，究竟會以何種方式來突顯與展示客家的形象。客家博物館本身就是一種浮現於當代社會的社會產物，對於理解當代社會的發展自

是第 3 波客家博物館發展趨勢的開始，誠如表 2 所示，2015 至 2022 之間，馬來西亞的客家博物館就出現了 5 座（閒真別墅、馬來西亞河婆文物館、柔佛河婆文物館、古達客家歷史文物館、森美蘭客家文化博物館）。這 3 波客家博物館的發展趨勢，大致上體現出了全球客家博物館的發展趨勢。

然有所助益，而海外客家博物館的相關研究，則有助於瞭解海外客家社會的當代性。

　　關於新加坡、印尼與馬來西亞的相關展示資料的來源，筆者曾於2015 年 12 月與 2023 年 1 月兩度到訪印尼客家博物館，並與該館負責人有過深度的討論，亦於 2023 年 5 月到訪新加坡的茶陽文物館，也曾於2023 年 7 月分別到訪過馬來西亞客家文物館與閒真別墅，而這也是筆者瞭解新馬印等三國客家博物館的主要田野經驗。森美蘭客家文化博物館的部分是由該館館長孔菊華提供博物館展示內容相關照片與紀錄影片，沙巴州古達省的古達客家歷史文物館的展示部分則是由沙巴客家歷史研究者張德來協助提供相關照片。最後，巴生客家文物館、柔佛河婆文物館、馬來西亞河婆文物館等三個客家文物館是由筆者蒐集的次級資料進行物件羅列與分析，其中，徐國峰研究員提供了柔佛河婆文物館的相關照片，而邱昱寧碩士則提供了馬來西亞河婆文物館的相關照片。於此基礎上，筆者開始進行東南亞客家博物館相關展示物件的羅列與分析。

二、東南亞客家博物館的發展脈絡

　　博物館的起源至遠可以歸溯至古希臘時代，不過，若我們聚焦的對象是「公共博物館」，那麼，1773 年首次對於平民大眾開放的英國阿什莫林博物館，可說是此種類型博物館的先聲。[2] 博物館學者 Stephen E.

2　參閱〈阿什莫林博物館〉，《中文百科》，https://www.newton.com.tw/wiki/%E
9%98%BF%E4%BB%80%E8%8E%AB%E6%9E%97%E5%8D%9A%E7%89A9
%E9%A4%A8。

Weil（2015: 30）曾表示，博物館原本是高高在上於社會大眾，1950 年代以後，博物館的角色由主人變成僕人，社會大眾開始有權力決定博物館要提供的服務為何，以及何時要提供這種服務。此處，博物館由教育大眾的角色轉變成由社會大眾來決定服務內容，此種內容我們看見了一種由下而上的權力翻轉，而族群相關博物館的發展背景也能夠置於此種脈絡之下。

（一）客家博物館的界定

本文對於客家博物館的界定採取的是寬鬆的廣義定義，不去要求這些博物館是否同時兼具蒐藏、研究、展示與教育的完備內涵，只要是以客家名義來進行文化展演的博物館，本文就稱之為客家博物館，例如說，「閒真別墅」雖然其名稱並無客家兩字，但其英文名稱為 "Hakka Tin Mining Museum"，因此本研究亦將之歸類為客家博物館。

（二）新馬印博物館的分析架構

東南亞的客家博物館多數都集中在新加坡、印尼與馬來西亞等三個國家，關於這個問題，似乎也涉及新馬印華人與客家人的處境與地位。陳亞才（2010：68）認為華人文物館是一種掌握歷史詮釋權的文化工具，能夠「再現歷史」。馬來西亞的華人文物館皆為民間博物館（或稱民辦博物館），與華人民間社會的形塑息息相關。吳小保（2019：4）認為馬來西亞的華人民間博物館乃是華人在既有國家政策之下保留華人文化的一種作法，突顯的是「國家／宰制—民間／回應」的二元框架。吳小保的說法直接把總體上的華人博物館視為一種對於馬來西亞族群政治的文化反抗，若放在筆者後文即將論及的脈絡中，相對應的部分應該是

東南亞客家博物館展示內容對於其自身於所在國家所做出的諸種貢獻。

表 1　東南亞客家博物館的層級定位與族群意象

時代性	國家	社團層級	主要族群意象
當代	新加坡	地方層級	客家意象
	馬來西亞	全國層級／地方層級	
	印尼	全國層級	華族意象

資料來源：本文作者整理。[3]

　　在進行東南亞客家博物館的討論之前，本研究需先說明本文的分析架構，以指出本文在分析時的可能限制。其一是東南亞客家博物館都是當代社會的產物，它是公眾博物館脈絡下開展出來的博物館，也是一種社會大眾（即在地客家族群）主導展示內容的族群博物館。其二是關於策展客家社團的層級差異：新加坡的茶陽文物館是一個地方層級的客家博物館，展示的是中國客家原鄉茶陽地區與新加坡茶陽大埔客家人的相關文化活動；馬來西亞則有國家層級與地方層級的客家博物館，因此其展示角度可能會有所不同，如馬來西亞客家文物館與馬來西亞河婆文物館就屬國家層級的客家博物館，其餘的馬來西亞客家博物館則屬地方層級的博物館，不過，即便層級角度有所差異，其展示內容多還是扣緊客家相關內容；印尼客家博物館的展示內容則是超越客家族群的視野，直接以「華族」作為討論的焦點，因此其討論方式已經到達國家認同的層次。新加坡、馬來西亞與印尼的客家博物館之所以會有不同的族群意象展現，其實是與客家群體在這些國家的社會位置有所不同之所致：馬來西亞與印尼的華人基本上是屬於弱勢族群之一環，都必須面對優勢的在地族群，而新加坡的華人則是優勢族群，因此無須面對「優勢他者族

3　本表的分析架構，本文作者要特別感謝張翰璧教授的建議。

群」的壓力。於其中，由於印尼客家族群乃是在地最為活躍的華人族群之一，因此印尼客家博物館的族群意象會是以「華族」作為展示重點，而新加坡與馬來西亞的客家博物館則是以不同層級的客家意象來進行呈現。

循上述分析架構，舉例來說，在1996年第13屆新加坡辦理的世界客屬懇親大會的過程中，他們也在國家博物館辦理「客家人：從過客到公民」的主題展覽，其名稱已經指出客家人乃是新加坡人認同之一環，不過，雖然在國家級層次沒有認同問題，但族群認同層次則可能會有認同的問題。基本上，國家層級的客家博物館有國家認同的討論，其切入點可能代表的是整體華人層次，而地方層級的客家博物館則是比較聚焦於族群認同的層次，此種視角上的差異，也會造成不同客家博物館展示內容的諸種差異。

蕭新煌（2018：7）認為，臺灣的客家研究已經由「客家在臺灣」的源流典範移轉到「臺灣的客家」的在地化典範。循此發展模式，東南亞客家博物館的展示內容，基本上也是由對於「原鄉」的強調，開始發展出「在地化」的客家文化多樣性。因此，本文將以「源流論」與「在地論」作為接下來對於東南亞客家博物館的客家意象的討論方式。在臺灣與中國之外，東南亞似乎是唯一一個有出現「客家博物館」的地方。因此緣故，東南亞可說是探討客家博物館發展樣態的另一個重要地帶。基本上，東南亞會出現客家博物館的國家，都是出現在對於客家文化相對關注的國家，也都是熱衷於跨國客家集會辦理的國家，如下將進行基本資訊的簡單說明。

（三）馬來西亞的客家博物館

馬來西亞是華人社團總數最多與最多元的東南亞國家，其客家社團也多具有多元的聯結關係，而馬來西亞的客家社團基本上也都會加入州級甚至國家級的聯合團體（張翰璧、張陳基，2020：78）。除了客家社團的數量與多樣性之外，馬來西亞也是東南亞客家博物館數量最多的國家。

表 2　馬來西亞的客家博物館

編號	成立時間	館舍名稱	所在地	管理單位	位置
01	2006	馬來西亞客家文物館	檳城	檳城客屬公會	設於檳城客屬公會大廈 3 樓
02	2009	巴生客家文物館	雪蘭莪巴生	巴生客家公會	設於巴生客家會館 4 樓
03	2015	閒真別墅	霹靂怡保	怡保世界私人有限公司	原客家礦家私人俱樂部
04	2016	馬來西亞河婆文物館	吉隆坡	河婆文化基金會	隆雪河婆同鄉會大廈 1 樓
05	2016	柔佛河婆文物館	柔佛古來	柔佛州河婆同鄉會	柔佛州河婆同鄉會大廈 2 樓
06	2020	古達客家歷史文物館	沙巴	古達客家公會	古達客家會館 3 樓
07	2022	森美蘭客家文化博物館	森美蘭	馬來西亞客家文化協會森美蘭分會	芙蓉華濟公會大廈 1 樓

資料來源：本文作者整理。

馬來西亞的客家博物館目前約有 7 個（參見表 2），2015 年開始快速成長。近幾年來，馬來西亞開始強調河婆客家的地理關聯。2016 年馬來西亞吉隆坡出現了全球第一座以河婆掛名的客家文物館，隔年柔佛又開館另一座河婆文物館，由此可以看出近幾年河婆客家意識在馬來西亞的發展狀況。

不同於過去的客家會館是作為提供客家族群彼此交流的作用，客家博物館更增加了展示的向度，而展示就是一種論述呈現，對於客家意識的發展應該會有所影響。總之，客家博物館在馬國的快速增加，乃是客家社團藉由客家文化展示來突顯自我客家形象的一種作法。從層級的角度來說，馬來西亞客家文物館與馬來西亞河婆文物館是以國家層級的角度來自我定位，而巴生客家文物館、閒真別墅、柔佛河婆文物館、古達客家歷史文物館、森美蘭客家文化博物館等客家博物館則是地方層級的博物館。東馬來西亞與西馬來西亞客家群體的狀況其實有所不同，東馬的華人族群約有三分之一是客家人，於其中，沙巴州的華人群體則大多是客家人，而這也是古達會出現客家博物館的重要原因之一。

（四）印尼的客家博物館

印尼客屬聯誼總會是印尼最大的客家社團，也是當前印尼統轄全國不同客家組織的國家層級的客家社團，而印尼客家博物館就是由此群體予以推動。2014 年 8 月 30 日，印尼的首座客家博物館於首都雅加達舉行落成典禮，以福建省永定縣的「土樓王子」振成樓為建築藍本，並以廣東省梅州市的中國客家博物館的展示為學習依據，東南亞最大規模的客家博物館在印尼出現了。此種由印尼客家社團主動發起的文化展演與聯結現象，除了顯現中國原鄉的本源性影響力之外，也指出了中國政治經濟崛起對於海外客家族群的影響力。

表 3　印尼的客家博物館

編號	成立時間	館舍名稱	所在地	管理單位	位置
01	2014	印尼客家博物館	雅加達	印尼客屬聯誼總會	印尼縮影公園

資料來源：本文作者整理。

　　中國客家博物館的主建築與印尼客家博物館都是以福建土樓作為主要意象，有趣的是，印尼客家族群主要是來自廣東梅州市的客家人，而中國客家博物館的所在地梅州市的客家建築代表應該是圍龍屋，卻皆選擇福建土樓作為主要的視覺代表，指出了 2008 年福建土樓納入世界文化遺產之後產生的種種社會與文化效應。印尼客家博物館的展示主軸是以「華族」作為展示切入點，此種國家層級的展示定位也凸顯了該國客家族群是從整體華人的角度來討論客家博物館的展示方式。

（五）新加坡的客家博物館

　　新加坡的客家組織相當興盛，其中包括老華客組織（應和會館、惠州會館、茶陽大埔會館、豐順會館、永定會館、南洋客屬總會、廣西暨高州會館、河婆集團、海陸豐會館、河源會館），以及新臺客組織（臺灣客家同鄉聯誼會、亞洲臺灣客家聯合總會）（林開忠等，2000：180）。

表 4　新加坡的客家博物館

編號	成立時間	館舍名稱	所在地	管理單位	位置
01	2002	茶陽文物館	新加坡	新加坡茶陽會館	新加坡茶陽（大埔）會館 7-8 樓

資料來源：本文作者整理。

　　新加坡客家組織的社會網絡是一種階層式社會網絡，於其中，南洋客屬總會是具有實質權力核心的總會組織，也是該國客家社團對外聯繫時的重要窗口（林開忠等，2000：199-200）。而茶陽會館之內的茶陽文物館則是東南亞第一個客家博物館。在東南亞諸多承辦世界客屬懇親大會的國家之中，新加坡是第一個在舉辦國的國家博物館進行客家文化展演的國家，因此可以看出新加坡對於客家文化展演的重視。茶陽文物館

是一個地方性的客家博物館，其關注的是大埔客家人於新加坡的發展
狀況。

　　大致上而言，東南亞的客家博物館發展狀況，是客家博物館的
第 3 波文化傳播狀況的發展。東南亞的客家博物館，除了茶陽文物館
（2002）、馬來西亞客家文物館（2006）與巴生客家文物館（2009）之
外，都是 2014 年以後才出現的客家博物館，可說是在臺灣與中國之後出
現的第 3 波客家博物館浪潮。由於東南亞的客家博物館大多是由客家社
團出資興設，展示的內容也都是固定的內容，基本上我們可以用常設展
的角度來思考這些客家博物館的展示內容，而實質上，比較可以明顯區
分出常設展與特展的客家博物館，也就只有臺灣與中國的國家級客家博
物館，亦即臺灣客家文化館、六堆客家文化園區，以及中國客家博物館。

　　就馬來西亞與新加坡的客家博物館來說，主要都是由既有客家會館
的空間活化與轉型後的成果，可以把客家博物館視為延續該國客家社團
發展的一種文化工具。然而，印尼的客家博物館就不是既有的會館空間
活化，而是全然以博物館功能為主軸的空間規劃，就這個角度來說，印
尼的客家博物館確實是較為符合博物館功能設定與空間規劃的族群博物
館呈現方式。若我們再把前述分析架構的差異性放進來討論，國家層級
的客家博物館自然會有規模上或內容上的展示差異，而以華族角度來自
我定位的印尼客家博物館，似乎也就會有國家級的相關作法。

　　東南亞的客家博物館的建構，都與客家社團的推動有關，除了閩真
別墅是座落於客家人聚集的俱樂部之外，其餘多是座落於傳統客家會館
的既有空間之內，亦即是傳統客家會館的空間再活化。放眼全球的客家
博物館現況，傳統客家會館與客家博物館的結合，目前多是存在於東南
亞，因而此種類型的客家博物館，也可算是東南亞客家博物館的特色
之一。

　　圖1為內部設有客家博物館座的會館建築，不同於傳統會館的社會福利功能，東南亞客家博物館的功能是一種聯結用的文化工具，透過文化展示來進行聯結，或是透過客家文化展演來協助在地社群之發展。

| 檳州客家公會會館 | 新加坡茶陽會館 |

圖1　內部設有客家博物館的客家會館的建築外觀
資料來源：本文作者拍攝。

　　圖2為印尼客家博物館，其設置目的乃專為博物館使用，不是作為會館的部分內容。印尼客家博物館是由民間客家社團設置的博物館展示，其存在的重要目的就是進行文化展示。此種以文化為主軸、由民間出資而加以申設的客家博物館，也讓印尼的客家族群成為印尼眾多的華人次族群之中，最有活動能量的一個華人次族群。

圖2　印尼客家博物館外觀
資料來源：本文作者拍攝。

三、東南亞客家博物館的客家意象

王嵩山（2012：23）認為，博物館的重要社會功能，就是能在今日日益市場化資本主義發展的社會情境中，讓人重新看見非商業化價值的重要性。博物館既可以是人類重要文化資產的守護者，也會突顯出強勢文化如何對弱勢文化進行剝削（王嵩山，2012：89），因此博物館乃是一種公民理念的守衛者。當代博物館的發展趨勢，也開始重視特定區域與群體的在地文化知識所具有的主動性角色（王嵩山，2015：101-2），基本上，客家博物館的出現，其背後體現出來的應該是一種落實多元文化精神的公民價值觀，鼓勵不同族群在建構與發現自身的文化價值的同時，也能夠對等評價他者文化的重要性。

（一）客家意象界定

本文將從「源流論」與「在地論」來討論東南亞客家博物館的展示意象：「源流論」的客家意象指的是與中國客家原鄉相關的文化討論內容，如「五次大遷徙」、「中原貴冑」、「土樓」以及原鄉傳統的客家人物、文化或飲食。「在地論」的客家意象則是指與東南亞在地客家族群特有的客家人物、文化或飲食。基本上，「源流論」涉及的是東南亞客家博物館受到中國原鄉客家文化的影響程度，而「在地論」則是涉及東南亞客家博物館的「自主性」程度，因此「在地論」的展示內容也就涉及東南亞客家博物館對於客家文化全球多樣性的可能貢獻。

（二）東南亞客家博物館的展示內容

　　隨著海外客家族群的在地化發展，東南亞在地的客家族群自然也會開展出自身特有的一些客家文化內容，如下，本文將先對東南亞客家博物館的客家相關展示物件進行大致上的羅列（表5），並從前述「源流論」與「在地論」的角度來討論東南亞客家博物館的「原鄉聯結」與「在地多樣性」。需先說明的是，「國家級」與「地方級」的客家博物館，展示內容的預設對象自然也會有所不同，如新加坡茶陽文物館的預設對話對象即是新加坡客家族群內部不同籍貫的客家族群，因為該館突顯的是「大埔客家人」對於新加坡社會的貢獻。

表5　東南亞客家博物館的展示物件

編號	成立時間	館舍名稱	客家意象相關展示物件
01	2002	茶陽文物館	1. 物件：李光耀專欄、茶陽回春醫社文物、李光耀祖居模型、李光耀相關書籍、李光耀家族族譜、茶陽會館收據簿冊、啟發學校紀念冊、茶陽回春醫社模型、茶陽會館刊物、獅頭、張弼士故居模型、客家土樓模型、驗光機、度數測試鏡片 2. 圖像內容：李光耀資政年表、啟發學校、茶陽會館各式活動、茶陽回春醫社、茶陽花園、啟發醫社與茶陽會館團體照、客家五次遷徙路線圖、大埔縣地圖、大埔風光、農村景觀、客家生活、客家文化、客家民居、家鄉建設、客家服飾、客家美食、客家文藝、客家習俗、傳統行業（中藥業、當店業、眼鏡業、白鐵業、服裝業） 3. 文字描述：茶陽會館簡史、茶陽回春醫社簡史

表5　東南亞客家博物館的展示物件（續）

編號	成立時間	館舍名稱	客家意象相關展示物件
02	2006	馬來西亞客家文物館	1. 物件：土樓模型、土樓外型展示廳、張弼士故居模型、圍屋模型、藍衫、磨藥機、切藥機、膠刀、膠杯、中文打字機粒盤、錫米袋、錫米刀、錫米桶、琉瑯盆 2. 圖像內容：各種土樓、孫中山、太平天國四天王、張弼士、客家遷徙路線圖、丹斯里王保尼、[4]羅芳伯、葉致英、葉觀盛、謝春生、張煜南 3. 文字描述：客家飲食、客家宗教、大伯公、客家組織、從太平天國到辛亥革命、客家人與政治參與、客家與華教參與、客家與現代經濟、現代客家組織、客家與城鎮開拓
03	2009	巴生客家文物館	1. 物件：土樓模型、客家母親塑像、膠刀、膠杯、木炭熨斗、頭燈、鐮刀、大光燈、擂茶盆、擂茶棒、雞蛋糕烤盤、銅製檳榔杯、金箔掛片、文房四寶、1945年打字機 2. 圖像內容：客家起源、六次大遷徙、炎黃二帝、炎帝陵及黃帝陵、客家土樓、客家圍龍屋、客家山歌及歌謠、歷屆會長、巴生歷史紀縮影、馬來西亞客家人物、客家飲食、歷屆青年團團長與婦女組主席、協會活動、巴生人的行業、第15屆世界客屬懇親大會、世界客家歷史人物、客家人節日慶典及信仰 3. 文字描述：客家飲食、文物館緣起、會史、巴生客籍人物簡介
04	2014	印尼客家博物館	1. 物件：中藥鋪器具、中藥材、熊德怡將軍軍服配件、皮箱、各種舊時衣箱、衣櫃、床櫃 2. 圖像內容：印尼客家博物館奠基與落成、客家土樓、賑災扶貧活動、客家六次大遷徙、客家人下南洋乘坐的紅頭船、圓形土樓、方形土樓、圍龍屋、五鳳樓、客家美食、宋湘對聯、黃遵憲書法、孫文書法、世界客屬第26屆懇親大會主席團會議合影 3. 文字描述：永定客家人的源流歷史、永定客家人文化習俗、客家土樓簡介、印尼永定客家菁英、永定客家名人、根在中原的客家民系、歷代客家人六次大遷徙、客家精神、客家教育、客家文化、客家婦女、印尼客家聯誼總會成員事蹟、客家事蹟、世界客都梅州

4　馬來西亞客家文物館另設有一個王保尼展示廳，突顯的是他對於檳城客家社團之貢獻。

表5　東南亞客家博物館的展示物件（續）

編號	成立時間	館舍名稱	客家意象相關展示物件
05	2015	閒真別墅	1. 物件：飯廳餐桌餐具、近打村礦業相關物品、礦工施工模型、錫製品相關物件、婦女燒飯模型、賭博相關器具、賭桌、聚賭人物模型、日本藝妓模型、鴉片相關器具、吸食鴉片人物模型、汽油相關商品 2. 圖像內容：梁碧如、礦場、客家菜、閒真別墅報導剪報、錫礦探勘施工、水力開礦施工、洗琉瑯、錫礦交易中心、客家礦家、百周年紀念合影、傳統汽車 3. 文字描述：閒真別墅簡史、四大罪惡（鴉片、賭博、賣淫、私會黨）、賭牌規則、亞洲的猶太人：客家人、客家的遷居、客家村莊、土樓
06	2016	馬來西亞河婆文物館	1. 物件：河婆獅、擂茶嬤塑像、擂茶鉢、擂茶棍、燒炭熨斗、炒菜鏟子、木製蒸架、木製鍋蓋、割膠器具、傳統服飾、百衲布、菜粄模型、釀豆腐模型、桃粄模、亞答屋 2. 圖像內容：河婆人口聚集點、河婆人拓荒壁畫（早期河婆人從事的傳統行業） 3. 文字描述：馬來西亞河婆基金會之成立、馬來西亞河婆文物館之緣起、各地同鄉會互助會與聯誼會簡史、河婆信仰：三山國王、河婆人的組織、河婆童謠、河婆山歌、河婆習俗、菜粄、釀豆腐、河婆獅
07	2016	柔佛河婆文物館	1. 物件：鐵熨斗、河婆獅、仿新村房舍、錫幣 2. 圖像內容：四驅萬里◆十次長征 3. 文字描述：河婆由來、姓氏堂號簡介、柔佛州河婆同鄉會史、華夏民族炎黃子孫之由來、古來歷史、客家文化（客家擂茶、客家釀豆腐）、錫礦與客家人、甘蜜與胡椒、南僑機工史略
08	約2020	古達客家歷史文物館	1. 物件：鍋碗、割膠用具、大光燈、開墾農具、風穀機、焗台、炊具、搖籃、床、梳妝台、織布機、傳統服飾、各式竹編提籃、涼帽 2. 圖像內容：插秧、牛耕、收割
09	2022	森美蘭客家文化博物館	1. 物件：方口獅、一比一仿文叮客家村板屋、仿客家圍龍屋、傳統家具、水井、灶台、傳統餐具、半月池、客家私房菜餐廳、客家服飾、臺灣客家花布衣與枕、木炭熨斗、圍龍屋打卡區 2. 圖像內容：催字、森州新村、森州客家會館、森州客家名人、硬頸精神、百家姓、客家婦女、森州客家廟、寧賣祖宗田、莫忘祖宗言、四頭四尾 3. 文字描述：文叮客家新村

資料來源：本文作者整理。

（三）馬來西亞的客家博物館

1.馬來西亞客家文物館

圖3　馬來西亞客家文物館的客家意象

資料來源：本文作者拍攝。

　　馬來西亞客家文物館雖然是由檳州客家公會管理，卻是由馬來西亞客家公會聯合會所設立，因此其客家文化展示的內容會涉及整個馬來西亞的客家族群，不會僅侷限在檳城的客家文化。其客家族群性的展示內容重點是客家土樓的部分以及馬來西亞客家人的在地貢獻與相關行業。

　　依據表5內容可知，馬來西亞客家文物館展示內容涉及「源流論」觀點的展示物件與圖像是：土樓模型、土樓外型展示廳、張弼士故居模型、圍屋模型，以及各種土樓、孫中山、太平天國四天王、客家遷徙路線圖等圖像，而「在地論」觀點的展示物件與圖像則是：磨藥機、切藥機、膠刀、膠杯、粒盤、錫米袋、錫米刀、錫米桶、琉瑯盆，以及張弼士、羅芳伯、丹斯里王保尼、葉致英、葉觀盛、謝春生、張煜南等圖像。有趣的是，該文物館也展示了臺灣六堆的客家藍衫，顯見臺灣的客家文化對其還是有所影響。

　　就展示內容文字描述的部分來說，雖然還是會有「源流論」的部分，如「從太平天國到辛亥革命」，不過，多數描述還是以客家族群的「在地論」為重點，如「大伯公、客家組織、客家人與政治參與、客家與華教參與、客家與現代經濟、現代客家組織、客家與城鎮開拓」等部分，論及的內容皆涉及馬來西亞客家族群的在地參與情況。總體來說，強調客家族群對於馬來西亞社會發展的諸種貢獻，可說是馬來西亞客家文物館的重點展示方向，而這也呼應這個以「國家級」來自我定位的描述方式。

2. 巴生客家文物館

　　土樓與客家母親像是巴生客家文物館的主要客家族群意象，而巴生客家會館的歷史與人物則是該館的主要展示內容。巴生客家文物館的鎮館之寶是客家母親像，該會館是從唐朝的黃巢事件來追溯與說明，透過客家婦女的勤儉、刻苦和堅韌等印象來予以說明。巴生客家公會的舊會館1樓另設有客家懷舊體驗館，供訪客進行懷舊體驗，由此可以看出該公會對於客家文化館舍之看重。

　　根據表5的描述可知，巴生客家文物館展示內容涉及「源流論」觀點的展示物件與圖像是：土樓模型、客家母親塑像，以及世界客家歷史人物、客家起源、六次大遷徙、炎黃二帝、炎帝陵及黃帝陵、客家土樓、客家圍龍屋、客家山歌等圖像，而「在地論」觀點的展示物件與圖像則是：膠刀、膠杯、頭燈、鐮刀、大光燈、擂茶盆、擂茶棒、銅製檳榔杯，以及歷屆會長、巴生歷史紀縮影、馬來西亞客家人物、客家飲食、歷屆青年團團長與婦女組主席、協會活動、巴生人的行業、第15屆世界客屬懇親大會等圖像。

　　文字描述的部分雖然有涉及「源流論」部分的客家飲食相關描述，

但主要還是以「在地論」的相關描述為主,如文物館緣起、會史、巴生
客籍人物簡介等部分的描述內容。綜觀巴生客家文物館的展示內容,雖
然說「中華五千年文化」會是該館給人的展示內容起始印象,不過,
「在地論」的展示還是該館主要想要展示的文化內容,突顯的還是當地
客家族群的在地化過程。

3. 閒真別墅

圖 4　閒真別墅的客家意象

資料來源:本文作者拍攝。

　　閒真別墅的客家意象,雖然也論及「五次大遷徙」與「亞洲猶太
人」的文化意象,其主要展示部分則是客家礦主的產業與休閒。不同於
一般客家博物館的展示內容,閒真別墅的客家文化意象也展示了私會
黨、賭博與鴉片等相關內容,如實地呈現在地客家族群的真實圖像。
　　閒真別墅展示內容涉及「源流論」觀點的展示物件與圖像是客家菜

的圖像，而「在地論」觀點的展示物件與圖像則是：近打村礦業相關物品、礦工施工模型、錫製品相關物件、賭博相關器具、賭桌、聚賭人物模型、鴉片相關器具、吸食鴉片人物模型，以及梁碧如、礦場、閒真別墅報導剪報、錫礦探勘施工、水力開礦施工、洗琉瑯、錫礦交易中心、客家礦家、百周年紀念合影等圖像。閒真別墅的展示物件與圖像幾乎都是在地的文化物件，主題是在地的礦業與礦場相關人物，可說就是「在地論」客家博物館的重要代表。

　　文字描述的部分涉及「源流論」的部分是：亞洲的猶太人——客家人、客家的遷居、客家村莊、土樓，而「在地論」的部分則是：閒真別墅簡史、四大罪惡（鴉片、賭博、賣淫、私會黨）、賭牌規則。閒真別墅對於「鴉片、賭博、賣淫」的相關展示十分真實，與一般客家博物館重視「崇文重教」與「晴耕雨讀」的展示概念十分不同。

4. 馬來西亞河婆文物館

　　馬來西亞河婆文物館是一個展示該國河婆文化意象的民間文物館，其客家族群意象主要是展示擂茶河婆婦女像與河婆方口獅，以及河婆人的在地分布與亞答屋。擂茶作為一種客家族群意象，與東南亞的河婆客家人的大力推廣有關。如同客家土樓是一種現代建構出來的客家族群性，擂茶的情況也是如此。

　　馬來西亞河婆文物館展示內容涉及「源流論」觀點的展示物件與圖像是菜粄模型、釀豆腐模型、桃粄模等物件，而「在地論」觀點的展示物件與圖像則是：河婆獅、擂茶嬤塑像、

圖5　馬來西亞河婆文物館的擂茶嬤塑像
資料來源：邱昱寧拍攝。

擂茶鉢、擂茶棍、木製蒸架、割膠器具、亞答屋，以及河婆人口聚集點、河婆人拓荒壁畫等圖像。馬來西亞河婆文物館的展示物件對於客家飲食的部分頗為重視，特別是對於客家擂茶的展示部分，基本上，擂茶已經成為馬來西亞河婆客家文化的主要內容之一。

　　文字描述的部分涉及「源流論」的部分是：河婆童謠、河婆山歌、河婆習俗、菜粄、釀豆腐、河婆信仰，而「在地論」的部分則是：馬來西亞河婆基金會之成立、馬來西亞河婆文物館之緣起、各地同鄉會互助會與聯誼會簡史、河婆人的組織、河婆獅。值得一提的是，馬來西亞河婆文物館也進行河婆童謠與河婆山歌的推廣工作，讓博物館文化傳承的教育功能有機會體現出來，而這也是該館的特殊之處之一。馬來西亞河婆文物館突顯馬來西亞總體文化特色的作法，是一種「國家層級」的表述方式。

5. 柔佛河婆文物館

　　柔佛河婆文物館的客家族群意象，主要是以百家姓、炎黃子孫與方口獅，以及錫礦與古來在地歷史為主要指涉對象，於其中，錫幣與南僑機工事件的相關展示，讓該館的展示具有特殊性。河婆文物館的展示內容，客家文化內容處處可見，在名稱上卻沒有客家兩字，意味著河婆兩字的優位性應該是排在客家兩字的前面。

　　柔佛河婆文物館展示內容涉及「在地論」觀點的展示物件與圖像是河婆獅、仿新村房舍、錫幣等物件。文字描述的部分涉及「源流

圖 6　柔佛河婆文物館的河婆獅意象
資料來源：徐國峰拍攝。

論」的部分是：河婆由來、姓氏堂號簡介、華夏民族炎黃子孫之由來、客家文化，而「在地論」的部分則是：柔佛州河婆同鄉會史、古來歷史、錫礦與客家人、甘蜜與胡椒、南僑機工史略。對於錫幣、「四驅萬里◆十次長征」與南僑機工史略的特別展示，也是柔佛河婆文物館的特色展示部分，而「四驅萬里◆十次長征」的揭西原鄉尋根圖像，特別是該館的所屬社團頗具特色的尋根返鄉活動。

6. 古達客家歷史文物館

雖然說馬來西亞沙巴州的華人是以客家人為多數，該州古達省的古達客家歷史文物館是該州第一個以客家為名的客家博物館，而該州還有許多不以博物館為名，卻仍進行客家文化展示的空間。在筆者的調查中，這是東馬來西亞唯一的客家博物館，對東馬來說具有刺激客家博物館發展的重要性，而其相關的客家文物展演基本上都還是傳統客家族群性的客家文化展示。

古達客家歷史文物館展示內容涉及「在地論」觀點的展示物件與圖像是割膠用具、大光燈、開墾農具、風穀機、搖籃、傳統服飾、各式竹編提籃、涼帽，以及插秧、牛耕、收割的圖像內容。該館並無文字描述的部分，展示的內容可能都是古達在地人提供的傳統生活物件與圖像。基本上，這是一個以蒐集在地人提供的生活物件集結而成的博物館，反映的是在地人的客家文化觀。

圖7　古達客家歷史文物館的客家服飾與生活用具

資料來源：張德來提供。

7. 森美蘭客家文化博物館

圖 8　森美蘭客家文化博物館的客家意象

資料來源：徐國峰拍攝。

　　森美蘭客家文化博物館目前是馬來西亞客家文化協會唯一的客家博物館，森美蘭客家文化博物館是極有個人特色的客家博物館，孔菊華館長以「沒有正宗，只有傳承！」來說明該館的策展方式，例如該館對於廣東圍龍屋的創意性再現，清楚展現出客家族群性的多樣化在地發展歷程。

　　森美蘭客家文化博物館展示內容涉及「源流論」觀點的展示物件與圖像是半月池、仿客家圍龍屋，以及偓字、百家姓、客家婦女、四頭四尾等圖像，而「在地論」觀點的展示物件與圖像則是：方口獅、一比一仿文叮客家村板屋，以及森州新村、森州客家會館、森州客家名人、森州客家廟等圖像。有趣的是，由於該館與臺灣客家界互動頻繁，因此也會展示臺灣的客家文化物件與圖像，例如說臺灣客家花布衣與枕，以及硬頸精神、寧賣祖宗田、莫忘祖宗言等文字圖像。該館有少數的文字描述部分，如文叮客家新村的描述，基本上是一個以文化物件與圖像作為展示重點的客家博物館，而該館館長僅憑一人之力來完成客家博物館之

作法，讓這個博物館因為充滿個人熱情而常常成為關注的焦點。

（四）印尼客家博物館

圖9　印尼客家博物館的客家意象
資料來源：本文作者拍攝。

印尼客家博物館是東南亞第一個以「博物館」而非「文物館」來冠名的客家博物館，其客家族群的主要入口意象是百家姓、偓、土樓與五次大遷徙等客家意象，並以在地客家人的經歷為主要展示意象。於其中，熊德怡將軍是其中的主要代表人物，他也是重要華人社團百家姓協會的奠基者。需先指明的是，印尼客家博物館的展示主軸是「華族」而非「客家」，而如下分析則是聚焦於該館客家文化展廳之部分。

印尼客家博物館展示內容涉及「源流論」觀點的展示物件與圖像是：客家土樓、客家六次大遷徙、客家人下南洋乘坐的紅頭船、圓形土樓、方形土樓、圍龍屋、五鳳樓、客家美食、宋湘對聯、黃遵憲書法、

孫文書法等圖像，而「在地論」觀點的展示物件與圖像則是：中藥鋪器具、中藥材、熊德怡將軍軍服配件，以及印尼客家博物館奠基與落成、賑災扶貧活動、世界客屬第 26 屆懇親大會主席團會議合影等圖像。

　　文字描述涉及「源流論」的部分是：永定客家人的源流歷史、永定客家人文化習俗、客家土樓簡介、印尼永定客家菁英、永定客家名人、根在中原的客家民系、歷代客家人六次大遷徙、客家精神、客家教育、客家文化、客家婦女，而涉及「在地論」的部分則是印尼客家聯誼總會成員事蹟。印尼客家博物館有大量展示印尼客屬聯誼總會成員的圖像與事蹟，而這也是該館的特色展示之一。

（五）新加坡茶陽文物館

圖 10　新加坡茶陽文物館的客家意象

資料來源：本文作者拍攝。

　　新加坡茶陽文物館是東南亞第一座客家博物館，也是新加坡唯一一個客家博物館。其客家族群意象涉及土樓、客家民居與習俗，以及李光

耀資政的生平事蹟、啟發學校與回春醫社等由該會館創設的單位介紹為主。與河婆文物館的狀況相同，茶陽文物館也沒有冠上「客家」兩字，而其客家文化部分的相關展示則處處可見。

新加坡茶陽文物館展示內容涉及「源流論」觀點的展示物件與圖像是：張弼士故居模型、客家土樓模型，以及客家五次遷徙路線圖、客家生活、客家文化、客家民居、客家服飾、客家美食、客家文藝、客家習俗等圖像，而「在地論」觀點的展示物件與圖像則是：李光耀專欄、茶陽回春醫社文物、李光耀祖居模型、李光耀相關書籍、李光耀家族族譜、茶陽會館收據簿冊、啟發學校紀念冊、茶陽回春醫社模型、茶陽會館刊物、獅頭、驗光機、度數測試鏡片，以及李光耀資政年表、啟發學校、茶陽會館各式活動、茶陽回春醫社、茶陽花園、啟發醫社與茶陽會館團體照、傳統行業（中藥業、當店業、眼鏡業、白鐵業、服裝業）等圖像。

新加坡茶陽文物館的文字描述多是涉及「在地論」的描述，如茶陽會館簡史、茶陽回春醫社簡史等描述。茶陽文物館是東南亞第一個客家博物館，也是新加坡唯一一座客家博物館，這個博物館是以「李光耀事蹟」與「大埔文化」作為展示之重點，而這也是該館的主要特色。

四、結語：東南亞客家博物館的切入視角與發展趨勢

東南亞的客家博物館大致上是分布在新加坡、印尼與馬來西亞等三個國家。這三個國家也是重要客家社團所在國：印尼與馬來西亞是東南亞客家人口數最多的國家，而新加坡則是東南亞華人社會的重要樞紐（蕭新煌，2020：254）。我們在討論東南亞客家博物館的相關展示內容

之時，需先討論這些客家博物館的層級自我定位，因為不同層級會預設不同的討論對象：國家級的客家博物館的展示內容會涉及公民權的實質討論，如印尼客家博物館就會討論華族的實質國家參與狀況，其對話對象則會是印尼國內的「重要他者」族群；相形之下，新加坡茶陽文物館的對象則是該國客家族群內部不同籍貫的其他客家族群。如今，新加坡茶陽會館未來即將搬遷新館舍，茶陽文物館也會有新的樣貌出現，修建中的新山客家會館也預計會有客家文物的展廳出現，而西加里曼丹也會有新的客家圓樓文化展示廳出現，這些在在都指出了客家博物館在東南亞的發展趨勢，似乎也指出了東南亞客家文化的發展動能。

　　最後，本文的理論依據是援引蕭新煌（2018）觀察臺灣社會客家研究的發展趨勢之後的理論觀點（「源流論」與「在地論」），而這種論點亦可用來論述東南亞客家博物館的發展狀況。大致上來說，東南亞的客家博物館都還是會論及與中國客家原鄉的關聯性（「源流論」），不過，這些客家博物館討論在地客家特有文化的比例還是較高（「在地論」），因此客家文化的多樣性還是可以在這些客家博物館的展示之中出現，因而「在地論」應該會是東南亞客家博物館的未來發展趨勢。另值得一提的是，「藍衫」、「花布」、「硬頸精神牌匾」……等臺灣特有的客家文化物件也開始在東南亞的客家博物館出現，由此也可以看見臺灣客家文化的影響力正在增加。

參考文獻

Reid, Anthony 著，林瑞譯，2023，《帝國煉金術：東南亞的民族主義與政治認同》。臺北：八旗文化。

Weil, Stephen E. 著，張譽騰譯，2015，《博物館重要的事》。臺北：五觀藝術。

王甫昌，2003，《當代臺灣社會的族群想像》。臺北：群學。

王嵩山，2012，《博物館蒐藏學：探索物、秩序與意義的新思惟》。臺北：原點。

_____，2015，《博物館、思想與社會行動》。臺北：遠足文化。

_____，2018，〈再思臺灣客家博物館體系〉。收錄於張維安、何金樑、河合洋尚主編，《博物館與客家研究》，頁 41-64。苗栗：桂冠。

吳小保，2019，〈文化反抗與國家文化：馬來西亞華社民辦文物館構想的形成〉。《馬來西亞人文與社會科學學報》8（2）：1-16。

林開忠等，2020，〈東南亞客家社團組織網絡分析〉。收錄於蕭新煌、張翰璧、張維安主編，《東南亞客家社團組織的網絡》，頁 105-248。桃園：國立中央大學出版中心／臺北：遠流出版公司。

河合洋尚，2018，〈淺談全球客家研究與客家文化展覽〉。收錄於張維安、何金樑、河合洋尚主編，《博物館與客家研究》，頁 95-118。苗栗：桂冠。

張維安，2020，〈百年來客家族群網絡組織的發展與變遷〉。收錄於蕭新煌、張翰璧、張維安主編，《東南亞客家社團組織的網絡》，頁 51-74。桃園：國立中央大學出版中心／臺北：遠流出版公司。

張維安、郭瑞坤，2010，〈族群論述與邊界之作：臺灣「客家文明」博物館的討論〉。收錄於王嵩山主編，《博物館蒐藏的文化與科學》，

頁 129-141。臺北：國立臺灣博物館。

張翰璧、張陳基，2020，〈老華客與新臺客社團組織族群化比較〉。收錄於蕭新煌、張翰璧、張維安主編，《東南亞客家社團組織的網絡》，頁 75-104。桃園：國立中央大學出版中心／臺北：遠流出版公司。

陳亞才，2010，〈就地取材，苦心經營——馬來西亞華人民間文物館的綜合觀察〉。收錄於安煥然、何朝東主編，《老東西也能跳舞：文物館經營管理研討會文集》，頁 65-78。新山：南方大學學院。

黃信洋，2018，〈客家博物館與全球客家族群網絡的擴張與拓展〉，收錄於張維安、何金樑、河合洋尚主編，《博物館與客家研究》，頁 139-162。苗栗：桂冠。

蕭新煌，2017，〈臺灣與東南亞客家認同的延續、斷裂、重組與創新〉。收錄於《臺灣與東南亞客家認同的比較：延續、斷裂、重組與創新》，頁 13-40。桃園：國立中央大學出版中心／臺北：遠流出版公司。

_____，2018，〈臺灣客家研究的典範移轉〉。《全球客家研究》10：1-26。

_____，2020，〈東南亞客家社團研究的新趨勢〉。收錄於蕭新煌、張翰璧、張維安主編，《東南亞客家社團組織的網絡》，頁 17-36。桃園：國立中央大學出版中心／臺北：遠流出版公司。

蕭新煌、張翰璧、張維安，2020，《東南亞客家社團組織的網絡》。桃園：國立中央大學出版中心／臺北：遠流出版公司。

蕭新煌等，2020，〈東南亞客家社團區域化的新方向〉。收錄於蕭新煌、張翰璧、張維安主編，《東南亞客家社團組織的網絡》，頁 249-268。桃園：國立中央大學出版中心／臺北：遠流出版公司。

顏清湟，2010，《海外華人的傳統文化與現代化》。新加坡：八方文化企業。

第七章

新生代的民藝傳承與客家認同：
砂拉越石隆門客家獅隊研究

陳琮淵

一、客家獅躍砂拉越：承載文化認同的客家民藝

砂拉越（Sarawak）位於婆羅洲北部，物產豐饒、各族和睦。據千禧年的統計，全砂客家人達 16 萬，集中在古晉（Kuching）與美里（Miri）等地（田英成，2005；楊曜遠編著，2013b、2014）。砂拉越客家多數源於河婆（Hepo）、新安（Xin An）、大埔（Tai Poo）及惠東安（Fui Tung Onn），曾是當地最大的華人方言群，在各領域貢獻卓越，其移民脈絡（劉伯奎，1988、1990；房漢佳，1998；田英成，2004；張茹嬌主編，2017：263-354）、社群發展（龔宜君，2004；陳琮淵，2006；田英成，2006；楊曜遠編著，2013a；Yong, 2013）、民俗文化（羅烈師，2018；張菁蓉，2022）、跨族通婚（蔡靜芬，2013；林開忠，2016）等議題備受學者關注。然而關於「客家獅」傳承及新生代客家認同的研究卻不多見（參考吳益婷、蔡曉玲，2017），關注度甚至遠不如西馬高椿舞獅（陳玉雯，2015；蔡立強，2019；張智、馬慶、譚璞璟，2020）及沙巴舞麒麟（劉瑞超，2021〔第六章〕）。

　　客家獅因發源及外型而有「河婆獅」、「青獅」、「金獅」、「扁頭獅」等別名；客家獅陣剛猛凌厲，源於保護武館或爭搶地盤所需，並因此得名「鬥牛獅」或「牛頭獅」。客家獅過去被歸為南獅，惟獅頭握法有別，又兼容北獅特點而自成一格。客家獅青臉白眉（三山眉）、頭頂太極八卦、面嵌王字、盒型獅嘴識別度極高，面部紋飾常見葫蘆、芭蕉扇、笛子、籃子等八仙法器。完整的「打獅」包括舞獅與武術，閩西是先舞獅後武術；砂拉越與梅縣和臺灣相同，先武術後舞獅。客家獅流傳到港澳、臺灣、東南亞等海外華人社會後，隨著各地不同的政治社會背景及族群結構，無論在造型、程序、舞步及生源等方面，時常出現同中見異的變化。在馬來西亞，友族土著參與華人舞獅既是吸睛亮點，更象徵著各族群和諧共處。

　　本章將客家獅視為砂拉越乃至於大馬客家的文化象徵，除了其有別於南獅、北獅及麒麟的外觀及特點（後詳），更將之看作承載客家認同的傳統民俗[1]技藝。在西馬，客家獅由河婆人張志海引入，最初在柔佛江加浦來（Kangkar Pulai），隨後發展至居鑾（Kluang）、淡邊（Tampin）、金馬士（Gema）及昔加末（Segamat）等地。客家獅的發展與復振，少不了客屬公會及宗親會的角色。馬來西亞華社商號開張或新屋入宅時，十分喜歡邀請客家獅，除了活躍氣氛，更是因為人們相信其可驅邪鎮宅；客家獅程序嚴謹且有從不後退一說，進門拜獅後必須一路表演直穿後門，否則就得跳窗而出，頗引為趣（陳春福，1993）。

1　林承緯（2018：17）認為，對大眾而言民俗就是生活文化的本體，包括風俗習慣、傳說民謠、生活器物等自古傳承於民間社會等民俗世相，乃是具有傳承性的生活文化傳統。Alan Dundes（2018：9）則提醒民俗研究者應避免「蝴蝶（標本）收集」（butterfly collecting），即只重視民俗事物本身主題呈現，而忽略其背景環境的影響，以及民俗曾經／正在發生的事實。

　　二戰後的馬來（西）亞，舞獅被看作附屬於神廟慶典的民俗活動，
既能招財接利、又能驅煞辟邪，[2] 常用於籌款活動或出現在開幕、新宅等
場合，是相當常見的華人民藝。[3] 對於客家獅隊的作用與貢獻，《河婆之
聲》作了很好的介紹：

　　「河婆瑞獅隊」……為鄉會所設下的教育基金籌募了可觀的經費，
　　這是其對鄉會的極大貢獻。其二，自創立至今，每當華人新年期
　　間，獅隊在有關人員的帶領下，都向同鄉們及友好賀歲而籌得紅
　　儀；其三，為同鄉子弟提供健康的有益於身心體育活動與聯絡年輕
　　人之間的感情。此外，也為本鄉會所舉辦的各項慶宴迎賓及呈獻獅
　　藝娛眾。平時受聘參與地區上其他社團的迎賓和酬神出遊活動，均
　　深獲好評（鄧光輝，1992：24）。

　　在砂拉越，客家獅的源流尚未見到較為完整明確的史料記載。倫樂
和順金獅隊黃楚海師傅向筆者透露，歷史上，古晉與美里的客家獅關係
密切，例如他的父親鄧光城傳承來自中國揭西河婆南山寨的南枝師，先
是在美里傳授獅藝，後隨著他到古晉發展而傳承至倫樂和順金獅隊；[4]

2　傳統的客家獅除煞流程是拜獅後鑼鼓先進、青獅依序打遍屋內各個角落；
　　出則由青獅先出，鑼鼓跟隨，象徵將不潔之物驅出屋外（2024 年 2 月 3 日
　　砂拉越倫樂和順龍獅體育會師傅黃楚海訪談記錄）。
3　例如吻龍客家人士籌建福德公廟時，先在當地「乘華人農曆新年的大年初
　　一、二、三天，沿家逐戶，向華社園戶，以舞獅拜年方式，收取紅儀，作
　　為建廟基金，大家都樂意支持。」（楊坤生，1989：82）。
4　黃師傅家族因遷徙及婚配因素而擁有黃鄧兩個姓（2024 年 2 月 4 日砂拉越
　　倫樂和順龍獅體育會師傅黃楚海訪談記錄）。

而古晉、美里也是河婆客家人在砂拉越的主要聚居地。就目前查閱到的資料，砂州可考最早的客家獅隊至少可追溯到 1940 年代（余求福，2005：338-347）。1949 年美里中山學校成立「河婆青獅團」，在農曆新年期間向學校周邊村鎮及美里市區，乃至於汶萊（Brunei）的馬來奕（Belait）、詩里亞（Seria）等地河婆鄉親籌募辦學經費，而美里多間由客家人創辦的中小學在新年期間挨家挨戶舞獅籌款的傳統也一直延續至今（不著撰人，2024）。

〈客家河婆青獅─獅中之王〉一文強調砂拉越客家獅的河婆源流，及其與客家社團及學校的密切關係，文中明確指出：

> 談及客家河婆人青獅，不可避免地要論及廉律中山學校、廉律中學、客家公會及河婆同鄉會。因為這些學校和社團的創辦與客家人密切相關，並且他們的發展與青獅是不可分割的。由於歷史因素，這些機構或組織的客家創辦人、領導人，當時從中國祖籍地河婆鎮引進民間傳說吉祥產物青獅，進行舞獅活動以籌募款項作為各種建設經費之用，所以青獅在南洋得以發揚與流傳。……青獅團的舞獅藝術和拳術都是從唐山到廉律開荒墾殖的河婆人包括中山學校董事傳授而來，用具則是以本地材料仿製而成，河婆客家人的舞獅文化在南洋第二故鄉已撒下種子、萌芽、開花結果（張勝煦，2006：255）。

客家獅因河婆人在種植及商業領域的成功，1970 年代以前曾興盛一時，後轉趨平淡而消失在公眾視野。目前我們仍可在農曆新年、廟會慶典、商業活動等場合看到客家獅，須歸功於一些學校、團體及老師傅的堅持，使這項民俗技藝不至於失傳（紫丰，2018a；莊可麗，2023）。

　　客家獅蘊含著客家人「崇文講武」的精神（李文鴻等，2021：93）。在華南及大馬的客家帶地區，客家人以外來者、後進者的身分冒險墾拓，與當地原住民、其他方言群政商勢力爭奪資源，產生複雜的競合關係。進一步地說，客家獅出隊時擊鼓鳴鑼、威風凜凜，鎮懾四方，可視為客家人精神及體魄的自我武裝；武勇自衛之外，客家獅亦重視儀式秩序及團隊協作。在砂拉越，客家人積極參與政治，無論在朝在野皆敢於發聲爭取人民權益，當中以參與左翼運動聞名的有黃紀作、黃紀曉、黃紀鄰兄弟，曾出任聯邦或砂州部長的則有楊國斯、陳華貴、葉金來與張健仁等人，當可視為客家自立求存意識的文化轉化。

　　另一方面，客家獅極為講究禮節，一到出獅目的地，必先敲鑼打鼓，廣而告之。一般而言，師傅或教練先會率隊拜謁，確認當地有「出獅」後，才入室行禮開始表演，除穢驅邪，以保平安吉祥、升官發財。客家獅重視禮儀秩序，敢於鬥爭卻也追求地方和諧，反映了客家既尚武又崇文；融合武術舞樂與民俗信仰的表演，更承載了客家人對美好生活、未來發展的想望。

　　作為大馬獅藝的組成部分，客家獅有其獨到之處，也共同凸顯了弱裔群體對文化壓迫的反抗。華族與各族文化互相滲透，抵禦國家機器單元主義強制同化作為的過程中，淬煉出有別於過往尋根返祖式「中原客家論述」的新時代客家精神。

　　馬來西亞獅藝僅陳玉雯（2015）的討論較為完整，砂拉越古晉客家獅亦只得一篇學士論文（黃欣隆，2023），多數文獻是從體育或節慶切入的臺灣、中國個案研究（張光亮，2009；黃旭賢、李勝雄，2013；徐瑞鴻、蔡宗信，2015；黃枝興，2016；李文鴻等，2021）或碩士論文（楊惠如，2009；李文欽，2013；陳秀莉，2015；鄭燕玲，2018）。有鑑於探討大馬客家獅與族群認同議題的論文十分罕見，本章在說明研究問

題與背景後依次介紹石隆門客家社會、馬來西亞獅藝發展，再進行吉祥如意客家獅隊（Bau Ji Xiang Ru Yi Hakka Lion Dance，或稱客家龍獅團）的個案分析獲致結論。

我將指出，立足於多元種族的馬來西亞社會，在嘗試取得更廣泛認可的過程中，客家獅的存續與推廣，既要面對「邊緣中的邊緣」的弱裔文化傳承困境，也展現了「你中有我，我中有你」的包容、創意與變通。在砂拉越石隆門，客家獅所體現的族群交融與文化創新，象徵了年輕一代客家人已擺脫了血統論及尋根想像的認同框限，在自覺追尋、傳承客家民藝的同時，所展現的文化自信及韌性，開闊了我們對當代客家認同及新族群性（new ethnicity）[5]的理解與掌握。

馬來西亞獅藝的興盛發揚與華社強調團結凝聚、重視自身文化以應對偏差的族群政策有關。隨著管制鬆綁及友族參與漸增，1980年代末舞獅成為國際矚目的特色民藝及競技運動，更被視為大馬多元族群文化的象徵。然而千禧年以後，本就小眾的客家獅雖有其區隔於南獅、北獅及麒麟的特色（表1），卻也因老成凋零、外型不討喜而出現傳承危機。可喜的是，2014年一班石隆門青年以傳承獅藝、發揚客家文化為宗旨，成立「吉祥如意客家獅隊」，除配合客家社團宣揚傳承客家文化，更善於利用社群媒體吸引年輕人，將其理念傳播至全馬各地。

5　如本書導論所言，新族群性乃是族群性發展的新趨勢，特點在於自覺追尋與建構族群認同。此一看法可以追溯到 Michael Novak（1996: 346-47）對移民後代新族群性的討論。新族群性跳脫綁定在語言、群聚、結社、文化圈等原生性族裔框架，嘗試打破我族中心。在公民權利與社會正義的理念下，以更自信自覺的方式呈現自我認同。

表 1　南獅、北獅、麒麟與客家獅

	南獅	北獅
起源傳說	脫胎自唐代宮廷獅子舞，後隨中原移民傳入嶺南。明代起，醒獅在廣東出現，起源於南海。 **表演中必有採青的環節。此外，南獅也將武術融入舞獅表演，又稱醒獅。據信皆與反清復明有關。**	**北魏武帝遠征甘肅河西，俘虜大量胡人，令獻舞娛樂。後者以木雕獸頭，兩大五小，披獸衣，集八音樂。武帝賜名「北魏瑞獅」，恩准俘虜回國，獅子舞也流傳開來，以安徽青獅、河北保定雙獅為代表。**
獨特之處	刻畫獅子溫順的神態	表現獅子的勇猛
外觀製作	**獅頭借鑑戲曲臉譜、色彩豔麗，碩大、凸額、鈎角，造型威武勇猛且只有雄獅，可由獅頭的外觀判斷出是何種派別。**身形斑駁有花紋，外殼以竹篾結構，紗紙粘貼裱祿，薄綢作裡，圖案五彩繽紛，有的前額裝上鏡子，眼睛安上玻璃球；獅身披紅、黃、黑、白、綠等顏色錦緞。	獅頭毛多而長，多彩用金黃色。 獅毛色調亦分雌雄，黃色為雌、藍色為雄，獅身則採用黃色長絨毛縫製。 **外形全身由獅毛遮蓋，舞獅者只露出雙腳，下身穿著和獅毛同色的褲子和花靴。**
表演技藝	**由三人組成：一人舞獅頭，一人舞獅尾，一人扮大頭佛。大頭佛頭戴假面具，手執大葵扇，指揮獅子起舞，引人發笑。** 南獅隨著鑼鼓、鈸聲的快、慢、輕、重、有節奏地翹首仰視，回頭低顧，匐伏地上，搖頭擺尾，有舐毛、擦腳、搔頭、洗耳、朝拜、翻滾、上樓台，過天橋、跟三山、出洞、下山、滾球、吐球和採青等演出環節，舞動時注重功架、馬步。 **清朝時舞獅與戲班結合後，發展出「獅劇」，以獅子為主角，演繹《西遊記》、《白蛇傳》等中國民間傳說。**	**由兩人合作扮一頭大獅（太獅）一人扮作一頭小獅（少獅）；另一人扮作武士，手持繡球、開拳踢打，以引誘獅子起舞。** **北獅通常成對出現，可以是雌雄或兩頭雄獅，或是兩頭大獅子帶一對小獅子一同玩樂。** 北獅有跌撲、翻滾、跳躍、搔癢、抓耳、踩大圓球過跳板，上樓台等技巧動作；動作配以京鼓、京鈸、京鑼、樂聲抑揚，生動活潑。 須裹在密不透風的獅身內一氣呵成地完成系列動作，表現出獅子活潑的模樣，對表演者要求很高。
流行地域	中國華南、香港、臺灣、東南亞	中國長江以北

表1 南獅、北獅、麒麟與客家獅（續）

	麒麟	客家獅
起源傳說	**源於中原黃河流域，明清時期較可考，據信與客家大遷徙有關。** 早年有「富貴麒麟乞食獅」的說法，舞獅隨處舞，但麒麟是要花錢請的。 可開煞，如無煞可開，表演者會遭殃。**麒麟只能前進不能後退，也不採青。**	**客家獅又名河婆獅、金獅、青獅、扁頭獅，又因絕不後退，也有鬥牛獅、牛頭獅之稱。** 二戰後於南馬柔佛州江加蒲萊一帶流傳，由河婆人張志海帶動。後傳張富文及張登，後流傳至居鑾、淡邊、金馬士及昔加末客屬公會；另盛行於砂拉越河婆地帶。
獨特之處	客家麒麟不外傳非客家人	客家獅有鎮煞功能
外觀製作	製作麒麟重要的材料是支撐整頭麒麟的竹篾，又以材質堅韌的楠篾最佳。舞動時回彈力特佳、手感好外，更能讓麒麟產生一種生動活潑的表現力。 **麒麟分為瑞麟和麒麟，有雌雄之分**，相較之下，麒麟的製作及舞法更嚴格遵循傳統。	**獅頭以木造呈方盒狀，嘴巴可自由開合，因嘴型如盒，又稱「盒仔獅」。** **客家獅青臉白眉，正頭頂天門嵌著有太極圖驅邪鎮煞，獅面鼻樑上端嵌有王字，相傳由帝王封賜獅王。** **客家獅頭面以青色作為根基，臉上會出現八仙專用的法器，如葫蘆、芭蕉扇、笛子、籃子等**，而客家獅獅頭重、獅背長。
表演技藝	**多為客家人舞，生源不廣，一段時間幾近失傳。舞麒麟時要拜神祭祀，程序完整，十分傳統，多於神誕上可見。** 舞麒麟對於表演者的功架要求高。一般認為麒麟的步法較柔，同時是以腳尖步行的，這些技術不易學習，而且也不一定能舞得傳神。對舞獅活動感興趣的年輕人一般性格上較為好動，傾向大手大腳的激烈動作，以更好地發揮個人才華。然而麒麟並沒有採青項目，更加考驗舞姿和技術，青年人不易掌握許多難度高的步法，舞起來往往美感不足了。 **麒麟少見也因為缺少教練傳習。**	**獅頭握法不同於南獅，隊員右手高舉橫托獅頭，左手舞動下巴，舞動較耗氣力。** 早年在馬來西亞並不多見，主要是用以保護武館或搶地盤博擊，隊員必須經過一定的武術訓練，才能隨時應付打鬥。 **融合了南北獅風格且獨具特色，無論獅頭及步伐都容許添加創意，有黃獅和青獅之分，表演形式上則有舞單獅和雙獅。** 在梅州和臺灣是先表演武術引人注目，再表演舞獅，閩西則先表演舞獅後表演武術，但都要入室拜獅，為村民驅除汙穢。 客家獅十分講究禮節、架勢威風凜凜。到目的地後，師傅會先瞭解此村有無「出獅」，有則拜謁，無則敲鑼打鼓周知村眾。
流行地域	隨客家遷徙不斷向南、向外傳播	中國廣東河婆向海外客家區域流傳

資料來源：匯整自潘永華（1992）、陳春福（1993）、不著撰人（1993）、梨水清（1996）、紫丰（2018a）、葉洢穎（2020）、莊可麗（2023）及網路資料。

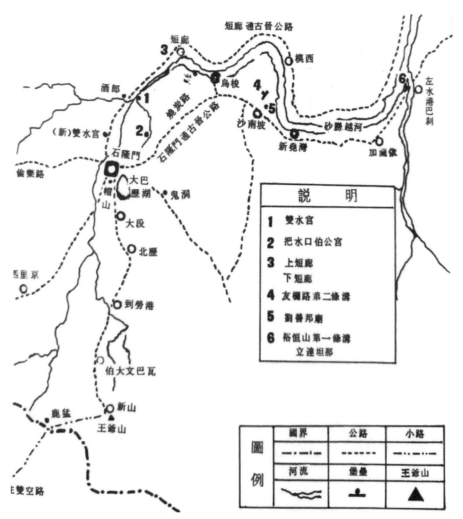

圖1　石隆門及周邊鄉鎮

資料來源：劉伯奎，1990：122。

二、百年石隆門：客家社區褪去舊貌展新顏

　　石隆門（Bau）[6]是砂拉越最歷史悠久的客家市鎮之一（圖1），除了石隆門鎮外，石隆門縣尚包括單頭榴槤（Tanjung Durian）、新堯灣（Siniawan）、武梭（Buso）、燕窩山（Jambusan）、到羅港（Krokong）、短廊（Tondong）、大段（Taiton）、加蘭依（Keranji）和砂南坡（Paku）（羅麗霞，2004）。當地以盛產金礦、胡椒、橡膠聞名，客家人與比達友等土著族群合諧共處、通婚普遍。19世紀初，坤甸（Pontianak）、山口洋（Singkawang）客家人陸續來此墾拓，建立三條溝公司、十二公司開採銻礦與金礦。1857年華工起義之前，石隆門店屋、賭館、妓院、煙館林立，是一個連古晉都要相形遜色的「小金山」（小林，1960）；附近的帽山（Mau San）、大段等也極為繁榮（楊曜遠，2013：61）。

　　金礦是吸引客家人遠來石隆門發展的主因及基礎。19世紀下半到20世紀初期，英國慕娘公司挾其雄厚資本及先進技術，執全砂金礦產業之牛耳，更是石隆門土地及經濟開發主力。[7]直到1921年慕娘公司停止採礦活動後，「砂勝越金礦」等二、三十家小規模華人金礦才再度興盛，帶動當地繁榮。1940年代，石隆門的商號一度高達數十間，可謂

6　Bau有惡臭之意，傳說1857年華工起義失敗後在此遇害，腐屍氣彌漫而得名。然而早在1846年，英國地質學家伊拉姆・威廉斯繪製的地質調查圖已清楚標示此地為Bow，其英文發音與Bau近似，意為弓箭或彎曲。又砂勝越河風洞以上河彎似弓，此說或更為可信。至於Bau的華文何以寫作石隆門，朱洪聲則主張，客家話「洞」叫做「窿」，石隆門很可能就是石窿門，因窿字難寫，簡筆為隆，因此叫做石隆門（黃儒嬪，1999a）。

7　1898年以前，當地金礦由三條溝公司開採，後又有大巴力、新順、石隆門等華人公司加入（黃儒嬪，1999b）。

百業昌盛（表2）。1970年代，砂拉越政府曾大力推動礦業復甦，[8]但總體而言，自太平洋戰爭爆發到1980年代中期，石隆門的採礦事業多為華人經營的小型金礦，大多數時間獲利有限、勉強維持（華僑志編纂委員會，1962：231）；戰前石隆門商號存續到1990年者僅新廣發、大通等幾間。

表2　1940年代石隆門店號及住家情況

商號	業種	商號	業種	商號	業種	商號	業種
仁壽堂	中藥店	張福源	雜貨	巫習常	點心	馬來店	茶店
青年	牙醫	振昌	中藥	福利	豬肉	溫祥	住家
振萬興	雜貨	僑安	茶店	茗珍	點心	光華	照相
新合興	車行	裕昌	金店	就安	中藥	荷賴仁	西藥房
杏春堂	中藥	新華	成衣	茂昌	雜貨	記長	彈球
斯民	牙科	大通	成衣	和民	理髮	馬來店	京菓
金泰	金店	耀記	京菓	德興	書店	聯德酒偓	酒店
振成興	雜貨	廣裕祥	住家	德源	住家	復興	豬肉店
增成	雜貨	裕安	金店	木合	雜貨	國民社	修車
懷安堂	中藥	錦豐	茶店	益成	京菓	官立從	住家、車房
永順	雜貨	兩順	雜貨	廣榮發	理髮	馬來店	京菓
全興	雜貨	盛安	車店	富和	白鐵	旺記	洗衣
永祥	住家	昆合	成衣	萬利	賭偓	瑞發興	車店
泰發	衣店	順豐	茶店	啟華	京菓、牙科	長源	住家
新廣發	糖菓	順隆	茶店	舊戲院	戲院	廣永昌	洗衣
安興	雜貨	廣泰祥	糖店	德合	住家四間	雙順戲院	影戲
興華	衣店	昌勝	雜貨	和發	京菓	雙順	出租九間
平民	中藥	源昌	住家	劉訪	京菓	廣興記	京菓
振昌	雜貨	大新	理髮	壽寧堂	中藥	合盛興	車店

資料來源：石白木，1990。本表按當時門牌號順序排列，略去原記載中的公安部警署。

8　當時政府採行的作法包括：一、落實大礦區、大資本、大力探測，以期全面發展。二、引進空中磁力感應測量等新科技探尋礦脈。三、吸引外資投資，發展本州各種礦業。四、透過礦業的發展，提供本地人就業的機會，防止鄉村青年外流（黃儒嬪，1999c）。

　　縱觀歷史發展，華人在礦業領域難與跨國資本競爭，並在布魯克政府的鼓勵下，不少客家人自 1880 年代開始投入胡椒、甘蜜與樹膠種植（周丹尼，1990：39-47）。20 世紀起，石隆門的經濟命脈也逐漸從「黃金」（礦產）轉向「綠金」（種植、觀光）。客家人先是積極開墾胡椒園，隨後又改種樹膠，並因韓戰膠價暴漲而斬獲鉅利，將資本投入工商業發展。砂拉越客籍實業家貝新民曾在自傳中提到：

　　當韓戰在 50 年代爆發後，很多河婆裔農戶，因這一輪的胡椒與橡膠等土產行情的飆漲，而賺得盆滿缽滿，不少晉連路一帶的椒農，決定改變跑道轉戰商途，紛紛帶著資金到古晉市區購置店屋，甘蜜街的老店也成了他們置業經商的首選目標。在這段期間入駐甘蜜街的河婆人，就包括了蔡渭亭和蔡漢雄等大家族，最初他們還是設立自己較為熟悉的土產與雜貨商行，由於原本就來自鄉區，在農村擁有很遼闊的人脈網絡，所以這些新崛起的河婆人土產商行，皆握有穩定的客源，在他們刻苦的經營下，很多商號的業績，猶勝於在此業界已奮戰了半個多世紀的潮汕屬老行尊（李振源，2020：72）。

　　惟此「戰爭財」榮景有限，1960、70 年代樹膠價格低迷，又經歷水災、胡椒腐根病及左翼武裝鬥爭的衝擊，石隆門居民的生計大受影響（李振源，2009：19-20）。不少客家人在胡椒、可可種植與養殖業間舉棋不定，也有人試過重新開礦，但皆成效不彰。1980 年代以來，不喜農耕的年輕世代大量出走，大片園坵也隨之荒蕪，只見小規模家戶糧食蔬菜種植。[9] 1990 年代，石隆門的 170 多間商店主要由客家人經營，

9　2022 年 8 月 5 日客家文史工作者楊謙俊（楊曜遠）訪談記錄。

除了當地華人及外來客，主要服務附近 55 個比達友聚落及 8 個馬來鄉村（黃如冰、江雲龍，1997）。1825 年開埠以來，石隆門客家人辛勤墾拓，曾走過繁榮興盛的年代，無奈戰爭無義、水火無情，幾度按下發展的重啟鍵。[10]

戰後英殖民時期，石隆門的文化教育、公路交通、水電供應及經濟建設緩慢，發展程度落後，官方的地方發展規劃多次在礦業與觀光之間搖擺，甚至一度提出遷鎮方案，百年客家小鎮幾乎難以存續（沙雨，1999）。不容忽視的是，如李榮陵（1986：94）的研究指出：「此時期的砂拉越鄉區多數居民是客家人。在每一個縣區，我們都可以發現到他們的踪跡，他們在第一省及第二省的鄉區佔了絕大的優勢。」石隆門客家人聚居，擁有得天獨厚的自然風光與歷史遺跡，除了外遷，當地民眾也試圖尋覓開礦種植之外的生計。事實上，馬來西亞聯邦成立後，為了尋找新的經濟動能，砂拉越政府曾數次鼓吹發展觀光，打算將內陸石隆門地區連同附近濱海的倫樂和三馬丹進行整體規劃，打造為旅遊勝地（黃儒嬪，1999a）。2014 年，時任砂拉越助理工業發展部兼社區發展部部長彼德・南祥（Datuk Peter Nansian Anak Ngusie）提出仿造中國原鄉，在石隆門建立圓形土樓以招攬遊客的計畫，他更專程帶團飛往中國廣東和福建實地考察，拜會揭西縣副縣長劉麗彬。他的願景包括：

1. 透過這項獨特的旅遊計畫，刺激石隆門的發展。

2. 與比達友族的典型建築「巴祿」互相輝映，帶動更多就業機會。

3. 更好地保存及發揚客家人的傳統文化、華人祖先從中國下南洋南來砂拉越的歷史、家居生活文化習俗等，以便讓後輩子孫瞭解並記得先輩

---

10 分別是 1857、1909、1941、1978 年的四次戰亂及大火，以及 1963 年的大水災。2022 年 8 月 2 日石隆門華工史跡文化遺產學會黃紹騰訪談記錄。

們創家立業的披荊斬棘艱苦歷程。

4. 中國任何客家城市可以和石隆門締結為姐妹城市，從而促進兩地之間的文化交流和經濟合作關係，彼此互利互惠。

5. 刺激砂州和石隆門的旅遊業發展，吸引更多國外遊客，賺取外匯，帶動經濟鏈發展（禮輝，2014）。

　　值得深思的是，經濟掛帥的發展方案及族群政策究竟對客家族群性的再現及內涵變化帶來哪些影響？首先，觀光發展固然有助於石隆門客家文化的傳揚，但不可否認的，引入若干非本地的客家元素，有可能混淆模糊了在地客家特色；其次，交通及配套規劃是發展旅遊經濟的重要前提，但到目前為止，石隆門的相關建設仍較薄弱，缺乏就業機會及工業基礎，不少青年仍選擇出外謀生，新生代留不下來客家文化也就不易薪傳；第三，根據 1998 年人口調查統計，石隆門有 37,606 位達雅人（比達友族），5,605 位華人，4,002 位馬來人，其他族群 80 人，當中華人絕大部分是客家人，又以河婆客家人為主。2009 年政府承認沙巴、砂拉越只要父母其中一方為原住民，子女就可申請土著身分享受特權，石隆門有不少混血家庭受惠。為了彰顯多元族群的特色，砂拉越政府專門打造了豬籠草雕塑作為石隆門地標，意喻當地三大民族攜手合作，共同為建設鄉里勞心勞力（沙雨，1999），足見石隆門各族不僅經濟方面相濡以沫，語言文化也是彼此交融，體現出客家新族群性包融與揉雜的一面。

　　《星洲日報》採訪華人與比達友混血的新生代黃俊仕，下了「分不出你我，才是砂拉越人的特色」的標題。偶然聽到比達友廣播，就像遇到同鄉說河婆客家話那般親切和令人興奮。他的經驗是「小時候到基督教堂，比達友當他是華人小孩，還用比達友話在他背後議論，好奇他會不會聽得懂；母親的『半桶水』客家話在華人新村裡也經常鬧笑話；長大工作以後，還有人總是好奇的問他中文為何說得那麼標準。只是這一

切並沒有讓他感覺自己被排擠，或感覺受傷。他倒覺得那是一種優勢，多懂一種語言，多瞭解一個文化，多一個優勢。」（鄧雁霞，2018）。

　　吳慧君（Ng Hui Koon，音譯）完成於1990年代中期的學位論文，簡要描繪了一個砂拉越客家家庭三代人的客家認同及文化感知。在砂拉越，客家人的文化認同依舊強烈，華人意識無可動搖。她所研究的家族成員間會依據主題及對話對象改變語言使用，但客家話仍是所有家族成員最方便自在的溝通語言，透過客家話，家人們得以更好地分享想法、觀點、意見，客語也是最能完整傳達感受的語言（Ng, 1995: 18-19, 45）。

　　半世紀以來，由於人口組成及社會生活形態的變化，不僅客家認同的呈現已不再局限於家庭及社團領域，影響族群性的因素也更為多元複雜。20世紀末，馬來西亞進入快速都化市時期，政府鼓勵工商業，不少石隆門客家人選擇棄農從商，年輕一代更是為了發展生計及子女教育移往古晉等大城市生活，他們也更願意學習華語、英語等高經濟效力、國際化的語言；加上宗教影響，傳統的客家婚喪風俗也隨之從簡且西化（蔡靜芬，2013）。民族融合與寰宇主義的另一面是傳統文化的快速流失。這不只出現在客家社群，或單單因為跨族通婚所造成，更是當代所有族群都得面對且難以逆轉的挑戰。

　　必須再次強調的是，教育及通婚打破了方言群的畛域，不同種族、籍貫間的融洽共處有和諧可取的一面，也可視為特定族群的質變或成份稀釋。在一篇頗具前瞻性的專題報導中，蔡羽跟葉勤問到：「新一代客家人在本質上與先輩又有什麼不同呢？他們對客家族群的認同感又有多少？」他們首先指出城市居民注重個人利益及本身的情趣享受，客家人以漸進的方式融入城市的主調，收入及財富提升的同時，也沾染了城市社會風氣。生活環境不同，許多客家人的傳統特徵出現大幅度的轉變，雖然他們身上客家標籤從未消失，而是被隱藏的很好。這個專題的主要

報導對象——來自石隆門的朱旺君認為：「這多少也反映了客家要隱藏身分以贏取他人認同的心理，但他相信，這種籍貫之間的代溝會隨著國際化的風向漸漸縮小，彼此也會懂得相互包容、欣賞和融合。」他們也因此預言：「客家人大部分傳統特色會慢慢消退，但華族特色卻會保留下來甚至更強烈，各個華族籍貫會出現一種整合，籍貫與籍貫間的界限淡化。」（蔡羽、葉勤，1998）。

姑且不論客家認同與華族認同之間是否註定此消彼長，不少到外地發展的客家人依舊難捨石隆門老家土地所象徵的客家情懷。人在異鄉就特別懷念故鄉，甚至覺得在外面吃到的客家菜，沒有老家的來得正宗好吃。在早年的東南亞社會，客家人的精神依靠及互助需求通常會在客家會館得到滿足，然而物換星移，不僅會館的功能大幅衰弱或被取代，絕大多數的馬來西亞客家人土生土長，雖是客裔，也講客家話、吃客家菜，卻早已認清自己的政治認同及情感連結不再指向祖先原鄉來處，而是養生終老之所在（溫麗娟，2002）。值得注意的是，石隆門組建客家社團的努力並不順利，年輕人也不感興趣，難以成為客家認同凝聚的中心：

> 這裡的客家人有河婆、惠來、惠州、也有嘉應州，但現在都講河婆客家話了，這裡的潮州人、福州人也是講客家話。但這裡沒有客家會館或河婆會館，雖然去古晉參加很麻煩不方便，但在本地參加會館，也要花錢花時間，變成這邊的人不太喜歡參加會館；有的則要工作，以前曾經有成立，但後來沒有辦法運作，不是一個完整的組織。總會在古晉，石隆門開設聯絡處或分支，但是做了一段時間就沒辦法，老一輩走掉後，年輕的一輩都沒有興趣，雖然他們基本上都會講客家話（2023 年 6 月 30 日石隆門邦曼查黃揚浪訪談記錄）。

　　上述戀地情結（topophilia）的轉移與客家人在移民過程中養成的憂患意識並不矛盾，不利的環境同時塑造出客家人適應力及奮鬥精神，在千禧年前後大馬盛行的「發展主義」（developmentalism）語境下，客家精神更被認為應符國家進步潮流之所需。[11] 時任馬國首相的馬哈迪（Mahathir bin Mohamad）甚至形容大馬客家人：「像『乳脂』，是一個內聚力強盛的個體，這不僅反映在他們擁有震動力和企業精神上，同時還在不同的專業領域包括政壇不凡的表現中呈現出來。」（不著撰人，1999）；但又言及「以前政府不允許舞獅活動，如今舞獅幾乎成為每一個節目的慶典活動。大馬更贏得世界舞獅冠軍。這是因為舞獅在我國很普及，全國各地都有。」（邱富泉，2002）由是，客家精神正如同舞獅文化，不再只是認同的投射，當權者也可視其所需加以權變性的接受、詮釋與運用。

　　過去幾年來，位處馬印邊界的石隆門深受疫情管制所苦，面對的不

11　出身古晉的客家籍砂拉越部長級政治人物葉金來曾向媒體提到：「由於不斷遷徙生出危機意識，使他們看事情別有角度，同時，客家山區必然得搏鬥險境，培訓出他們強韌不服輸，冒險進取，刻苦耐勞，無私的民族精神，在患難中表現樂於助人的胸襟。……客家人祖先長期置身惡劣環境中，所磨練出來刻苦耐勞，團結奮鬥及生活態度，是值得我們學習與發揚的傳統美德，這種精神有助於國家建設的大業上。」（不著撰人，1997）同為客家人現任馬來西亞國內貿易及消費人事務部副部長也表示：「客家人在各地落地生根，與當地居民融洽生活，這就是客家人精神。而客家的刻苦耐苦、克勤克儉、注重教育，都是經過非常嚴峻的環境，幾百年塑造起來。他稱，雖然今天客家的生活環境比較舒適，但是年輕一代，應該謹記著客家精神，以用在現實社會上。張健仁表示，客家人沒有特定屬於客家人的地區，不論從中國的北方到南方，甚至飄揚過海到南洋，沒有區域代表著客家人，這也代表世界都是客家人的家。」（不著撰人，2019）。

僅是人口外流與經濟不振，更包括衍生而來的非法開礦、毒品、賭博及走私等問題，在在威脅著這個純樸客家小鎮的發展。在不利的大環境下，當地客家文化的傳承仍努力維持，雖然現在學校沒有教客語，跨族通婚普遍也使得年輕一代接觸客語及客家文化的場合相對壓縮，但老一輩仍努力的把在地歷史及客家文化傳承兒孫，擁有客家血統（包括混血）年輕一輩也還知道自己是客家人，同樣講客家話、吃著擂茶、過天穿日、舞客家獅。

三、馬來西亞獅藝與客家族群性的再認識

在馬來西亞，舞獅不僅僅是民俗藝術或體育競技，更是華人族群符號及文化運動，惟其發展絕非一帆風順，而是隨著政治社會局勢有所起伏，終能克服萬難，發揚光大。〈醒獅出平陽：馬來西亞獅藝的復興與拓展〉一文對馬來西亞過去幾十年來的舞獅發展提出三項總結：其一、傳統舞獅的推廣與復興，不僅傳承了文化遺產，也將之涵化成馬來西亞華人的重要文化內涵與象徵；其二、改良獅藝文化與造型，創造性地轉化了舞獅的形象，提高專業度及大眾接受度；其三、豐富馬來西亞文化，推動舞獅運動的國際化（陳玉雯，2015：100）。

本章認為大馬舞獅的文化涵化及創造性轉化現象尤其值得研究，包括客家獅在內，舞獅不僅是華人文化或多元文化的表徵，更是族群性不斷發展的例證。

大馬獅藝發展表面上是華人文化傳承議題，實際上體現了更深層次的政治社會脈絡及族群關係動態，這也是形塑馬來西亞客家族群性新風貌的重要因素。

　　在政治社會脈絡方面，傳統上以節慶娛樂目的為主的舞獅[12]在大馬
出現浴火重生意義的「質變」，與華人等弱裔族群受到國家政策歧視直
接相關。1969年爆發513族群衝突事件後，馬國政府陸續推出以「減
少族群差距、達成社會平等」為名的「新經濟政策」、「國家文化政
策」，實際上卻走向種族主義與單元主義（陳玉雯，2015）。政客有時還
倒過頭來大言不慚地指謫少數族裔。馬來西亞現任首相安華‧依布拉欣
（Anwar bin Ibrahim），在文化、青年及體育部長任上曾大力提倡「單一
民族、單一文化」政策，更在國會答詢時表示：「十五華團的文化備忘
錄，一部分的建議只反映了單一種族的觀點，違反了國家文化政策的原
則。」（圖2）。

圖2　1983年創刊的《大馬新聞雜誌》以「國家文化大論戰」為題
資料來源：《大馬新聞雜誌》創刊號封面，作者收藏。

12　澳洲出版的《砂拉越及其人民》介紹華人舞獅時有以下說明：「獅子並非
　　中國本土原生動物，但在許多國家獅子都是權力的象徵。當佛教從印度傳
　　入中國後，獅子的象徵意涵也被帶入中國。當時人們相信獅子可以祛病，
　　現在華人喜歡表演舞獅只是為了娛樂，大多數人早已忘卻古老的信仰。」
　　（Anonymous, 1954: 83）。

　　事實上，自1970年代起，當局日益明顯的單元民族主義同化政策，對「非土著」文化及生活習慣施以各種壓抑與管制，特別是需要事先申請獲准，幾乎使舞獅一時間在公共場合絕跡。狹隘的種族主義氣焰熾盛，令包括華族在內的少數族群深感憂慮。華社的回應是訴諸華人大團結以保障公民權益，咸認為自由平等，珍視各族宗教、文化及生活方式既是普世價值也是基本人權。在經濟上，華基政黨及華人社團積極籌組合作社、控股公司；在文化上，提出《全國華團聯合宣言》、舉辦華人文化節及研討會皆屬明證，積極參與國家文化論戰（圖2）、捍衛華教、舞獅等文化公民權，可視為民族之間差異政治（politics of difference）的實踐（Young, 2017），但方言及祖籍文化的淡化亦是族群動員的後果之一。

　　1979年5月19日，馬來西亞內政部長卡札里沙菲益（Muhammad Ghazali bin Shafie）在一場演講中發表「舞獅並非一種能夠表現大馬精神的舞蹈，倘若舞獅要成為本土文化，應是一種由印度鼓或峇里島的爪哇管弦樂伴奏的老虎舞」的言論，將舞獅議題推向高度政治化。1982年10月1日內政部甚至下令全國各地警察停發准證給所有申請舞獅表演的個人或團體（俗稱《舞獅條例》），後來在華社強烈反對下，方於1983年解除。也是在同一年，雪隆龍獅聯合總會申辦「全國舞獅觀摩賽」及「東南亞舞獅觀摩賽」，內政部以舞獅屬於單一種族文化為由拒絕後者，前者的順利舉辦則成為舞獅大放異彩的突圍破口（邱富泉，2002）。

　　在馬來西亞，作為少數族裔的華人雖如同其他族群般被國民教育培養為馬來西亞公民，然而過度強調華人性、客家性的展現則未必為當局所喜。長時期的威權統治，土著特權及宗教極化的影響貫穿政治、經濟、文化與公共生活領域，單元文化霸權漸趨牢固，如何達致族群平等

與公民權利的保障，讓馬來西亞真正成為一個文化多元、族群和諧的國家，至今仍舊是一個不容迴避的議題。然而，不少馬來西亞華人的族群想像與族群性呈現，更集中在華人意識及華文教育之上；另由於通婚及跨國發展普遍，不同方言群的華人傳衍自身血緣與文化特質的堅持，如何與「族群醒覺」、「文化公民權」的追尋相結合，乃是重要關鍵。

在族群關係方面，1970、80 年代的馬來西亞，舞獅被視為近似華文教育的華人文化命根，也是反對黨的重要政治籌碼。舞獅熱潮一直持續到 1980 年代末，政黨、社團、公司、學校、神廟、健身協會或武術團體紛紛成立自己的獅團（圖 3）。當中，1986 年 8 月創辦的馬航獅團更被認為是各族參與舞獅的開路先鋒。

> ……獅隊當中，擊鼓的，敲鑼的，舞獅頭、擺獅尾的，卻包含了我國各不同膚色的同胞，有巫籍、印籍、錫克籍和華籍。他們忘了祖裔的區別，只一心一意，同心協力，在鼓與鑼的節奏，以協調的步伐，進行一個作業，朝向一個共同的目標而合作。這支醒獅團，是由馬航體育俱樂部的華人文化局成立的。馬航開了先河，在國內成立了這唯一的，由各民族組成的醒獅團（不著撰人，1988）。

但直到 1990 年代初，舞獅的限制才逐漸解除，先是開放華人新年期間舞獅舞龍十五天，後來只要不妨礙公共秩序、避開敏感地帶（伊斯蘭清真寺、馬來甘榜〔Kampung，馬來文村莊之意，泛指村鎮或社區，馬來甘榜意為馬來人聚居的社區〕附近等），舞獅基本自由化了，舞獅不只在華社大放異彩，也成為馬來西亞官民各族重大場合迎接貴賓的首要節目（安娜，1991；盧惠芬，1994）。

圖 3　古晉第三中學獅隊（1978）

資料來源：田英成教授提供。

　　1990 年代中期，大馬舞獅以其世界級水準在國際賽事屢獲佳績，馬國國內卻開始降溫，這與年輕人娛樂選擇多，參與舞獅的意願逐漸淡薄，隊員的流動性高脫不了關係；且由於主辦者、參與者及觀眾都在流失，舞獅開始出現青黃不接、甚至後繼無人的問題。[13] 識者不禁感嘆「過去政府嚴格管制大家趨之若鶩，現在不再管制反而興趣缺缺」的弔詭發展（許黎燕，1997；不著撰人，1997）。

　　與華族青年不願傳承獅藝形成鮮明對比的，是友族同胞的高度興趣

13　鍾建榮（2010）的報導指出，經營獅隊並不容易，一頭獅和鑼鼓鈸等器材，以及成員的膳食、交通等費用都相當高。舞獅衰退的原因除了缺乏經濟誘因、年輕人因吃不了苦、升學就業放棄練團，也來自家長對舞獅活動的負面印象。

及積極參與。雖然語言不通、文化不同，但自 1980 年代起，東、西馬皆已有不少馬來人、印度人、達雅人、比達友人、杜順人等非華族參與，打破獅隊成員清一色是黃炎子孫的局面，促進各族文化交流與和睦相處（陳春福，1997；邱曼珍，2009；詹亨敏，2017）。以 1960 年正式註冊成立的古晉和順國術社獅隊為例，1997 年時，該社 28 位團員中八成是土著同胞（不著撰人，1997）。當被問到非華族同胞參與舞獅的想法時，多數華人師傅及教練基本抱持開放態度。例如坤山神廟委員會主席兼瑞獅隊領隊官春裕就認為：

> 有很多人都問我讓土著參與瑞獅隊不會引起他人的不滿嗎？其實這
> 是一個很好的多元化交流。我國是多元化的國家，三大種族有各自
> 不同的文化和傳統，如果大家都自掃門前雪的話，那麼團結這個夢
> 是遙不可及，所以何不大方點，讓其他種族有機會瞭解我們華族的
> 文化呢？（蜚蜚，1997）

女性及混血兒的參與同樣豐富著舞獅的行列，證明舞獅不僅沒有種族血統的限制，也已不再是男生的專利（鄧亦惠、鄧映汐，2015）。常言道：「獅武合一」，舞獅與武術關係密切，過去被視為不入流、不讀書的華人子弟發洩精力的餘興活動。然而 1980 年代以來大馬社會的廣泛參與及接受，說明了舞獅已走出華人節慶及神廟活動的舞台，擺脫地方遊勇耀武逞能形象，成為一種寓娛樂於健身的競技活動。

千禧年以來，舞獅運動更為專業且國際化，馬來西亞的獅藝界人士功不可沒。他們不僅不斷精進技術、改良裝備及訓練體系，也積極追根溯源，透過賽事及國際交流提高舞獅的境界。舞獅跨越國族、文化、宗教，是一門匯聚道德教育、武術體育、表演創作及工藝製作的藝術，當

中最重要也是與本章研究最相關的，乃是獅藝價值體系的建立，連結華族文化傳統，賦予舞獅更深層次的意涵。此由〈沙坪獅藝呂派源流的門訓家規〉可見一斑，更有傳習者謂之為獅藝（lion art）的靈魂（顏智芬，2007）：

忠：尊師重道、同門相協（不欺師滅祖、孝忠之悌）
正：傳承道統、光宗門脈（不亂本溯源，正揚師譽）
毅：勤學苦練、心專無雜（不中途而廢、毅志練心）
勇：敢承得失、以勇破障（不畏失敗者、勇者無懼）
智：能容乃大、包涵忍讓（不自大為是，大智若愚）
誠：謙實研學、明心見性（不貪瞠痴狂、精誠所致）
和：彼善量宏、圓融相處（不背後傷人、和諧融洽）
禮：培養品修、崇尚武德（不藐視亂道、禮儀廉恥）

　　2007 年 7 月 6 日，馬來西亞文化、藝術及文物部長拿督斯里萊士雅丁（Rais Bin Yatim）宣布將高樁舞獅列入國家文化遺產，象徵舞獅從華族草根民藝昇華到各族共同參與的技競體育，並得到國家的高度認可。縱觀過去四十年來的發展，舞獅在大馬社會力迸發的年代成為各界爭論的課題，終能逆勢破局，屢創新猷，自是民俗文化積累與交融，更見證了馬來西亞威權轉型過程中，族群政治角力形塑出的「被發明的傳統」（invented tradition），既是族群性特出且顯眼的發展方向，亦可視為「新族群性」浮現的事例。進一步的，若將客家新族群性＝客家精神＋族群性的建構，那麼在回答什麼是客家新族群性之前，我們有必要先考慮什麼是族群性？以及什麼是客家精神？

　　由社會建構論的角度而言，族群性本質上是在共同的社會背景下，

不同文化群體之間互動的一種形式，強調一個群體自覺的自我認同在族群形成過程中的重要性，以及對族群忠誠選擇的社會文化背景。簡言之，族群性即建構包容某種特定族群特色的個人認同的過程中，不必然／全然放棄傳統中具有象徵性的要素（孫煒，2023：205-207）。對於大馬華人及客家人而言，族群性的變化絕非單向融入或線性弱化，而是程度及形態不一的揉雜與再造。即使在外部政策及族群環境的影響下，幫群意識的遁褪亦不等同於族群性（客家性）失去其重要性，而是不同的形態體現與持續。

　　由於個人選擇／表態、階級／信仰存在差異，客家精神並沒有單一固定的定義。傳統的看法將客家精神視為華人文化的精華或體現，相關論述通常宏觀廣泛——比如馬來西亞客家公會舉辦「第一屆客家文化節」時以大段文字陳明宗旨，卻將「客家精神」視為不證自明的存在（不著撰人，2004）。這就將我們引向客家精神反面論點，也就是從方言群比較的角度質疑客家何以不如人？例如《星洲日報》就曾有以下的提問：

　　　　為何客家人在工商方面，落後於其他的華人族群呢？是否客家人因歷史傳統上的因素只擅長於政治革命事業？客家人的歷史傳統上有實際創業經商的經驗和機會嗎？為何一般客家不熱衷於參與或願意創業經商？一般客家人是否缺少了創業經商的能力、條件和知識呢？是否欠缺創業經濟的文化環境因素或不利於創業經商的個人文化素質？這種創業經濟上的偏差是否可以加以改正、補救、和激勵呢？（不著撰人，2004）

劉崇漢（2002）在「中原源流論」的基礎上，考慮客家人不斷走向

世界，並受到族群互動及全球化的影響，主張在馬來西亞的社會現實中，整體的華人文化認同比客家文化認同更為重要。他進一步觀察到：「成功的客家人往往突出『華人』的特質而不僅是『客家人』的特質，進而領導整個華社。當然客家人的特質也並非沒有發揮長處的時候，客家鄉親的關係肯定是有利的因素。」也因此，客家精神是客家文化結構中的內核，可作為界定客家人之標準。劉崇漢認為客家精神基本上包括：一、堅韌不拔；二、自強不息；三、崇文重教；四、開拓創新；五、團結奮鬥；六、愛國愛鄉。

　　若此論述成立，則可進一步推論，客家新族群性絕非與既有客家文化、族群特質的斷裂，更非缺乏歷史根基的新生事物。在馬來西亞的語境下，客家新族群性時而隱蔽時而浮現。它既受到族群通婚、融合的影響，在應對不利政經環境時往往不敵「華人認同」的優位性；此外，人們的視野及詮釋很容易被客家／非客家二元對立思維所蒙蔽。我主張，**客家「新族群性」，主要是客家精神的自為追尋與重新詮釋。特別是新生代客家對自己身分源流認識摸索及相應產生的文化自信心，有別於從血緣、語言的原生性認定或想像。**在大馬獅藝中，客家獅是既小眾又獨特的存在，石隆門客家青年對於這項在砂拉越起起落落、在西馬不易得見民藝的自發性傳承與發揚，既是一種自身身分認同的醒覺與呈現，也很能說明馬來西亞客家新族性的具體內涵及發展趨勢。

四、吉祥如意客家獅隊的個案研究

　　劉巧豔（2023）將砂拉越的客家獅定位為「河婆客家獅」是恰當的。她對砂拉越客家獅有如下描述：「客家獅額頭上有個『王』字，代

表萬獸之王，亦有『獅王』之稱……其他派別的舞獅如遇到客家獅，都要向客家獅行禮跪拜，馬來西亞客家文化協會（砂拉越分會）極力弘揚客家精神，堅持秉持創會宗旨，傳承客家文化；並致力傳承客家獅文化。於 2020 年 1 月 5 日在商場舉行 71 頭客家金獅大匯演，並成功列入大馬記錄大全（Malaysian Book of Record, MBR）。然而，傳承並學習『客家獅』技藝的又以友族居多，華人子弟卻在少數。」[14]

　　筆者於去年（2023）赴石隆門進行田野調查前後，恰逢三立電視台「消失的國界」節目製作團隊於當地攝製「客家文化在大馬落地生根」專題，該專題亦以吉祥如意客家獅隊為報導對象，顯見其代表性（其他採訪另見附錄）。

　　當被問到為何投入客家獅？吉祥如意客家獅隊創辦人兼教練蔡勳富表示：「在 2013 年我們去看遊神沒有看到客家獅，因為客家獅是我們從小看到大的獅頭，那一年沒有看到客家獅，好像整個遊神少掉了什麼。」、「客家獅它是我們客家人的信仰，因為它是獅王，客家獅的精神就是它很威猛、勇敢，學習它的精神才能面對我們的生活。」、「我們去柔佛表演，就有一個老阿婆流著淚走過來跟我講，她已經 50 多年沒看到客家獅，剩下的人都不知道這（客家獅）是什麼東西，那時候我就覺得很安慰。」節目的影片搭配以下配白介紹當地客家獅藝：

---

14 推動客家獅入選大馬記錄大全的溫德新表示，客家獅在砂拉越曾盛極一時也一度面臨衰微，目前在西馬也不多見。他認為客家獅最大特點在於能夠除煞，早年有些師傅會在獅頭上懸掛一包銀針（另一種說法是在鬃鬚處綁上繡花針），表演後若發現銀針短少或消失即代表不潔邪穢已被鎮壓清除。他雖樂見更多的青少年參與推動客家獅，但也提到新生代獅隊經營模式及獅面紋飾設計與傳統已有明顯不同（2024 年 2 月 1 日馬來西亞客家文化協會古晉分會創會會長溫德新訪談記錄）。

1960、70 年代客家獅曾經風光一時，後來逐漸沒落，獅隊一一解散。客家獅在馬來西亞曾經走過黑暗期，直到當地的客家公會找到突破口，三公尺高客家獅頭被列入大馬記錄大全，創造記錄讓更多人認識。……年輕隊員披上獅頭，化身萬獸之王，這一刻，人獅合為一體，傳承之路充坎坷，但帶著獅王的勇敢精神，東馬的客家獅隊在逆境中，舞出屬於自己的榮耀。[15]

圖 4　早年石隆門遊神中的客家獅（1994）
資料來源：石隆門吉祥如意客家獅隊提供。

　　同樣具有獅藝背景的紫丰（2018b）將吉祥如意客家獅隊定位為「關於一群鄉村男孩熱愛客家文化故事。」紫丰曾傳授獅藝給團長劉俊

15　三立電視台，2023，徐少榛採訪撰稿、李文儀主持，2023 年 7 月 31 日首播「消失的國界」：https://www.youtube.com/watch?v=s3pmH5ztdTU 。

杰，後者是蔡勳富的表哥，連同他弟弟三人於 2014 年共同創辦了石隆門客家獅隊。劉俊杰從小時候經常參加石隆門和新堯灣的遊神活動，被一支來自石角（Batu Kawa）的獅隊所表演威風霸氣的客家獅深深吸引，後來又發現小時候他們喜愛的那一班客家獅（圖 4）師傅老成凋零，獅頭及鼓樂隨著成員四散，甚至被丟棄，更沒有年輕人願意去傳承獅藝，客家獅消失在遊神的行列當中也不足為怪了。不忍客家獅藝失傳，劉俊杰暗自許下長大後一定要成立屬於自己的客家獅團的願望。

　　為了圓夢，三兄弟的想法很單純：總之先做出一個客家獅頭（圖 5）再說。2014 年劉俊杰三人土法煉鋼，用竹製畚箕為骨架，加上泥土

圖 5　石隆門吉祥如意客家獅隊獅頭典藏
（中間為該團自行製作的第一個獅頭）
資料來源：作者 2023 年 6 月 30 日田野調查攝於石隆門吉祥如意客家獅隊第二獅館。

圖6　石隆門吉祥如意客家獅隊標誌

資料來源：石隆門吉祥如意客家獅隊提供，原件由該團熱情觀眾創作無償授權使用。

及報紙等，自製了第一頭客家獅之後，得到一些老闆贊助，開始置辦鑼鼓鈸等樂器，就去做了簡單的制服，甚至在獅團經費還沒有著落、團隊標誌（圖6）也還沒有的情況下，便開始召集石隆門左近的年輕人摸索客家獅的基本功，於次年走入客家村賀歲表演。所謂萬事起頭難，除了練團時曾被鄰居丟石頭，一些未曾目睹客家獅表演的村民也抱有懷疑，認為是小孩子好玩隨便創作的。但因網際網絡、YouTube、微博等平台流行，大家看到不只是石隆門，西馬、臺灣等地也一樣有客家獅，一些長輩慢慢才接受，這個客家獅不是後生天馬行空恣意創作的，而是先前砂拉越歷史上就已經有的客家文化。

　　有別於過去獅隊附屬於社團、學校或企業的情況，石隆門吉祥如意客家獅隊最令人稱道的是由青年人發起並自主營運，打出名號後廣獲各方邀請表演與合作。

　　必須指出的是，在若干長輩心目及記憶當中，客家獅有其固定的形象及內容。客家後生將一些新的想法融入獅頭製作、獅面紋飾及舞獅步伐的作法，並非人人都能夠欣賞。特別是對於哪些是不可變革的「客家獅」元素時有分歧，這不僅是審美及公眾接受度的問題，更事關文化傳承的理念。[16]

　　經過多年的發展與磨練，獅隊於 2019 年 4 月 29 日正式取得社團註冊（註冊名：*Persatuan Tarian Singa dan Naga Jee Xiang Ruyi Sarawak*）。學員不僅掌握客家獅及舞龍舞獅的技巧，也更瞭解中華民俗、客家文化。劉俊杰坦言：「發揚客家獅的道路並不好走，它是一項易學難精的體育運動，看容易、學容易，領悟則是超級難，想要將它舞出精髓，就必須經過一段漫長之路，通過研究及磨練，他日必有果。舞獅除了可以練出敏捷身手外，學員人生道路上，過程中也可以培養出良好的態度。」（紫丰，2018b）同時可知，客家獅不只傳承技藝，也是在進行某種客家精神及價值理念的推廣工作。

---

16 本研究在古晉、石隆門、新堯灣、倫樂等地的田野調查所悉，如同一般民眾，許多客家人無法區分客家獅套路細節及不同派別的差異，只當作客家民藝來欣賞，樂見有年輕人參與以延續客家文化。但對於不同世代及源流的獅隊師傅、教練、推廣者及傳承人而言，某些程序及細節則至關重要。是否背離傳統或正不正宗有可能引發爭議或造成不同獅隊之間的緊張關係。另一方面，強調規矩與秩序也是獅隊恪守的行規，新生代經營的獅隊更重視自媒體行銷及營利導向，也與老一輩將舞獅視為非營利民俗活動的看法有所扞格。

　　由於馬來西亞氣候炎熱，一般而言，獅隊指導學生社團會盡量選擇夜間時段，利用學校場地練習（圖7），獅隊義務指導社團活動、不收學費的作法也得到學校及校董會的肯定。有別於過去的負面刻板印象，現在獅隊多半分工清楚管理嚴明，並與學校才藝社團配合，執行點名、電話查訪、要求簽署出隊切結書等，有的獅隊甚至會向家長提供子弟的考評報告。參與獅隊的主要是中、小學生，家長的心態主要分為兩種，一是擔心小孩不顧家整天往外跑舞龍舞獅荒廢學業，但也不乏家長認為與其讓小孩在家玩手機浪費時間，不如交給獅隊幫忙管帶！

圖7　石隆門吉祥如意客家獅隊夜間指導華小舞獅社團

資料來源：作者 2023 年 6 月 30 日田野調查攝於石隆門中華公學（SJK Chung Hua Bau）。

　　石隆門吉祥如意客家獅隊行動有序，隊員活潑有禮且能互相幫忙。這是因為獅隊十分重視紀律與禮貌，出隊表演前都會製作賀卡（圖8）。就本研究的實地觀察，無論在石隆門、古晉還是倫樂，客家獅隊皆十分要求學員的禮儀禮貌，看到長輩一定要打招呼。蔡勳富表示，很多學生剛進獅隊時是很沒有禮貌的，家裡已經管不了他們了，變成要由獅隊來管，我們就威脅，如果你跟家人吵架或不聽話，下次就不用來練習了。他們想要跟大家一起出隊，所以回去就會乖乖聽話，不會跟家裡人吵架。因此家長起初可能反對，久了發現小孩有從獅隊學到東西且品格變好了，就會慢慢支持。

圖8　石隆門吉祥如意客家龍獅團賀年卡
資料來源：石隆門吉祥如意客家獅隊提供。

　　另由吉祥如意客家獅隊團員表格可知，獅隊還要求學員們遵守以下紀律：

1. 出隊期間團員的制服端莊，並守時（除了出隊，制服不被允許穿出街）。

2. 團員不被允許在沒有得到同意下和其他獅團出隊。

3. 自備交通的團員需多注意交通安全。

4. 出隊期間，團員必須服從領隊的指示。

5. 出隊期間，團員禁止攜帶香煙或任何危險物品（刀、槍等）。

6. 團員不許背叛獅兄妹們，團員之間應互相照顧（背叛者將受到處罰）。

7. 團員不准使用本團獅隊的名譽參加任何不是本獅隊安排的活動。

8. 出隊期間，團員需自行保護錢財或任何的貴重物品。

9. 除了出隊外，團員需參與練習活動。

10. 除了以上條規，若有嚴重錯誤或犯規者，將接受處罰或禁止參與團隊活動。

　　石隆門地區客家與原住民跨族通婚情況普遍，參與獅隊的學生有一半是土著，也有不少是混血兒，因此主要的教學語言是國語（馬來語）及華語，有時使用客語或彼此幫忙翻譯，其實學獅主要還是透過動作的揣摩，語言講授往往只是輔助。關於學習獅藝的辛苦，教練蔡勳富的觀察是：

　　有些華校小孩子的志願是長大後加入吉祥如意客家獅隊。舞龍我的要求會比較高，因為它危險性比較高，不小心的可能會害到你前面或後面的人跌倒，最嚴重會死掉，是很危險的事情。所以在練龍的時候我很嚴格。剛開始我們在群裡說要練龍，他們都會找理由，媽媽帶我出去玩、生病、腳痛……，有一段時間沒有人要練龍，剛開

始討厭，現在很喜歡，因為他們已經學會了，比較順手、好玩；舞獅比較累，又要包在裡面。龍的話要耍帥人家看得到是你。從難易度來分，練起來最簡單：客家獅、北獅、南獅、龍。表演龍的機會比較少，南獅、客家獅比較多，但練龍可以培養團隊精神。舞獅是兩個人，舞龍是十個人，龍有十節，划龍舟就要十個人；舞龍舞獅就是練習團結，看得到自己的錯誤，也進步很快，以後學什麼都會比較快、比較好（2023年6月29日吉祥如意客家龍獅隊創辦人兼教練蔡勳富訪談記錄）。

每年出隊的高峰期是農曆新年到元宵節期間，其他月份也會收到民眾入新宅、神廟節慶、商場開幕、與機關迎賓等邀請，也曾到機場、報社演出。根據筆者所掌握的近年出隊記錄表，每次視出隊的人數、地點及表演節目，獅隊會收到數十至一千多元令吉的紅包，通常是尾數8或88的吉祥數，已知的金額有60、168、238、288、388、400、488、528、588、776(688+88)、888、1288元，這些收入部分保留支付開銷及社團基金，也會依隊員參與及專業的程度提供若干津貼。至於客家獅演出的主要客群，除了廟會遊神，主要是客家公會慶典集會或有家宅祛煞保平安需求的民眾。隨著知名度的不斷提升，石隆門吉祥如意客家獅隊受邀表演或比賽的城市，一路從石隆門、古晉，到西馬的吉隆坡、柔佛等地，他們除了積極尋找師傅求教客家獅藝，也在各地開班授徒。

有意思的是，獅隊混血兒多，他們以多元文化的背景嘗試設計獅頭（圖9）。因有三分之二隊員信仰天主教，有時出隊前，教練也會帶領大家一起誦念禱詞：

　　　　　　　親愛的天父，

　　　　我們感謝祢，給我們這個表演的機會。

　　　　也感謝祢，給予我們傳承文化的機會。

　　求主保佑我們去回的路程，讓我們一路平安。

　　也求主賜給我們團員間可以互相合作和友愛的精神。

　　　　也求主保守我們。免於邪惡的攻擊。

　　　　我們這樣的求是靠主耶穌基督之名。

　　　　　　　阿們。

圖 9　石隆門吉祥如意客家龍獅團隊員客家獅頭設計手稿
資料來源：石隆門吉祥如意客家獅隊提供。

　　本章也訪問了幾位年輕的隊員（圖 10），請他們說明如何得知獅隊訊息？透過什麼管道加入？加入後最大的改變又是什麼？他們多半從網路或朋友處得知獅隊消息，也因為好玩有趣，有朋友參加引介而加入。參加獅隊後，因為嚴格的管理及訓練，他們普遍感到體力變好、身體變壯，做事也比較努力，並且有機會跟同儕隨隊出團表演，多見見世面、認識新朋友。訪談中，我們也可以得知石隆門的跨族通婚情況普遍，獅隊成員中有不少客家—原住民混血兒，在日常生活中，他們的語言能力及交友圈跨越不同種族，他們明白自己的種族血緣，並且自幼受到華人、客家節慶吸引，並透過參與獅隊傳承客家文化，由於年紀尚輕，他們多半尚未意識到或主動表達身分認同。

圖 10　石隆門吉祥如意客家獅隊教練及隊員
資料來源：作者 2023 年 6 月 30 日田野調查攝於石隆門吉祥如意客家獅隊第二獅館。

我叫劉家寶，今年 17 歲，2019 年進來的。我從小喜歡舞獅，每次外面遊神，又想要加入又不要加入，朋友帶我進來我就 OK 囉。我媽媽是伊班，爸爸是華人，這邊華人基本都是客家人。我會講華語、伊班、國語、比達友一點點啦。因為朋友也是比達友族多嘛，跟他們一起學。我跟我爸爸講中文，很少講客家話，都跟朋友講客家話自然就會了。我希望有更多不同種族的進來獅隊，覺得辛苦但是很有收獲。當中練龍是最累，因為要團結協作；出隊表演很有成就感。

我叫黃羽亮，我爸媽都是客家人。我很喜歡舞獅舞龍，剛好在 FB 看到，就自己找到這裡。當時我是問我表哥，他比較關注龍獅隊，他也是這個隊的。我加入的時候已經有疫情了，所以真正練習的時間比較少，去年才開始。我也是喜歡練龍，很有趣，還有出隊。

我叫陳元貴，我也是從小就喜歡看舞獅舞龍、遊神這些，在臉書上看，想要加入總找不到合適的機會。會選擇吉祥如意客家獅隊是因為比較紅，容易找到資料。我去年八月加入。

客家獅作為客家的精神信仰與文化象徵之一，青年的參與確實是可喜的現象。作為少數由青年人自行組創的客家獅隊之發起人，劉俊杰、蔡勳富最早的初衷更多只是想推廣舞獅文化（他們在創立自己的獅隊之前曾加入其他南獅隊，吉祥如意客家獅隊也不限於只舞客家獅）。除了馬來西亞華社眾多的廟會、節慶及商業活動，支撐獅隊發展的力量也來自客屬公會、客家文化協會、姓氏公會等社團。客家獅辨識度高，為各地客屬公會推廣客家文化之利器，筆者曾在古晉、美里多個客家社團親

眼見到客家獅的裝備及表演，一些未成立獅隊的客家社團，亦樂於支持鼓勵客家後生學習獅藝，邀請他們在社團活動時表演。

　　作為獅團的核心且身為客家人，劉、蔡兩人一方面覺得向客家人表演自己的客家獅是很榮幸的事情，另方面與他們的理念及發展方向相得益彰，可以因為客家社團的推廣獲得更多的表演機會與媒體曝光：

　　就只是舞獅文化，因為是舞獅，所以客家人、其他族群也都可以參與進來，慢慢的無形中，那些客家公會就會看到，他們就會一起找上我們，因為這是屬於客家人的文化，我們也會藉著這個機會，一起把客家獅或客家人的文化推廣出去。所以起初我們也沒有說特別為了客家人而做。最早的初衷就是推廣舞獅文化（2023 年 6 月 29 日吉祥如意客家獅隊創辦人兼團長劉俊杰訪談記錄）。

　　我們不想看到舞獅、客家獅不見掉，因為那時候已經消失一兩年了，不要給它斷，要把它傳下去。但是我們後面才發覺，一些老前輩都曾經舞過客家獅，只是他們沒有出來、沒有繼續了，所以每次我們談起這個他們就會來了，會說我以前、照舊喔……但是他們不願意出來，或可能有一些更傳統的步伐就忘記了，偶有這種狀況（2023 年 6 月 29 日吉祥如意客家獅隊創辦人兼教練蔡勳富訪談記錄）。

　　然如前所述，除了比賽之外，獅隊出隊表演皆是收費（紅包）的。雖然專業化的程度比不上西馬，收入不算太穩定，但吉祥如意客家獅隊還是經常受邀到石隆門以外的地方演出，對年輕的隊員而言，參加獅隊除了能赴外地表演，亦能得到肯定與津貼，「好玩又有錢領」為他們帶

圖 11　倫樂和順金獅隊黃楚海師傅（左二）將客家獅藝及獅頭製作傳承給後輩
資料來源：作者 2024 年 2 月 4 日田野調查攝於倫樂一陸發商號。

來動力、開拓見識；筆者田野調查期間就不止一次聽到教練鼓勵資深成員可以到古晉等大城市發展，那裡的機會更多、收入更好。就此而言，經濟動因與社團推廣表面上雖未直接強化客家認同，卻能與獅藝相結合，使青年更有意願參與、傳承客家文化。

　　或許如同黃楚海師傅所言，砂拉越客家獅從未沒落斷絕，只是一度走向封閉性的地方化發展，而被更大眾化的其他獅藝所超越，公眾聲量漸趨低落。但也因為如此，客家獅在砂拉越比在西馬地區更好地保存下來，黃師傅帶領倫樂和順金獅隊數十年的經驗中，即使在舞獅最受大馬政府政策打壓的年代，砂拉越的客家獅也不曾被停發准證、中斷出

獅（圖11）。[17]

另一方面，身為石隆門吉祥如意客家獅隊的主要負責人，劉仁杰與蔡勳富（圖12）都對友族學習、參與華人客家獅隊保持樂觀開明的態度，不認為會對中華文化、客家文化的傳承造成不利，體現出高度的自信與文化自豪。

圖12　劉仁杰與蔡勳富受訪神情

資料來源：作者2023年6月30日田野調查攝於石隆門吉祥如意客家獅隊第一獅館。

---

17 黃師傅也向筆者介紹，舞獅不僅與武術醫道、民俗信仰及文化工藝有所關聯，且獅隊一般也會兼有南獅、龍隊等，獅隊之間的競爭合作及師承關係錯綜複雜。就客家獅而言，砂拉越存在不同的派別但彼此多有關聯且相互拜師學藝。以黃師傅家學師承的南枝派為例，就可串連起古晉、美里、倫樂及石隆門之間的客家獅傳習（2024年2月3日砂拉越倫樂和順龍獅體育會師傅黃楚海訪談記錄）。

我本身覺得是沒有影響，最主要是大家都是喜歡舞獅這個文化。什麼種族都好，只要你有這個熱誠，一起把這個舞獅文化弄得愈高愈多人看到就好。所以不一定只是說華人來玩最好，大家都可以。當然他們喜歡我們的文化我覺得也是一個很榮幸的事情。最重要是有人參與，一個社團如果沒有人參與，再多這些什麼也是沒有用（2023 年 6 月 29 日吉祥如意客家獅隊創辦人兼團長劉俊杰訪談記錄）。

不會，沒有影響。因為其實他們來學，他們不會幫我們改東西，他是來學嘛！除非他當上教練的話可能就會有影響。土著上教練或者是上師傅這個位置，就可能會有爭議性。因為可能他不是華人嘛，可能會亂改……可是大致都是我們華人在教他們。我們教錯是我們的問題，他就是學而已嘛，為什麼會影響到呢？不會嘛！大致上不會有什麼問題（2023 年 6 月 29 日吉祥如意客家獅隊創辦人兼教練蔡勳富訪談記錄）。

五、結論與展望

　　身分認同即承認的政治，最重要的元素是自尊、自我實現與他人的承認。一個人是社會特定角色的佔有者、成為特定群體的成員，或聲稱具有某種特定特徵，並由這些面向界定自己的身分，便構成認同的核心（Burke and Stets, 2009: 3）。而一地特定時期的人口組成結構涵蓋了語言、教育及族群關係等影響身分認同的要素矩陣，被認為是掌握族群性變化的重要背景。《孫悟空的孩子：一個婆羅洲砂拉越客家華人家族

的故事，1850-1960》一書作者周發勝（Choo Fah Sen 音譯）就認為，
相比於早年接受華文教育、生活相對保守的古晉客家人，新代生客家青
年更容易接觸到達雅、比達友等土著民族，以及來自西馬及南加里曼丹
的移工、商旅、專業人士，他們成長在追逐時髦、流行音樂與新鮮事物
的國際化（cosmopolitan）環境下，族群性出現新的發展可謂自然而然
（Choo, 2021[2009]: 274）。

　　由石隆門吉祥如意客家獅隊的個案研究可知，砂拉越客家族群性絕
非一成不變，不同世代的差異，值得進一步探索。客家獅在馬來西亞的
存續與推廣，既面臨「邊緣中的邊緣」的弱裔文化傳承困境，也展現了
「你中有我，我中有你」的包容、創意與變通。在砂拉越石隆門，年輕
一代客家人擺脫了血統論及尋根想像的認同框限，在自覺保留傳承民藝
的同時，體現出更具文化自信及包容性的客家新族群性面貌。

　　本章的發現及研究心得，可總結為以下幾點：

　　第一，就業多元化及通婚情況打破了方言群之間的壁壘，不同種
族、籍貫間的融洽共處有其和諧可取的一面，卻也是包括客家在內，華
人方言群彼此融合或成份稀釋的原由之一。在就業方面，方言群高度參
與甚至壟斷特定行業的情況已不多見，個人職業選擇不再綁定於家族傳
承或地方親族勢力，逐漸走向以族裔企業家或從業者投身主流市場發
展；而某些行業則因資本集中或行業慣例使然，雖僅具象徵意義，卻仍
被公眾認知為族裔經濟。又如筆者在本書第三章指出，戰後砂拉越華人
經濟的方言群色彩並未完全消失，而是出現形態的變化，隨著經濟領域
方言群、族群界限的日益模糊，客家經濟也就難以清楚的界定。就此而
言，石隆門的客家人長期投入開礦及種植事業，隨著外來資本競爭及產
業專業化、國際化發展的現實，營生很難迴避其他族群參與，客家認同
與行業壟斷的綁定關係不再牢固，客家獅的經營與傳承亦復如此，差異

主要是將核心由資本替代為文化。在砂拉越，客家獅非正式營生，不像西馬已走向競技體育的職業化發展，但也出現許多混血及友族參與，豐富了客家文化與族群性的內容。另一方面，戰後砂拉越華人方言群之間普遍通婚，影響了其子女對於自身身分的認知，加之家庭及華人之間多以華語（或英語）取代客家話等母語溝通，部分新生代只知道自己有客家血統，卻不會講客家話，對客家文化也比較陌生。本章在石隆門地區的調查所悉，一些混血的客家新生代接觸客家話及客家文化的場域更多是同儕及社會活動（如舞客家獅），而非向家中長輩學習交流。

　　第二，與上述趨勢相關，客家新族群性的內涵，更多是客家精神的自為追尋與重新詮釋。特別是新生代客家對自己身分源流認識摸索及相應產生的文化自信心，有別於從血緣、語言的原生性認定。以本章研究的吉祥如意客家獅隊為例，他們投入客家獅的傳承與發揚，並非源自家庭或社團的直接影響；反倒是因為對華人舞獅、節慶文化感興趣並參與後，才意識到客家獅藝文化凋零的危機，進而自行摸索、追尋客家獅頭工藝及步法，初期還一度被質疑是自學自創的，不夠純正、不夠客家。後隨著演出經驗的增加及交流學習技藝逐漸成熟，客家社團也樂於邀請他們表演，更讓這群新生代所傳承的客家獅藝，獲得某種近似於「官方認證」的肯定，激活並具現其客家屬性。其身分認同建構的方式有別於過去原鄉攜來，由父傳子，自上而下的傳承，不僅更具開放性，也顯示新族群性既非橫空出世，也非從 A 到 B 的本質突變，而是以各種方式傳承並賦予客家人、客家精神更豐富的意涵。

　　第三，經濟邏輯究竟是增強或削弱了客家認同？就石隆門客家獅隊的案例及本章田野調查的觀察而言，經濟邏輯的效應是相當複雜且存在若干矛盾的。每當地方試圖發展觀光旅遊時，推廣客家文化、保存客家歷史遺跡的聲量大增，當地客家人也頗引以為豪，但是從文化自信的提

升到自我身分意識的覺醒，還需要透過更多語言、節慶、飲食等日常生活的傳習與實踐才能達成；就此而言，石隆門青年人口大量出外謀生，就不利於客家認同的在地生根；然而特別有意思的是，雖然舞獅在砂拉越很難當作正職來養家糊口，[18] 仍有像吉祥如意客家獅隊這班年輕人，試圖找回客家民藝傳統並將之發揚光大，隨著客家獅知名度的不斷提升，或許能成為生涯斜槓選擇之一，與其他營生乃至於與族裔經濟相結合。

第四，客家獅在大馬過去四十年來的發展，見證了馬來西亞威權轉型過程中，族群政治角力形塑下的「被發明的傳統」，也是「新族群性」浮現的典型事例。在戰後以來一段不算短的時期，客家人為適應都市化及現代化生活，刻意隱藏自身的客家身分與其他方言群相處，客家語言文化、傳統行業及生活習俗也隨之式微。再者為了對抗新經濟政策等偏差的種族政策，1970 年代起，華社訴諸以「大團結取代小團結」、「多說華語、少講方言」，客家認同似乎註定會融鑄到華人認同當中而失去存在感。然而，客家文化有其獨特的韌性及吸引力，持續傳承也日益被其他方言群及友族所接納。「河婆獅」到「客家獅」的演變，反映了客家人經濟地位及自身認同意識的提升，敢於表達爭取的同時也願意調整接納。猶如擂茶作為客家飲食的象徵海納百川、變化創新，大馬獅藝的發展體現了族群傳統文化無畏官方壓抑與邊緣化，在爭取文化公民權的

---

18 於 2024 年農曆春節期間帶領客家獅隊到外地巡迴訪問的客家籍獨中校董表示，舞獅所能募得的經費相當有限，學生畢業後也不可能以之為業，盛況不比從前，在砂拉越很多民眾只是象徵性的給些小額紅包，甚至只是飲料餅乾；另一位校董則認為帶領客家獅隊到各地募款更重要的意義在於聯絡鄉親，並讓後生有機會瞭解並接觸客家文化（2024 年 1 月 29 日砂拉越留台同學會總會長蕭特財、砂拉越留台同學會美里分會主席黃漢強訪談記錄）。

同時，也積極向外發展、吸納友族的參與，最終成為馬國多元文化的表徵。客家獅雖然僅是大馬獅藝的一個組成部分，卻也在此大潮下得到復興與發展。客家獅確有其區隔於南北獅的特色，成為客家新生代瞭解自身文化的管道之一，他們不再需要隱藏或只能疏離被動地接受自己的文化根源，而是以更有自信的方式去擁抱與傳承。包括石隆門吉祥如意客家獅隊內，對於友族同胞的學習、參與客家獅保持樂觀開明的態度，不認為會對客家文化的傳承造成任何不利的影響。

　　最後，必須注意的是，客家精神正如同舞獅文化，不再只是自我認同的主觀投射，也會隨著不同時期及環境有所變化；甚至政府或客家社團也會視其實際需要權變性的接受、詮釋與運用，這也是界定、詮釋客家新族群性時必須考慮的重要因素。此外，客家新族群性如何體現在不同社會階層、性別？地域之間是否存在明顯差異，也有賴更多個案研究積累與進一步探究。

參考文獻

Anonymous, 1954, *Sarawak and its People: A Book for Primary Schools*. Melbourne: Wilke.

Burke, Peter J. and Jan E. Stets. 2009. *Identity Theory*. New York: Oxford University Press.

Choo, Fah Sen, 2021[2009], *Children of The Monkey God: The Story of a Chinese Hakka Family in Sarawak, Borneo, 1850-1965*. Monee: Independently published.

Dundes, Alan 著，王曼利譯，2018，〈21 世紀的民俗學〉。收錄於李・哈林主編，《民俗學的宏大理論》，頁 3-46。上海：上海社會科學院出版社。

Michael, Novak, 1996, *Rise of the Unmeltable Ethnics: The New Political Force of the Seventies*. New York: Macmillan.

Ng, Hui Koon, Jenny, 1995, *Sarawak Chinese Society: A Family Case Study*. Singapore: Southeast Asian Studies Programme, National University of Singapore.

Yong, Kee Howe, 2013, *Hakkas of Sarawak: Sacrificial Gifts in Cold War Era Malaysia*. Toronto: University of Toronto Press.

Young, Iris M. 著，陳雅馨譯，2017，《正義與差異政治》。臺北：商周出版。

小林，1960，〈鄉人在石隆門縣的滄桑史〉。收錄於《砂勝越古晉大埔同鄉會四十週年紀念刊》，頁 121。古晉：大埔同鄉會。

不著撰人，1993，〈舞獅舞出新氣象〉。《國際時報》，1993 年 1 月 22 日，14 版。

_____，1993，〈舞獅增添新年歡樂氣氛〉。《國際時報》，1993 年 1 月 10 日。

_____，1994，〈葉金來：應全面系統研究 以便建立客家學將其文化介紹予世人〉。《國際時報》，1994 年，1 月 6 日。

_____，1997，〈古晉和順國術社友族舞獅突破傳統〉。《國際時報》，1997 年 1 月 26 日。

_____，1997，〈年輕人追求潮流缺乏興趣 獅隊嚴重青黃不接〉。《國際時報》，1997 年 1 月 22 日。

_____，1997，〈葉金來：刻苦耐勞團結奮鬥 客家精神有助國家建設〉。《國際時報》，1997 年 4 月 14 日。

_____，1999，〈首相形容客家人是「乳脂」〉。《星洲日報》，1999 年 11 月 6 日，17 版。

_____，2004，〈弘揚客家精神〉。《東方日報》，2004 年 10 月 31 日，SU2。

_____，2004，〈堅定樂觀積極精神征服逆境〉。《星洲日報》，2004 年 10 月 23 日，16 版。

_____，2019，〈張健仁：改朝換代帶動改革 客家人參與其中〉。《星洲日報》，2019 年 11 月 4 日，7 版。

_____，2024，〈蕭特財：沿門逐戶賀歲 廉中舞獅盼籌集百萬〉。《詩華日報》，2024 年 2 月 16 日，A6 版。

石白木，1990，〈半世紀前石隆門鎮概況〉。《國際時報》，1990 年 10 月 7 日，4 版。

田英成，2004，〈砂勞越客家人的拓殖及其社經發展的考察〉。收錄於《客家研究的探索》，頁 37-53。吉隆坡：馬來西亞客家公會聯合會。

_____，2005，〈廉律———一個砂拉越客家鄉鎮的社會變遷〉。收錄於林

金樹主編，《中華心 客家情：第一屆客家學術研討會論文集》，頁229-250。吉隆坡：馬來西亞客家學研討會。

_____，2006，〈砂拉越客家族群的政治參與初探〉。收錄於林金樹主編，《從「客人」到馬來西亞客家人：第二屆客家學術研討會論文集》，頁23-40。吉隆坡：馬來西亞客家學研討會。

安娜，1991〈舞獅的習俗與傳說〉。《國際周報》，1991年12月21日。

吳益婷、蔡曉玲，2017，〈後現代精神與文化符號：馬來西亞華裔青年的原鄉重構〉。《哲學與文化》44（5）：67-80。

李文欽，2013，〈舞動客家獅——代間學習與客家文化傳承之研究〉。國立屏東教育大學社會發展學系碩士論文。

李文鴻、呂思泓、王天翔、陸永亮，2021，〈民俗體育文化生成及社會功能闡釋——以梅州客家「五鬼弄金獅」和「席獅舞」為中心〉。《體育學研究》1：87-94。

李振源，2009，〈古晉市區的客家人〉。收錄於《東南亞在地客家研究工作坊：詩巫》，頁15-20。詩巫：砂拉越華族文化協會。

李振源編著，2020，《聚沙成塔——拿督斯里貝新民回憶錄》。古晉：德光貿易有限公司。

李榮陵著，黃國堅譯，1986，〈砂勝越的華人〉。收錄於《古晉中國商品進口商會慶祝十週年紀念特刊》，頁89-95。古晉：古晉中國商品進口商會。

沙雨，1999，〈石隆門鎮前景一片光明〉。《國際時報》，1999年10月27日，副刊。

周丹尼著，黃順柳譯，1990，《砂勝越鄉鎮華人先驅》。詩巫：砂勝越華族文化協會。

房漢佳，1998，〈砂拉越客家社會的歷史與現狀〉。《東南亞區域研究通

訊》6：116-140。

林承緯，2018，《臺灣民俗學的建構：行為傳承‧信仰傳承‧文化資產》。臺北：玉山社。

林開忠，2016，〈砂拉越新堯灣周邊客籍華人與達雅族的異族通婚家庭〉。《全球客家研究》6：45-77。

邱曼珍，2009，〈舞獅文化靠友族撐大旗〉。《詩華日報》，2009年2月9日，A15。

邱富泉，2002，〈一步一腳印，一路艱辛走來大馬舞獅揚眉吐氣〉。《星洲日報》，2002年4月21日。

孫煒，2023，〈客家社區推動都會環境保育的客家族群性：制度分析與發展架構〉。收錄於張翰璧、蔡芬芳主編，《客家研究與族群研究的對話》，頁197-237。臺北：巨流。

徐瑞鴻、蔡宗信，2015，〈臺灣傳統南獅與高椿南獅之發展及比較分析〉。《臺南大學體育學報》10：39-51。

張光亮，2009，〈六堆客家獅〉。《屏東文獻》13：134-166。

張茹嬌主編，2017，《飄洋過創新天：河婆人南來的故事》。吉隆坡：馬來西亞河婆基金會。

張勝煦，2006，〈客家河婆青獅—獅中之王〉。收錄於美里客家公會主編，《美里客家公會成立50周年紀念特刊》，頁255-257。美里：美里客家公會

張智、馬慶、譚璞璟，2020，〈身土不二、歸化於心——馬來西亞舞獅人獅藝文化認同研究〉。《體育科技》2：73-75。

張菁蓉，2022，《馬來西亞擂茶研究：從河婆飲食看客家認同》。吉隆坡：馬來西亞河婆基金會、新紀元大學學院。

梨水清，1996，〈沙巴麒麟的今昔〉。《談長論短》，頁 112-113。亞庇：
　　李瑞青。

莊可麗，2023，〈賴漢雲：擁有打煞功能 客家舞獅很「威水」〉。《新華
　　日報》，2023 年 2 月 7 日，B2。

許黎燕，1997，〈舞獅熱減退 城市人過寧靜年慶祝春節氣氛淡〉。《星洲
　　日報》，1997 年 2 月 12 日，3 版。

陳玉雯，2015，〈醒獅出平陽──馬來西亞獅藝的復興與拓展〉。《學
　　文》，8：78-101。

陳秀莉，2015，〈客家獅在六堆的傳承與發展〉。國立屏東科技大學客家
　　文化產業研究所碩士論文。

陳春福，1993，〈舞獅民俗技藝雜談：第二篇 南北一家親〉。《南洋商
　　報》，1993 年 1 月 26 日。

──────，1997，〈東馬獅藝研究訓練營側記〉。《南洋商報》，1997 年 2
　　月 13 日。

陳琮淵，2006，〈砂拉越華人資本發展探析──以福州與客家兩個族群
　　為中心〉。《淡江史學》17：295-320。

紫丰，2018a，〈客家獅的來源〉。《國際時報》，2018 年 9 月 13 日，
　　A12。

──────，2018b，〈後生仔學打獅舞出客家獅的精神〉。《國際時報》，
　　2018 年 9 月 14 日，A14。

華僑志編纂委員會，1962，《華僑志──北婆羅洲、婆羅乃、砂勞越》。
　　臺北：華僑志編纂委員會。

黃如冰、江雲龍，1997，〈相傳開發於 1820 年石隆門讓人聯想起金〉。
　　《星洲日報》，1997 年 10 月 5 日，12 版。

黃旭賢、李勝雄，2013，〈六堆客家獅現況──以後堆內埔國小為例〉。

《屏東教大體育》，16：325-335。

黃枝興，2016，〈六堆地區傳統體育——客家獅發展概況〉。《高應科大體育》，15：12-27。

黃欣隆，2023，〈犀鄉客獅：砂拉越古晉客家獅研究〉。拉曼大學中華研究院榮譽學士論文。

黃儒嬪，1999a，〈石隆門 Bau，非「臭」出名堂〉。《星洲日報》，1999年5月10日，頻道副刊情繫鄉土。

_____，1999b，〈採金故事非由專家發掘開始〉。《星洲日報》，1999年5月11日，頻道副刊情繫鄉土。

_____，1999c，〈金礦蘊量冠全州〉。《星洲日報》，1999年5月12日，頻道副刊情繫鄉土。

楊坤生，1989，〈舞獅側記〉。《吻龍福德公廟落成特刊》，頁82-83。

楊惠如，2009，〈臺灣客家獅之研究〉。國立中央大學客家社會文化研究所碩士論文。

楊曜遠，2013a，《客家人南遷砂拉越百年奮鬥史：晉漢省客家人開拓經歷》。古晉：砂拉越客家文化歷史編撰委員會。

_____，2013b，《砂拉越客家社團：晉漢省客家組織團體與活動》。古晉：砂拉越客家文化歷史編撰委員會。

_____，2014，《鐵血客家人：客家人開拓砂拉越》。古晉：砂拉越客家文化歷史編撰委員會。

溫麗娟，2002，〈奮鬥足跡滿天下 客家人逆境求生〉。《詩華日報》，2002年6月25日，B4。

葉泙穎，2020，〈舞獅之歷史淵源〉。《星洲日報》，2020年1月12日，周刊專題02版。

詹亨敏，2017，〈跨越種族藩籬非華裔學生愛舞獅〉。《星洲日報》，2017

年 1 月 25 日。

蜚蜚，1997，〈訪坤山瑞獅隊友族舞獅—很好文化交流〉。《國際時報》，1997 年 2 月 3 日。

劉巧豔，2023，〈古晉客家人的「落葉歸根」到「落地生根」〉。《探索者》13：63-68。

劉伯奎，1988，《十九世紀中葉砂勝越華人兩大公司》。新加坡：南洋學會。

_____，1990，《十九世紀砂勝越華工公司興亡史》。未著出版項。

劉崇漢，2002，〈從客家文化到全球文化〉。《南洋商報》，2002 年 4 月 28 日，6 版。

劉瑞超，2022，《沙巴客家的形成與發展》。臺北：巨流。

潘永華，1992，〈舞獅文化〉。《星洲日報》，1992 年 8 月 30 日。

蔡立強，2019，〈舞獅在海外華裔青少年群體中的傳播現象探究——以馬來西亞舞獅傳播為例〉。《體育科學研究》3：13-17。

蔡羽、葉勤，1998，〈砂拉越客家人走向城市〉。《國際時報》，1998 年 8 月 9 日，國際周報。

蔡靜芬，2013，《「舊」娘？「新」娘？：馬來西亞砂拉越州客家社群的婚姻儀式及女性》。桃園：國立中央大學出版中心／臺北：遠流出版公司。

鄧亦惠、鄧映汐，2015，〈非男生專利巾幗獅藝不讓鬚眉〉。《馬來西亞日報》，2015 年 3 月 5 日，5 版。

鄧光輝，1992，〈淺論獅隊的展望〉。《河婆之聲》13：24。

鄧雁霞，2018，〈砂拉越異族通婚〉。《星洲日報》，2018 年 9 月 16 日，周刊專題 04-05 版。

鄭燕玲，2018，《臺灣客家獅傳統之再造：以新竹芎林鄭家為例〉。國立

交通大學客家文化學院客家社會與文化學程碩士論文。

盧惠芬，1994，〈獅王〉。《星洲日報》，1994 年 2 月 14 日。

鍾建榮，2010，〈舞獅賀歲魅力不減〉。《新華日報》，2010 年 2 月 17
　　日，S6 版。

羅麗霞，2004，〈四度焚鎮三大水患石隆門劫後更旺〉。《星洲日報》，
　　2004 年 2 月 16 日。

附錄：客家獅王何以稱王 電台訪問

城市向前行《生活哪裡有問題》

【客家獅王何以稱王】

石隆門吉祥如意客家龍獅團—劉俊杰團長和蔡勛富教練，以及倫樂客家金獅隊—黃楚海師傅

主持 Bryan 益賓 & 德財

農曆新年雖然已經過去了，但是如果在元宵佳節當天，有到新堯灣參與他們一系列元宵慶典的朋友們，肯定對我們的客家獅王的文化表演留下很深刻的印象！我本身是客家人，但也是在這幾年才認識了客家獅，它無論是外型、呈獻的方式等等，都跟我們普遍上看到的瑞獅不太一樣。

作為客家人的我居然對客家獅都不太了解，更何況是其他籍貫的朋友！所以我想，不如今天的重點單元【生活哪裡有問題】，就把這一班傳承客家文化的熱血份子給請上來，讓他們來跟我們說說，客家獅王的來源和精神。

他們有來自石隆門吉祥如意客家龍獅團—劉俊杰團長和蔡勛富教練，以及倫樂客家金獅隊的黃楚海師傅，你們好……

1） 據說，我們客家獅是來自於中原文化，融合了南北舞獅的風格，形成屬於自身的特色！這個部分可不可以先聊聊，讓我們多一些了解？

2） 客家獅還有分青獅和黃獅是嗎？為何會分出兩種顏色？意義上，有什麼差別？

3） 還有，客家舞獅是先有武術，再有表演是嗎？**回：以前有，現在少了。**

4） 客家獅還有一個特別講究的就是—禮節！請問這些禮節有哪些？為何會那麼注重禮節？**回：1、會獅、2、拜獅爺、3、鼓樂、門。**

5） 客家獅文化是幾時來到砂拉越這裡的？什麼情況之下讓我們有了機會觀賞客家獅王？

6） 倫樂客家金獅隊在砂拉越的歷史比較悠久，想請教黃楚海師傅，當時是如何創立的？**回：30/40 開店過年過節、喜慶，60 年代接。**

7） 至於由劉俊杰團長創立的石隆門吉祥如意客家龍獅團，又是在什麼情況之下成立的呢？可不可以跟我們分享？**回：從小喜歡客家獅，和兄弟、表弟試做了一隻獅，開始。**

8） 目前，你們除了在農曆新年會受邀表演之外，平時還會有什麼演出呢？**回：接部長、新宅新屋、廟會、結婚。**

9） 黃師傅也是製作客家獅頭的師傅！黃師傅，客家獅頭的特色除了是它的額頭上的 " 王 " 字之外，其它的花紋主要是以 " 八仙 " 的主題畫出來的是嗎？為什麼？**回：八仙、八卦、驅邪去晦、保平安。**

10） 還有獅頭上 " 王 " 字兩旁的傳統畫彩的 " 乾坤袋 "，又蘊藏著什麼意思呢？**回：七星、抓妖。**

11） 在過去的半世紀，黃師傅親身教授的學生大約有 300 人。聽說以前授藝都要進行拜師儀式是嗎？現在還是這樣呢？**回：比較少。**

12） 客家獅王接下來通往更大的舞台的話，請問你們有什麼計劃？
黃：推動，希望更多活動上有更多獅王。

原件如下：

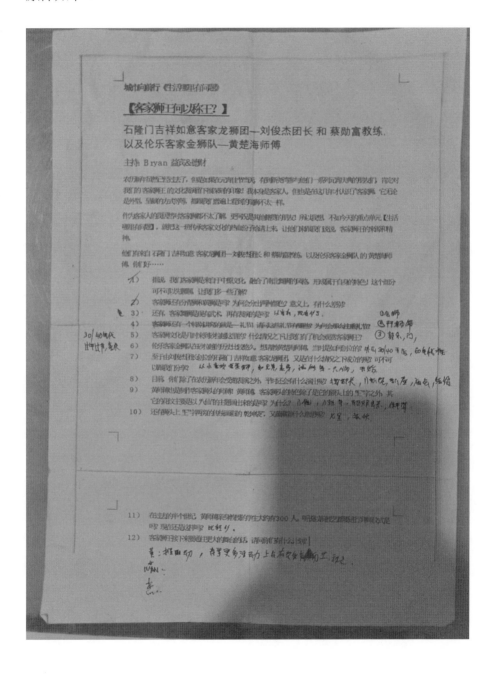

第八章

製作文化遺產──沙巴客家的族群性展現

劉瑞超

一、前言

　　過去十餘年來，臺灣學界對於東南亞的客家研究已累積相當豐富的研究成果，對於東南亞客家的社會組成、文化展現、認同現象等形質面貌均有相當的探討與認識。近年來所累積的東南亞客家研究成果，主要以討論新加坡與馬來西亞為多數，而在新馬的研究議題裡，族群認同以及族群關係向來是研究者的關懷重點（張翰璧、蕭新煌，2021：2）。也因為這樣的比較研究經驗發現，相較於臺灣的客家族群早已「去離散化」，成為具有「在地化」客家認同的「本土化」客家族群，東南亞的客家族群則因受到華人認同的覆蓋，以及馬來或印尼主流優勢族群的壓抑，客家族群認同乃退居或受限為對中國原鄉的歷史移民認同，無法提升成為「東南亞的客家人」（蕭新煌，2017：38）。雖然過去近半個世紀以來，客家社團的全球網絡愈形龐大，交流日益增加，但是對於在地客家的族群認同並未產生本質上的翻轉。因為，華人社團的跨國參與者主

要以華人企業家為主，客家青年的族群認同受到在地化的影響較多，透過家中長輩在語言、文化與傳統習得客家性，而非受到全球力量下跨國客家社團的影響，全球網絡中建立的客家網絡，並無法直接影響青年族群的客家文化習得和認同強度（同上引）。

　　即便客家社團的領導層面總是大聲呼籲對客家要有歸屬感，期望挑起照顧同屬鄉親福利的擔子，傳承客家語言及文化，但多數年輕世代客家子弟的態度基本上是冷淡的（劉瑞超，2022：70）。這現象不是只有客家才有，在沙巴許多華人同鄉會組織也同樣在面對，社團長輩們認為現在的華裔年輕人，對中華文化認識不深，尤其是就讀於國民學校的華裔子弟，由於學校的中華文化背景不強，很多華裔學生們對祖籍國的歷史及地理都模糊不清，往往對一些華人籍貫都分不清。希望中華文化在沙巴州繼續傳承下去，資深年長的華團領導人應培養更多年輕接班人（不著撰人，2019）。相較於與傳統客家社團組織連帶較強的企業家及老一輩客家，本文所要探討的便是，這些對於籍貫知識生疏，每每引起部分老輩的指責背棄華人文化傳統的年輕世代，他們是如何慢慢地建構以及呈現了怎樣不同於老輩的新認同。

　　族群性意味著展示族群認同、族群文化及認同的方式與依據。移民海外的客家，歷經落地生根的在地化過程，其所展示的可能是相較於舊世代的新認同、新文化，因此它也是一個相對的概念，透過不同移民世代所展現出來。過去的沙巴客家及其他籍貫華人，經常透過會館組織的參與展現其群體認同，在新世代的客家人對此種會館組織的參與越來越低、且有更多管道參與其他跨族裔社會團體。年輕世代客家人所展現出的地方性，及其中跨族群互動中所顯現的在地認同現象，與老一輩相較有所差異。但年輕世代並非完全與傳統客家組織無涉，而是有著參與及理解上的差異。即便有機會參與了全球或區域性的客家網絡，具有了跨

域的客家經驗，終究還是要回歸到日常生活的地方層次，在地社會的參與，以安置自我在沙巴、馬來西亞的身分與認同歸屬，亦即對地方的主觀情感依附（Cresswell, 2006: 15）。因此，本文將以年輕世代沙巴客家的社會參與出發，探討其族群性展現的方式如何不同於先輩。

近年來，馬來西亞華社興起了地方文史的風潮，亦即在地的華人對所生長的村落、城鎮、地方進行相關的歷史調查。這些華人認為，歷史教科書中關於華人歷史的內容越來越少，華社應該主動收集與再現資料，透過文物館、資料館、紀念館的設立，主動掌握歷史詮釋權，研究華人不僅是華人歷史而已，也是國家歷史。他們認為，有歷史的傳承，才有熱愛鄉土的情操，要培養年輕一代生於斯長於斯的地方情懷，先從認識地方上最熟悉的事物及人文故事開始，深化地方史的研究及史料的收集，有助於找回先輩拓荒奮鬥的精神面貌（如李成金，2022；周厚榮，2017；賴觀福，2016）。過去十幾年來，沙巴州也陸續出現了涉及地方史的相關中英文著作，有個人或家族的傳記，也有以聚落城鎮為範圍的地方發展史（如曾昭倫，2022；范曉諭，2009；林麗群、區達權，2008）。在這些著作中，我們可以看見作者如何將自我、家族、我群與現在所生存的土地空間進行了連結。這類的地方歷史書寫，凝聚出群體（史）的氛圍空間，使過去的經驗成為族群身分認定很重要的一種「認證」。地方性話語或在地論述（local discourse）就是在地人對地方事物詮釋而形成的一種普遍流行的解釋亦或觀點（魏月萍，2005：63）。

沙巴這類地方文史著作大多不是傳統華人社團的「業務」，而比較多是民間學者、文化工作者、NGO 等的產出。這類文本在論及殖民城鎮發展時，大多涉及店鋪、行業、產業、交通、教育、聚落發展史等面向。透過這樣的文本，可以看出華人在當地社會所扮演的角色，及與其他族群之間的關係，更重要的是論者如何將華人鑲嵌到地方的脈絡中。

因此，過去的經驗成了今天的文化遺產，也成為界定我群的標準。

　　循著發掘在地文史的風潮，我們也可以看見文化遺產的思潮也影響著沙巴，客家及華社又如何回應來自國家的政策及國際上的思潮？張翰璧等人在研究馬來半島仙四師爺信仰時指出，文化遺產的符號不但連結華人內部跨族群的凝聚力，也展現華人文化鑲嵌於馬來西亞文化的在地連結。仙四師爺宮申請非物質文化遺產的運動，在於凸顯華人整體對於馬來西亞在歷史、經濟和文化上的貢獻，華人文化成為馬來西亞文化象徵，是另一種文化融合的展現（張翰璧、白偉權、蔡芬芳，2021：99-100）。

二、跨族群沙巴漢[1]的建構起點──神山游擊隊

　　從 1882 年巴色差會帶領客家基督徒移民沙巴開始，直到 1941 年之

1　沙巴漢（Sabahan）在今日沙巴當地包括口語及報章媒體的華文、英文等語境中，常被用來概稱沙巴的各種族群，並強調各族群之間的和諧共存。例如：「沙巴是一個多元種族、文化並存的社會，隨著時代演變，各種文化元素於融合過程中已逐漸形成一個專屬沙巴漢（Sabahan）的本土特色文化。沙巴漢象徵了華人、馬來人、嘉達山、姆律、杜順、巴瑤和其他族群和睦、宗教和諧與文化融合。」（不著撰人，2014）值得注意是在當地華文語境裡，沙巴漢的「漢」指的是人，亦即沙巴人，而非指「漢人」、「漢族」的概念。事實上，沙巴乃至馬來西亞，甚至海外華人社會中，並無「漢人」的概念，而多以「唐人」、「華人」指稱華裔。沙巴長期處在馬來西亞的邊陲之地，無論經濟、教育、衛生、基礎建設都與西馬有很大落差，長久以往，政經邊陲的沙巴發展出了抵抗國族主義的地方主義。沙巴漢（Sabahan）一詞的出現，在某方面也意味著沙巴嘉達山（Kadazan）原住民族群的地

間，將近有七萬名中國移民來此定居，大部分都來自中國南方的廣東省和福建省，期間也有一小批北方人定居於沙巴西海岸。黃子堅（2021：38）認為對於沙巴許多人而言，選擇移居到這裡是因為中國的生活艱苦，而此地有許多謀生機會，許多人決定在沙巴落地生根，不回去中國了。1940年時有超過三分之二的沙巴華人出生地是在中國或香港，但許多人也與祖國斷絕往來。然而，中日戰爭的爆發與抗日的政治宣傳，許多人對中國的情感被重新點燃，進而提升了沙巴華人之間的中華民族意識（同上引：65），在日軍的監視下，沙巴的華人依舊組織了「海外華僑救華協會」、「中華救濟基金會」、「華僑中國救災委員會」等組織支持祖國抗日戰爭（陳冬和編，2009：30, 34, 173）。

1942年日本佔領北婆羅洲後，當地以客家為主的華人及原住民組成了「神山游擊隊」，在日治期間給予駐守北婆日軍很大打擊（黃子堅，2015：78；陳冬和編，2009）。1943年10月10日這支由華人領導結合其他島民、族群的游擊隊發起了「雙十起義」，攻擊了今日沙巴首府亞庇地區的日軍，但最終以失敗收場，並受到日軍慘烈的報復。組織游擊隊這件事在一開始時是華人的事，但他們意識到孤軍作戰是徒勞無功的，於是游擊隊擴大了其網絡，並讓包括島民、杜順、警察人員等其他種族的參與其中（黃子堅，2021：322）。被捕的游擊隊員最終於1944年1月為日軍所殺害。戰後1945年10月沙巴華社成立了殉難僑胞善後委員會，後改名為亞庇抗日烈士協會，並在1946年1月於游擊

方主義者，面對伊斯蘭化（Islamisation）與馬來化（Malaynisantion）政策壓力，為對抗馬來性（Malayness）而創造出的人群地域認同（吳佳翰，2023：8）。然，本文的討論不涉及憲法認定的沙巴土著身分及其相應法律權利義務，而聚焦沙巴社會上對於沙巴漢（Sabahan）的多族群共榮之想像為範疇。

隊被集體處決的必打士舉行殉難烈士追悼會。善後委員會為了讓這項紀念追悼成為永久性活動，建議殖民政府訂下每年 1 月 21 日為紀念日，且在該處豎碑，這個建議受到殖民政府同意。這個每年固定在烈士處決地點、埋骨處、紀念碑所在地舉行的追悼會，獲得英國及後來的馬來西亞政府持續參與，這點有助於加強沙巴人對神山游擊隊及亞庇起義的記憶，透過一年一度的追悼儀式以及官方的出席，神山游擊隊員已被提升到英雄的地位（同上引：286-287）。

　　沙巴在 1963 年與馬來亞、新加坡、砂拉越共組馬來西亞之後，這個紀念儀式成了沙巴州元首及首席部長都會出席的官方節目，但作為一個剛剛獨立的新國家，神山游擊隊的英雄們，顯然成為官方希望讓人們效法的對象，同時也要為國家統一的考量，團結各種族人民，為共同目標奮鬥（同上引：288）。戰後至今每年均由官方舉行的神山游擊隊公開紀念儀式至今不曾停止，這是全馬來西亞唯一的例子，神山游擊隊紀念碑也在 1997 年為沙巴州政府宣布列入沙巴州的文化遺產清單中。

圖 1　神山游擊隊紀念公園每年舉行官方追悼儀式

資料來源：詩華日報，https://news.seehua.com/post/244346。

關於神山游擊隊的事蹟論述中，始終有一個主要論述基調，除了追求自由抗爭以外，更重要的是游擊隊之多種族、跨族裔的組成背景。神山游擊隊紀念碑上刻著來自不同種族成員的名字，可說是向沙巴社會宣示著，即便在艱困的時刻，跨種族的合作依然存在。雖然游擊隊的成員以華人，尤其客家為主，但是其他族群的參與，使得這項由華人發起的行動，成為各族相互合作的典型範例，甚至在國家層面上都是一個跨種族團結的極佳案例，同時也被寫入官方的歷史教科書。黃子堅更進一步指出，游擊隊紀念碑是對沙巴人民所做犧牲的重要提醒，代表著華社為了捍衛他們移居的家園所做出的犧牲，同時也幫助華社維護本身對國家未來大事的發言權（同上引：293）。

沙巴人民起身對抗外來統治者的案例並非始於神山游擊隊，例如原住民各族群面對英屬北婆羅洲渣打公司的統治，雖然大致相安無事，但也並非總是順服，歷史上也曾發生幾起原住民對抗外來統治者的「起義事件」，例如原住民領袖馬沙烈（Mat Salleh）於 19 世紀末率領族人起身對抗渣打公司，終以失敗收場。Mat Salleh 紀念館於 1999 年在坦布南（Tambunan）地區當初馬沙烈被殺的地點落成，以紀念當地英雄在英國殖民時期挺身而出，領導族人反抗公司的統治。不過，類此案例主要是殖民初期原住民族的反抗，並沒有華人移民的參與，所以本文暫不處理此議題。

神山游擊隊多族群結合的特質，是其最重要的歷史遺產，因為這些人協助建立了這個州或國家（nation），這個被稱為家鄉（home）的土地（Wong, 2019: 206-207）。透過各種出版品對神山游擊隊歷史事件進行論述，與戰後每年固定至今的官方追悼儀式，報章媒體的報導，游擊隊起義的多元種族特質在後來的官方論述，甚至在教科書中都備受讚揚。筆者認為，這樣的敘事持續不斷強化人與土地連結，也成為跨越族

群凝聚成「沙巴漢」（Sabahan）的具體象徵。今天在沙巴，無論是網路或傳統報章媒體，甚至日常生活的口說言詞，「沙巴漢」都是用來指稱不分族裔的沙巴人。沙巴漢在意的是和居住地的連結，遠超過族群意識（吳佳翰，2023：109）。即便 1943 年起義之時，神山游擊隊舉起的是中華民國、英國、北婆羅洲旗幟（黃子堅，2021：324），但多種族合作保衛家園的精神，卻是一直被強調的。也因此，筆者認為這或可視為當代「沙巴漢」論述的原型，也是今天沙巴人共同繼承的文化遺產。

三、馬來西亞文化遺產發展

回顧馬來西亞順應世界文化遺產思潮推動相關文化遺產行動中，最受人矚目的當屬西馬的檳城與馬六甲之案例。馬來西亞是於 1988 年加入《保護世界文化和自然遺產公約》，成為締約國。但是作為一個多元族群的國家，馬來西亞國內哪些族群的文化、遺跡能夠獲得國家肯認，進而推動文化遺產工程，這就涉及到馬國的國家發展歷程及政治治理政策。早期的馬來至上的政策下，作為多元文化重要單元之一的華人及其文化一直是受到政策打壓的。李威宜（2019）指出華人在馬來亞獨立之後的公民權地位與爭取文化公民權的問題，有幾個重要的發展脈絡：首先是馬來人在 1957 年的獨立憲法中獲得特別地位、列伊斯蘭教為聯邦宗教、明定馬來文為國文；馬來西亞建國後的 1970 年代，官方通過一系列以族群身分來分配國家資源的種族固打制政策。其中《國家文化政策》對華人文化公民權的衝擊最大，包括以土著文化為核心、將伊斯蘭教視為國家文化的一個重要部分等。華人為了反抗《國家文化政策》的不公平待遇，集結民間許多重要的華團，於 1983 年在檳城召開華人

文化大會，通過《國家文化備忘錄》，並在喬治市舉辦首屆「華團文化節」，1993 年馬來西亞中華大會堂總會成立，第十屆才改為「全國華人文化節」，成為華人傳統民俗蓬勃發展的關鍵活動（同上引：101）。

　　聯合國教科文組織（UNESCO）於 2003 年公告《保護無形文化遺產公約》，可謂開啟全球性無形文化遺產的保護機制。林承緯（2015：60-61）指出，這份國際保護公約的問世，讓世界遺產的範疇擴及至「無形文化遺產」（Intangible Cultural Heritage），促使人類共有文化遺產的內涵更顯周延完整。聯合國教科文組織對於「無形文化遺產」概念，賦予如此的定義：「指被各社區、群體，有時是個人視為其文化遺產的各種社會實踐、觀念表述、表現形式、知識、技能及相關工具、實物、工藝品和文化場所。這種無形文化遺產世代相傳，在各社區、群體提供認同感和持續感，從而增強對文化多樣性和人類創造力的尊重。」這種制度性的文化保護機制從落實至無形、非物質文化層面，造就今日於亞洲各國如火如荼推動的相關保存工作。馬來西亞更是積極推動本國項目成為世界文化遺產，同時也打造屬於馬國自身的國家文化遺產。

　　不過，這涉及上述上世紀 80 年代國家文化運動發展的些許轉折。馬來西亞打造以馬來人為主的國家文化運動以後，隨即引發各地華社的抗議及團結，今天我們在馬來西亞可以看見眾多的華人社團，及其網絡組織的綿密，很大原因是在這樣的時代背景下打造出來的。但隨著馬來西亞國家的發展歷程推進，雖然馬來王朝在國家歷史和文化上仍有重要的位置，但現代化與工業化的發展需求，讓「馬來認同」出現些許轉向，馬來王朝的角色相對式微，同時官方提出了「2020 宏願」，希望能成為全面工業化的國家。全球化的進程也讓官方開始調整先前為了鞏固馬來優先的統治正當性之權威的遺產論述，馬來西亞的國家文化逐漸為其他非馬來族群提供了一些契機（林曼佳，2017：29-48）。

圖 2　海珠嶼五屬大伯公廟之修復獲得 UNESCO 文化遺產保護獎
資料來源：張翰璧提供。

　　馬來西亞著名的海峽殖民地檳城在 80 年代城市現代化與經濟發展的潮流中，也面臨了老舊街屋保存與否的拉鋸。都市化與工業化發展擴大了土地的徵用，使得喬治市那些老建築也成為開發目標之一，古蹟保存已經成為那個時代檳城的重要課題，並促成了檳城古蹟信託會（Penang Heritage Trust）於 1986 年成立，成功推動喬治市張弼士故居整修的古蹟保存案。該案後來更在 2000 年獲得了 UNESCO 亞太區文化遺產保護獎之卓越項目獎（UNESCO's Most Excellent Project in the Asia Pacific Heritage Awards），並在日後啟發不少文史工作者與文化團體對古蹟保存的重視，開啟了申遺之路。檳城得過此獎項的古蹟修復工程除

了張弼士故居（Blue Mansion）以外，尚有 2006 年檳榔嶼潮州會館的韓江家廟、2008 年檳城開埠者萊特上校（Francis Light）的故居瑟福屋（Suffolk House），直到 2021 年喬治市大伯公街（King Street）海珠嶼五屬大伯公廟的修復又獲得了 UNESCO 亞太區 2021 年度文化遺產保護獎之優異獎（Asia Pasific Awards for Cultural Heritage Conservation–Awards of Merit）（林仕粧，2022）。

　　除了上述這些個別古蹟的修復以外，馬來西亞的馬六甲與檳城喬治市經過長達十餘年的申遺努力，2008 年成功以「馬六甲海峽歷史城市：馬六甲與喬治市」之名登錄聯合國教科文組織（UNESCO）的「世界遺產名錄」（World Heritage List），成為馬來西亞首個世界文化遺產項目。

圖 3　檳城喬治市已成為 UNESCO 登錄世界文化遺產
資料來源：作者拍攝。

　　2018 年後，東南亞國家已全數簽署聯合國《保護無形文化遺產公約》，各國競相投入文化遺產的競爭場域，以展示自身的軟實力，同時爭取國際觀光客來訪。近年來，有學者提出「東南亞共享文化」（Shared Culture）的概念，認為東南亞區域中的國家，由於歷史、族群與宗教等因素長期交融，出現許多共享文化的元素，這些相似甚至相同的文化長久以來在各地實踐著；但進入當代，成為文化遺產後，共享文化的矛盾便隨之浮上檯面，因為各國都想在共享文化中脫穎而出，自認本國文化最具代表性，因此，如何在共享文化的底蘊下，同中求異，並透過文化遺產取得世界地位，就成為東南亞各國保護與發展文化遺產的重要動力（張雅梁，2020：53）。至今天為止，馬來西亞一共成功將四個文化遺產申列入 UNESCO 世界文化遺產名單中，除了「馬六甲海峽歷史城市：馬六甲和喬治市」以外，另三處皆是考古遺址、國家公園等自然遺產。東馬沙巴州的京那峇魯國家公園，又稱神山國家公園，便是其中四項馬來西亞世界文化遺產之一。

　　在馬來西亞負責有關申遺與遺產保存相關的工作是聯邦政府旗下的國家遺產局（Department of National Heritage）。申遺成功後的文化遺產，則交由遺產所在地的州政府和地方政府來管理。雖然聯邦政府制定了《國家遺產法》（National Heritage Act）優先於州制定的法令，國家遺產局對文化遺產區實施管理作業，依然要與執掌地方政策與規劃的州政府與地方政府進行溝通（林仕粧，2022）。不同地區的遺產管理方式得視各地獲自中央政府的資源分配與在地政府組織結構而定，也因此遺產管理在很大程度上受到政黨政治及資源分配的影響。

　　馬來西亞自身國家級的文化遺產也是根據《2005 年國家遺產法令》制定，由國家遺產局進行維護，遺產局又將文化遺產分為「物質文化遺產」和「非物質文化遺產」兩個種類，並且細分為「遺跡」（建築物、

考古遺址和自然遺跡）、「文物」（物質和非物質）和「人物」。但以現今成功登記的項目來看，無論是物質或非物質，被登錄的國家文化遺產中屬於華人文化範疇者，僅占相當少數。森美蘭州中華大會堂主席陳永明曾指出：

> 「國家文化遺產地位的肯定，對華社具有一定的精神意義及附加價值，加強華族的自豪感、自信心及凝聚力，對國家長遠發展也有著深遠的幫助。……我國還有許多值得被列為國家文化遺產的華族文化及藝術，至今仍未得到國家的認同，就算被列為國家文化遺產，也只是官方地位提高但待遇未有明顯改善。……華族文化及傳統被列為國家文化遺產的步伐，似乎太慢。」（不著撰人，2016）

李威宜（2019：88）也指出，華人的大旗鼓向來是馬來西亞華社的重要文化活動項目。傳統華社在入遺之後，便不斷積極遊說馬來西亞政府，應該要把大旗鼓列入馬來西亞國家文化古蹟清單。2012 年，大旗鼓活動終於獲中央政府列入國家文化遺產，相關華社也開始積極發展自身與該項文化遺產間的歷史論述。

華人文化傳統被納入國家文化遺產項目中與否，對於華社菁英與一般華裔國民而言，是否具有同樣的象徵意義，是未來研究值得探討的。但以下一節要討論的案例來看，與自身有關的歷史、文化被納入官方的文化遺產肯認清單中，確實有助於加強在地認同乃至國家認同。

客家自中國移民沙巴之時，正是 19 世紀末英屬北婆羅洲渣打公司殖民事業的開啟階段。一批批不同梯次的客家移民在渣打公司及巴色差會的安排下，由沙巴西海岸各處開始建立自我的社群聚落，並慢慢擴散各地，從事農業墾殖並逐漸發展自我的社會網絡，形成今日我們可見散

布在沙巴西海岸由北至南的古達、古打毛律、蘭腦、斗亞蘭、孟家達、
里卡士、下南南、亞庇、兵南邦、吧巴等；以及內陸省區的保佛、根地
咬等；東海岸的山打根、拿篤、古納、斗湖等，在各地形成了大小不一
的城鎮。有些發展於英殖民早期便開始形成市街，有些則在殖民中期逐
漸形成，這與客家及其他華人的移民時間及人口擴散、渣打公司拓墾政
策有關。

　　相較於檳城喬治市與馬六甲文化遺產的案例，沙巴的文化遺產尚未
發展出如馬來半島檳城之大規模的遺產化空間，西海岸、內陸區、東海
岸等區域的部分城鎮，僅存少數殖民時期興建的木造店鋪街屋，多數規
模也都不大。這類小城鎮，為鄰近的原住民族或馬來人小聚落、散村提
供了各種生活機能的滿足。雖然沙巴州各省區城鎮聚落存留或多或少殖
民時期的建築物、但並未如馬來半島的檳城、馬六甲等海峽殖民地般擁
有大規模的老城區，尤其在日本佔領北婆羅洲的二戰末期，主要的早期
城鎮如東岸山打根、西岸亞庇受到盟軍猛烈的空襲轟炸，多數戰前的聚
落、建物、設施均被摧毀，今天僅見少數案例。其餘老街區，主要是戰
後至獨立前重建的聚落樣態，但近年也快速的被新建案、開發計畫給拆
除了。老街區、老建物的快速消失，引起部分在地人的警覺，期望透
過保護文化遺產的角度，喚起社會大眾乃至政府部門重視沙巴的歷史
根基。

四、文化遺產製作——跨族群年輕世代的社會參與

　　本節以戰後沙巴新首府亞庇（殖民時期稱為哲斯頓，Jesselton；今
稱基納巴魯市，Kota Kinabalu；但華人慣稱此地為亞庇）地區的非政府

組織推動文化遺產行動為案例，探討這些由不同族群組成的年輕世代，如何在當地進行打造自我新原鄉的故事。

　　過去百餘年來，亞庇地區海岸線景觀變化相當大，殖民初期的商家及建物零散分布在升旗山山腳至海邊的狹長地帶。亞庇市區在二戰時期被炸成廢墟，戰前的建築物所剩無幾，與早年亞庇的發展史息息相關的建築物也隨著歲月的流逝而被淡忘，例如法官故居塵封與棄置於升旗山，偶爾出現在報章上的旅遊及歷史相關報導，才讓它與這座城市的人們重新連接起來（王麗萍，2016）。

圖4　20世紀初的亞庇聚落緊鄰海岸（右上圓圈處為艾京森鐘樓）
資料來源：https://storage.ning.com/topology/rest/1.0/file/get/2173928587?profile=original 。

　　經過歷年多次的填海造陸以後，亞庇市區海岸線不斷外推，海埔新生地裡新闢了多條道路，建設了許多商業區、政府單位、公共設施等，過去十幾年來，超大型的國際購物中心、超高層樓的高級住宅也以極快速度改變亞庇的地景，以迎合國際觀光客、投資客的到來。連有著成排

連棟老建築的著名老街區加雅街（Gaya Street），也不敵觀光浪潮及商業投資，原本服務在地人生活功能的商家如書店、雜貨店、中藥行、金鋪、金香鋪、藥房、印刷、傳統 Kopitiam（咖啡店）等等店家，在筆者初至沙巴的 2007 年至今快速的消失，改以背包客棧、大型連鎖「手信店」（特產、紀念品）、文青咖啡館等這些以服務外國遊客為主的服務業進駐了，老店僅存不多，但這裡還是外地遊客來到沙巴門戶亞庇必逛之地。

圖 5　亞庇市區四處可見新建的大樓、旅館及購物中心
資料來源：作者拍攝。

　　換句話說，沙巴的首府亞庇地區，在過去十幾年來的快速商業化、大量外資進入、大型購物商場、酒店、新市鎮商業區如雨後春筍般出現，新建設同時剷平、抹去了許多當地人記憶中的市鎮地景。2010年，亞庇市政府在沒有任何公眾諮詢的情況下突然批准了一項在殖民

初期建造的艾京森鐘樓（Atkinson Memorial Clock Tower）旁建造一座
16 層商業建築的計畫，開發集團的目標是艾京森鐘樓和鄰近的獨立廣
場（1963 年宣布馬來西亞獨立建國的場所）這一帶的土地開發計畫，
包括危及了緊鄰鐘樓具有歷史意義的澳洲廣場（Australian Place）。[2] 民
間傳聞這個巨大的商業購物中心酒店開發計畫，是住房和城鎮發展局
（SHTDA）與開發集團的合資企業，因此更懷疑其中的政商關係。

　　其實，馬來西亞檳州喬治市在 2008 年正式被 UNESCO 納入世界
文化遺產之時，申遺區域內也有數起超高大樓工程的興建計畫推動著，
但民間的 NGO 組織不斷在媒體上敦促檢討這些興建計畫的核准，甚至
引起世界文化遺產中心等 UNESCO 的相關單位關注，最後州政府成功
與發展計畫的業者協商，修改並降低大樓的設計（陳耀威，2017：183-
184）。沙巴艾京森鐘樓旁要興建超高層大樓這件事，引起了當地社會強
烈抗議。外國及外地遊客來到亞庇，無論是透過網路資訊取得，或者在
亞庇市區的沙巴州旅遊局（僅存殖民初期老建物之一的哲斯頓郵局原建
物）、投宿的背包客棧或大型酒店所看到的沙巴觀光摺頁中的旅遊導覽
資訊，一定都會提到艾京森鐘樓，尤其是西方國家的背包客，幾乎都會
走到離旅遊局不遠處的艾京森鐘樓看看、拍照留念。艾京森鐘樓也是當
地華人向外地來人介紹亞庇市景點時經常會推薦的古蹟點。也因此，鐘
樓一出現機械故障、沒有鐘聲、夜間投射燈光故障，就會有當地人反
映。顯見艾京森鐘樓在許多市民的心中具有代表殖民時代、哲斯頓時期
歷史象徵的地位，亞庇許多文青咖啡館掛置的懷舊老照片也幾乎都有鐘
樓的影像。

2　澳洲廣場（Australian Place）是為了紀念來自澳洲的士兵，澳軍在 1945 年
　　第二次世界大戰末期登陸亞庇（當時稱為哲斯頓 Jesselton）時在此紮營。

圖 6　艾京森鐘樓早期影像

資料來源：Heritage Sabah FB 。

　　為了拯救已有百餘年歷史用以紀念亞庇第一任行政長官艾京森的
鐘樓，使其免於被高層建築淹沒，許多民間力量聯合起來企圖阻止開
發案的批准。當地由跨族裔的沙巴人組成的沙巴建築與文化遺產協會
（Architectural and Cultural Heritage Society of Sabah）（下稱沙巴遺產協
會），便是在這種背景下成立，他們致力發掘並推廣屬於沙巴的文化遺
產，建構集體記憶。該協會成立的目的在於：[3]

3　https://heritagesabah.wordpress.com/missionstatement/（2022 年 5 月 26 日取用）。

1. 組織與沙巴建築和文化遺產有關的公眾意識活動和項目。
2. 促進沙巴建築和文化遺產的保存、修復和保護。
3. 倡導在沙巴實施的建築和文化遺產政策和指導方針。
4. 收集和研究有關建築和文化遺產的任何相關資訊，以供教育和參考使用。
5. 透過遺產重要性的評估來界定沙巴具有文化意義的地方，以進行保存和保護。

　　沙巴遺產協會的成員是跨族裔組成的，其中將近一半是華人，包括客家及其他籍貫華人，此外就是原住民族、華嘉族（Sino）等。學會認為「舊時代的建築物及其所處的地理環境，是我們文化遺產的骨幹，能促發我們對孩童時代美好的回憶，保存這些文化根源及遺產能夠提醒我們人類的文化價值。」

　　拯救艾京森鐘樓的行動持續多年，亞庇官方的處置與回應總是引起社會軒然大波。甚至有華裔州議員提出應該搬遷艾京森鐘樓，把土地讓給高樓層商業大樓興建計畫。對此，沙巴遺產協會的聯合創始人之一 Jefferi Chang 表示：

> 「民間團體一直向政府建議放棄高密度建築開發概念，將整個地塊轉變為低密度公園和休閒開發項目，這樣成本更低，可以做更多的事情讓公眾流連忘返，體驗城市旁邊的森林，而信號山山脈是亞庇市僅存的少數綠色地帶之一，為國際遊客所熟知，而艾京森紀念鐘樓則是世界上最好的 Instagram 景點之一。」[4]

4　https://www.theborneopost.com/2021/09/20/clock-tower-landscape-project-questioned/（2022 年 5 月 17 日取用）。

　　沙巴遺產協會更公開促請政府，在召開有關艾京森鐘樓的會議時，
應該邀請包括他們在內的各相關非政府組織（不著撰人，2010）。為了
集結更大的公民力量以對抗政府的不當開發，沙巴遺產協會對社會大眾
進行了倡議行動，合作撰寫艾京森鐘樓的介紹手冊，讓大眾更清楚鐘樓
的歷史，以及對當代沙巴人的意義；舉辦許多講座，宣導鐘樓遺產搶救
行動，更帶領市民前往鐘樓所在的小山丘進行宣示活動，形成社會議
題，對政府施加壓力。

圖 7　沙巴遺產協會四處舉辦講座喚起公民對文化遺產的意識
資料來源：Heritage Sabah FB。

　　艾京森鐘樓除了是少數僅存的殖民時代早期的建築物，更象徵著北
婆羅洲渣打公司治理沙巴，引進華人移民，逐漸形成現在多元族群社會
的基礎起點，其在歷史上、象徵上的重要性不可言喻，因為「我們有許
多歷史事件都是從這裡開始的」。

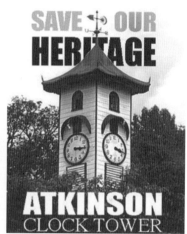

圖8　沙巴遺產協會帶領民眾前往艾京森鐘樓進行活動
資料來源：Heritage Sabah FB 。

　　出生於沙巴東海岸小鎮拿篤的客家政治人物楊德利，在1997年擔
任沙巴州首席部長期間，於州議會動議通過《沙巴文化遺產維護法令》
（Cultural Heritage Conservation Enactment 1997），正式立法保護沙巴境
內的19處文化遺產。這19處文化遺產包括了殖民時期建物、華人廟
宇、戰爭紀念碑、原住民文化遺跡、建國紀念、自然景觀等，也包括了
艾京森鐘樓。楊德利指出：

　　「身為沙巴人，我期待我們能創造沙巴人共同的身分。每個民族都
　　有共同的記憶，它形成了日常文化與特徵的基礎。不過，沙巴是個

新鄉土；目前作為一個主體的邊界，遲至 1881 年 8 月才出現。那一年，英國北婆羅公司從汶萊——也有些人說是蘇祿蘇丹——接管了沙巴的管理權。歷史不長，我們所擁有的文化遺產應該受到珍惜與愛護；否則，我們的文化蘊藏永遠無法積存。」（不著撰人，2017a）

這位客家裔的沙巴前首席部長在任內推動沙巴文化遺產時也察覺了，文化遺產的指定與保護，勢必與某些開發集團的利益產生衝突，他坦承：

「我的內閣不是很確定，未來的沙巴政府是否有能力拒絕這些商業誘惑；特別是，很多企業其實與吉隆坡的利益集團與政治人物關係密切。於是，我和我的內閣在 1997 年提出文化遺產維護法令（Cultural Heritage Conservation Enactment 1997）。」（同上引）

2018 年 2 月 23 日，艾京森鐘樓再度成為沙巴州文化遺產委員會（State Heritage Council）根據新頒布的《2017 年沙巴州文化遺產法》（State Heritage Enactment 2017）公布的 24 個州文化遺產地點之一，[5] 並於 2021 年再度未與市民溝通的情況下批准了艾京森鐘樓的景觀升級計畫。先前沙巴遺產協會已向法院提告市政府，但顯然這件文化遺產與官方主導的開發爭議暫時無法落幕。沙巴遺產協會目前也在研究《2020

---

5   2017 年版的州遺產法，廢除了 1997 年版遺產法案中有關撤銷遺產需經過州議會及州元首的同意的條文，而直接由部長做決定，進而引發議論（不著撰人，2017b）。

年亞庇地方計畫草案》，他們認為如果亞庇的文化遺產無法得到適當保護，將會持續反對該計畫。

圖9　沙巴遺產協會成員踏查二戰時期日軍留下的軍事坑道
資料來源：Heritage Sabah FB 。

　　除了持續十多年的搶救艾京森鐘樓文化遺產一案，面對沙巴各地逐漸消失的老建物、店鋪、記憶，沙巴遺產協會跨族裔的社團成員們抱持著「教科書不寫，我們自己寫（歷史）」的心態，想為年輕世代留下屬於自己的地方史與知識。過去的家屋、店屋、學校等建築，不同族群的特定文化項目，都可能被視為文化遺產化的標的。社團成員四處調查殖民時期包括建物、紀念碑、戰爭遺址等史蹟；紀錄華人及原住民族群的文化信仰儀式；紀錄即將消失的產業及老店舖（如中藥鋪、傳統茶餐廳），收集舊時生活器具；也進行舊路踏查，建立聚落及城市史；同時

舉辦市民講座，推廣地方知識，宣揚文化遺產的重要性，更督促亞庇市政府及沙巴博物院重視特定過去事物，希望予以遺產化保護。這些行動，促發了不少大眾市民的記憶。換句話說，這更是一個打造集體記憶的工程。透過相關調查、講座、出版，跨族裔人士經由共同經歷的過去、類同的經驗，而共享了「沙巴漢」的身分。

　　透過沙巴文化遺產協會成員的調查，陸續出版了 *Colonial Townships in Sabah: West Coast*（2012）及 *Keningau: Heritage and Legacy in the Interior Residency*（2016）等出版物。這些出版品內容均涉及到地方政治經濟發展、物質文化、不同族裔社群等面向，建構了在地史觀下的地方。文化遺產協會理事長 Richard Nelson Sokial 在與協會夥伴致力於搶救艾京森鐘樓的同時，也將調查多時的殖民時期西海岸城鎮的文化遺產成果集結為 *Colonial Townships in Sabah: West Coast* 專書出版，書中涵括了西海岸 12 個大小不一的城鎮的歷史圖片、發展論述、現存殖民時期的聚落與街屋的照片，以及極為詳細的建物立面、側面、細部設計等之測繪圖，這些城鎮中有不少當初是以華人開發聚居為主（Richard Nelson Sokial, 2012）。

　　「如果您是沙巴人並希望更多地瞭解家鄉的歷史，這本書 *Colonial Townships in Sabah: West Coast* 將是一本有趣的讀物……你可能會從舊照片中發現與你的家庭記憶連結也包含在本書中。……（這本書）對希望瞭解更多沙巴早期歷史的社會成員來說是一個有用的參考資料。只有瞭解我們的歷史，我們才能瞭解今天的現代社會。」[6]

6　https://heritagesabah.blogspot.com/（2022 年 5 月 17 日取用）。

　　Keningau: Heritage and Legacy in the Interior Residency 這本書主要針對內陸地區的城鎮根地咬為核心範圍，鉅細靡遺的收集了 19 世紀末英屬北婆羅洲渣打公司殖民初期西方白人與原住民的相遇、華人的移入與發展、二戰時期的經歷、英國海外領地、獨立建國等各階段，以各族群的故事及珍貴史料串起根地咬的歷史，同樣是沙巴文化遺產協會成員的作者 Abednigo Chow 說明了其寫作的初衷：

　　「由於歷史與社會的邊緣化，以及缺乏從當地角度撰寫的早期歷史紀錄，根地咬以及內陸省地區人民的貢獻消失於馬來西亞歷史之中……。」（Abednigo Chow, 2016: VII）

　　「我們不要忘記過去的傑出領袖，包括原住民領袖、華人甲必丹、富裕的商人……所發揮的作用及貢獻……（願本書內容的出版）使根地咬居民透過歷史紀錄，認識我們的真實身分，獲得屬於過去、現在、未來的尊嚴與自豪。」（Abednigo Chow, 2016: XIII）

　　吳益婷與蔡曉玲（2017）在分析當代馬來西亞華裔的「原鄉」想像與實踐現象時發現，移民到了第二或第三代的馬來西亞華裔年輕一輩，家國認同已經出現實質的改變，「原鄉」似乎不再是中國祖籍地，而是曾經形成於馬來西亞一個特定歷史時空中的「空間」或「場所」（同上引：77），這呼應了由年輕世代沙巴漢組成的沙巴遺產協會案例顯示，年輕世代的世界與原鄉想像，早已與傳統會館注重祖籍國原鄉的連結大異其趣了。由此案例可看出，對於族群認同的世代差異是存在的，老一輩強調原鄉地緣認同的傾向，在年輕世代中逐漸隱沒，且出現拉鋸現象。這在跨族裔的 NGO 社團部分很明顯呈現。地方性的出現，意味著

移民落地生根數代以後的新世代成員，在生活中展現出較之前世代更為
明顯的在地連結。

　　當某個地方被登錄為遺產時，它可以成為有助於集體與個體記憶的
一種文化工具，也可以成為政治資源（Smith, 2017: 24-25）。跨族裔成
員組成的沙巴遺產協會之行動，促發了許多大眾市民產生共鳴，發現彼
此擁有共同的生活記憶，在相同的空間裡共享。因此，這更是一個打造
集體記憶的工程。沙巴遺產協會在其臉書上經常分享會員在沙巴各地城
鎮拍攝老建物、翻拍老照片等資訊，同時也會以各類數位化的老照片製
成某城鎮的歷史短影片，為一些小城鎮寫自己的歷史。透過共同經驗，
凝聚了沙巴漢的認同。這恰恰顯示了，在地化是一個相互滲透與融合的
過程，在這個過程中，移民人群透過與新社會共享記憶、情感、經驗與
歷史，而被逐漸納入一個共同的文化生活（張翰璧、白偉權、蔡芬芳，
2021：110）。

　　換句話說，在推動遺產化行動中，地方的建構是一個很重要的面
向，其建構過程是很有機會展現相關認同的場域，透過檢視「地方」如
何被建構出來的過程中，我們可以看見沙巴客家人透過舉辦文化活動、
文史調查與著述、打造文化遺產等方式，對許多的歷史、事件、價值、
傳統文化進行地方性的創造，同時也凝聚了在地非華族群之參與。

五、文化遺產製作——客家菁英的想像

　　馬來西亞作為一個多族群的國家，對代表國家文化的非物質文化遺
產的關注與登錄，絕大多數屬非華人範疇，少數項目則來自當地華人的
文化實踐。例如由馬來西亞華人獨創的二十四節令鼓，流傳於許多華文

小學及獨立中學，已被登錄為馬來西亞國家遺產中的非物質文化遺產。馬來西亞也獨創有別於東南亞華人地區傳統舞獅的高樁舞獅，並成為馬國的非物質文化遺產，象徵華人文化為官方正式肯認的國家文化的範疇。

根據筆者的田野調查（劉瑞超，2022），沙巴還有另一種有別於沙巴遺產協會推動的文化遺產行動，亦即純粹由客家人推動的以客家麒麟申請馬來西亞國家非物質文化遺產的行動。因此本節聚焦在目前在中國已被登錄為國家級非物質文化遺產，但在馬國並未被列入非遺的舞麒麟，藉此探討在非遺風潮下的麒麟現象對沙巴客家的文化與認同產生了怎樣的作用。

圖10　馬來西亞的舞麒麟傳統（主要分布在東馬）
資料來源：斗湖客家公會提供。

　　舞麒麟主要流行於中國廣東的惠州、東莞、寶安等區域。而沙巴客家人中的多數亦移民自這些地區，因此也將此藝陣文化傳統帶來此地。在沙巴早期華人社會中，成立了各種地緣組織、教會、商會團體，同時也在各地紛紛成立所屬的華文學校，以供子弟就讀。學校運作的經費主要靠華社大眾或成功的商人捐輸，這種民間辦校的方式，辦學經費始終不穩定，麒麟文化便在此時與學校結合。各校為了籌募建校及教育經費紛紛組織起麒麟隊、麒麟團，在每年華人新年期間出團挨家挨戶向華人拜年賀歲，以為學校募集經費。換句話說，當時的麒麟團其實是學校組織的一部分。客家社群移民沙巴初期主要分布在鄉村地區以農業種植為主要生計，因此早期的麒麟團主要出現在鄉區華文學校、教會學校，以及部分的民間武館。如同前文提及，上世紀 70 至 80 年代，馬來西亞政府推動以馬來文化為主流的國家文化運動，舞龍、舞獅、舞麒麟這些傳統文化全面遭到禁止，華人文化面臨極大壓力。直到 1980 年代華人逐漸在政治上取得位置，這些華人傳統文化才被解禁。

　　有別於獅陣，馬國麒麟文化在過去主要流行於東馬來西亞沙巴州的客家社群中，隨著國家政策及當地社會的發展轉型，麒麟文化經歷了衰敗與復振，後更搭上了中國崛起以及非物質文化遺產的熱潮，在馬中兩國交流的框架下，麒麟被沙巴客家社群賦予新的意義。2000 年後，中國隨著全球遺產規範轉向非物質文化遺產的重視，開始在國內推動非遺體制，以及一系列保護文化遺產的系統工程。2003 年 UNESCO 無形文化遺產保護公約公布的隔年，中國立即加入該公約，以便在國際舞臺上展現其軟實力（洪伊君，2018：39-40）。

　　上世紀 80 年代因為華人為了對抗國家強力推動馬來優先的國家文化之壓制，各種華人社團組織甚至全國性的聯合社團也愈來愈多，華人其中也包括了沙巴各地的客家公會的成立，以及全州的客家公會聯合

會。華人傳統文化解禁得以公開展演後，舞龍舞獅等藝陣文化團體大量出現。沙巴客家麒麟也經歷了第一次的復振運動，客家會館紛紛成立麒麟團，然而不過十幾年光景，又衰退了，許多客家會館的麒麟團解散，後繼無人，老師傅凋零。直到進入新世紀時，中國掀起非遺風潮，不少廣東惠州、東莞地區的麒麟文化團體、技藝持有人被登入在中國的非遺名單中，這才又讓沙巴客家會館的麒麟團找到起死回生的方法，透過全球客家網絡向中國取經，雙方透過各種交流，讓沙巴將「傳統」、「正統」的客家舞麒麟重新學回來，並且企圖延伸推廣至馬來半島的客家會館乃至華人宮廟藝陣團體。

圖11　西馬客家會館的藝陣團體以醒獅為主

資料來源：作者拍攝。

在田野調查期間發現，沙巴客家人將舞麒麟視為客家文化的代表，亦即只有客家人在舞麒麟，但其實沙巴客家社團很清楚馬來半島上的客家會館藝陣團體幾乎都是以舞醒獅為主。華人藝陣文化在東西馬的客家社群存有差異，但沙巴麒麟團選擇以「西馬（客家）變了」來詮釋這現象。即便東西馬客家有所差異，這阻擋不了沙巴相關人士想將之打造成客家麒麟的企圖。[7] 2009 年成立於亞庇的沙巴龍麒獅總會，致力於推廣龍麒獅文化活動，沙巴龍麒獅總會會長本身是客家人，也是亞庇市政府的官員，同時是受英語源流教育系統的菁英，基本上不會說華語。沙巴龍麒獅總會成立後也與西馬的馬來西亞龍獅總會等組織合辦過多場舞獅錦標賽，並於 2015 年盛大舉辦了「沙巴世界客家麒麟觀摩大會」，邀請了中國、新加坡、菲律賓、香港等 9 支外國團隊，以及國內砂拉越州 1 支、沙巴州 37 支麒麟隊伍參與。沙巴龍麒獅總會在會場展示了本地師傅製作的馬國歷史上最大的麒麟頭，又舉行了規模甚大的麒麟遊街，將近 50 隊的麒麟，在亞庇市鬧區遊街，形成長長的麒麟陣，創下同場超過一百頭麒麟的盛況。這樣的安排為的是打破紀錄，讓兩者雙雙被記錄進《馬國紀錄大全》（*Malaysia Book of Records*）。

沙巴龍麒獅總會會長認為，沙巴麒麟似如同「南非犀牛」一般岌岌可危，必須加以搶救：

「重點不是發揚，而是要挽救幾百年的文化，因為麒麟代表客家人。麒麟是客家人的文化靈魂。希望未來成立世界客家麒麟聯合會之類的組織，用它來聯合推廣交流。否則違背客家先祖，文化失傳的失敗者，導致優秀文化無法長存。」（劉瑞超，2022：291）

7　其中也涉及了自中國原鄉延伸來的正統麒麟文化之權威性與話語權，馬來西亞各地客家誰能掌握或承繼正統的想像競爭性。

　　舉辦如此大型的客家麒麟觀摩盛會，在總會長眼裡只是吸引外界注
目焦點的起手式，用來累積沙巴麒麟、龍麒獅總會未來可能的社會及經
濟資本。設立全球性客家麒麟組織，為的就是要為全世界麒麟舞做一個
標準化的過程。因此在與香港龍獅麒麟貔貅總會的取經學習與合作過程
中，他們提出對麒麟舞比賽的評分標準，打算推廣到所有麒麟團隊上，
包括禮儀、服裝、道具、音樂、難度、型態、步法等項目。透過該次麒
麟觀摩大會將兩項麒麟紀錄登錄進《馬國紀錄大全》，他的目標是讓客
家麒麟成為馬國的非物質文化遺產，但他必須要先推廣麒麟活動使之在
馬國境內有一定的普遍性，此時他的參考對象便是舞獅。對比於馬來西
亞發明的高樁舞獅，引領東南亞地區舞獅競賽風潮的現象，總會長認為
是透過比賽評分標準化的成功，才能讓各個獅團有所依循，進一步又再
強化舞獅競賽的市場。

圖 12　來自各地的麒麟團學習標準化的舞麒麟知識
資料來源：作者拍攝。

　　沙巴龍麒獅總會要打造的客家麒麟其實是一個「客家品牌」的概念，麒麟將以文化商品化的方式變成「客家文化產業」中的一環。這個文化產業中除了客家美食、客家歌唱賽以外，將有麒麟比賽、麒麟產品、麒麟在生活上的應用。雖然客家麒麟近年已透過各類麒麟比賽跨海到馬來半島部分地區，但這個宏大的目標與願景，目前還無法判斷最後的達成程度。

　　在文化遺產思潮下，沙巴客家華人不只參與了地方性文化遺產的建構，也希望讓客家文化項目成為馬來西亞國家文化項目。部分中生代客家菁英希望將被其視為客家文化象徵的沙巴客家麒麟藝陣，推升到馬來西亞國家非物質文化遺產清單裡，在這過程中沙巴客家與中國官方及原鄉客家、有著複雜的關係。具有國家非物質文化遺產身分的文化項目，或許比較能夠迅速普遍並被大眾認可，例如二十四節令鼓、高樁舞獅（醒獅、南獅），這兩項都是馬來西亞華人所創造出來，不同於中國原鄉的型態，更突顯了其在地性，並且普及於全馬的華文中小學。此即當一項文化傳統成為「遺產」以後，可能出現了「泛溢」出地方社群的現象，成為各地隨時可看見的展演（洪伊君，2018：170）。在西馬較為少見客家麒麟舞，未來能否列入馬國非物質文化遺產的清單尚未可知，但近幾年出現東馬客家麒麟文化逐漸以特定活動或比賽的方式出現在西馬的吉隆坡外圍地區，以及南部的柔佛州新山地區，未來的發展值得關注。

六、結語

　　由以上的案例來看，遺產（Heritage）確實是一個「文化過程」（a

cultural process）或「文化生產的實踐」（practice of cultural production）
（Smith, 2014a）。換言之，無論物質或非物質文化遺產，它都不是一個
靜態的文化項目。遺產不只是關於「過去」，它的重要性更在於「當
代」，換句話說，它是對於特定過去的當代詮釋（Smith, 2014b）。所有
的文化遺產都具體展現了對於「過去」之意義內涵的持續性協商，它是
因應當代的需求而不斷進行的（Smith, 2017）。遺產也是一種意義的再
現，當特定事物被人們稱為遺產，從對它的價值論述到實踐方式，其所
表達的是人們和過去與未來的關係，這也表示遺產的意義總是由現在
（present）的視角出發，由觀看過去或未來而界定出來。換句話說，遺
產並非確實、客觀的反映過去，它通常是經過選擇、想像、重新組織，
進而使它能夠滿足於現代目的（Graham, Ashworth & Tunbridge, 2004:
1；轉引自林曼佳，2017：18）。

　　以神山游擊隊而言，多元族群組合成的游擊隊成員，除了對抗外來
統治者以外，或許抱持著那個時空之下各自的民族主義認同，這由神山
游擊隊起事時所舉的中華民國、大英帝國、北婆羅洲三面旗幟可以推測
出（黃子堅，2021：324）。但是戰後沙巴又經歷過英屬殖民地，再與新
加坡、馬來亞、砂拉越合組馬來西亞新國家等政治過程，逐漸形成今日
多元族群國家。當初多族裔背景的游擊隊，在此過程中被建構成沙巴漢
共同體的原型與起點，並透過列入文化遺產，持續在當代傳遞這樣的價
值理念。其中，叛徒與通敵者（黃子堅，2021：298-307），在這樣的英
雄敘事中是被選擇性忽略的。

　　文化遺產與文化、政治及認同也始終存在著持續性的複雜關係。
「製作文化遺產」（heritage-making）的概念揭示了，遺產一直處於動態
過程中，而不會有製作完成的一天，這個製作過程也始終與各層面的文
化政治鑲嵌在一起。無論是在地方、國家、跨國的層面中，都有各式各

樣的角色參與其中，例如國家機構、地方行動者、草根人民，或者國際組織與菁英。這些位處不同層次行動者的複雜組合，形成了遺產製作鏈（heritage-making chain），遺產於是被製作出來（Hui, Hsiao and Peycam, 2017: 1-2）。

　　客家麒麟申遺反映的是，麒麟文化在此過程中展現的超越聚落（走出特定聚落）、進入國家（1980 年代反抗政府打壓華人之下的麒麟文化第一波復甦浪潮），及跨國連結（2000 年後中國非物質文化遺產風潮帶來的沙巴麒麟第二波復甦浪潮）、最後成為族群象徵（透過追求麒麟傳統的真實性，將麒麟打造成專屬客家的、可商品化的麒麟藝陣文化），以及沙巴客家菁英希望透過這樣的客家文化建構行動中，成為馬來西亞客家麒麟文化的中心地位。為了推動麒麟可以被國家遺產登錄，菁英們開始追求想像中存在「客家麒麟」，並透過組織推廣「標準化」的客家麒麟，以使特定文化項目，跨越地方性的差異，成為客家與華人、馬來西亞國家共享的文化資產。如同馬六甲世界遺產存在著鞏固上層社會與政治菁英地位和價值的權威的遺產論述（authorized heritage discourse），使得地方上某些群體成為被排除或邊緣化的對象（林曼佳，2017）。沙巴客家菁英企圖打造客家麒麟成為馬國非遺，其實也是排除了馬國其他地區客家群體的傳統藝陣文化。但是，相較於馬國的舞獅並不標榜屬於特定華人籍貫或次群族，而是泛華人文化傳統，或許因為如此更能為各籍貫華人接受，更有利於普及，所以我們可以看見在沙巴其實也有很多客家人是參與在地的獅團。因此，將麒麟專屬於客家的作法，能否達到主事者希望麒麟能如舞獅般普及，並列入馬國非物質文化遺產名單，值得觀察。

　　相較於西馬半島檳城與馬六甲對於世界遺產的民間與政府單位的運作經驗，以及眾多 NGO 投入、公民意識的蓬勃，沙巴目前的文化遺產

運動尚屬於很初期的發軔階段，除了相關法令尚未完備以外，民間力量也尚未有規模集結，對於文化遺產保護的觀念還有待開發。這樣的理念、行動，目前較侷限在沙巴州的首府大亞庇地區。沙巴遺產協會的成員，雖把握機會四處調查、紀錄，但僅侷限於協會成員本身，保護文化遺產的行動尚未普遍於全州，包括西海岸北部、內陸省、東海岸等城鎮。究其原因，或與土地廣袤、城鄉發展不均、民間社團力量尚未形成連結也有一定關聯。

　　過去的沙巴客家及其他籍貫華人，經常透過會館組織的參與展現其群體認同，然而新世代的客家人對此種傳統會館組織的參與度有降低的趨勢，且他們有更多機會及管道參與其他跨族裔社會團體。但從本文所論及的沙巴文化遺產行動來看，沙巴客家所展現的族群性至少有「面向在地」、「面向國家」、「面向原鄉」三種面向。

　　「面向在地」者，以沙巴遺產協會為例，以連結共同記憶凝聚沙巴漢認同為其理想；「面向國家」者如打造客家麒麟傳統成為馬國國家文化遺產項目為目標，以及將神山游擊隊打造成沙巴漢，這些均呈現出移民數代落地生根以後的認同展現；「面向原鄉」者，則多屬於傳統客家會館的客家文化想像與全球客家跨域連結為主，包括在跨州的全國客家網絡、跨國的世界客屬網絡中，所展現出其對客家起源的追溯及客家歷史文化的想像與習得。

　　以上述面向在地、面向國家、面向原鄉三種族群性展現的類型來看，年輕世代客家人所展現出的地方性，及其中跨族群互動中所顯現的在地認同現象，與老一輩相較的確所差異。這個認同展現方式，相較於會館老一輩思想中面向原鄉的族群想像與連結，是很不同的。年輕世代的行動，除了是一種地方性的建構與展現，也是一種新的族群認同展現。但沙巴客家族群性展現的三面向毋寧也可說是三種類型，它們在參

與的成員與網絡、操作的方式上，並不能截然清楚切割。年輕客家除了
著重在地生活的參與，有更多跨族裔社群經驗，但回到馬國華人文化範
疇下，他們所能標榜的仍是客家屬性。

在馬國華人文化範疇下，當年輕世代客家華人需要展示自己與其他
籍貫華人的差異時，所能標榜的仍是客家屬性，而此客家屬性通常是取
自客家會館來源的文化知識，包括客家南遷歷史、沙巴華人（客家基督
徒）歷史、特定文化項目如客家飲食、麒麟藝陣文化。換句話說，年輕
世代沙巴客家的新族群性展現中，在沙巴漢認同之下，其實還有一層客
家認同存在著。只是，它比老一輩傳統客家會館成員的客家認同在成份
及比重上出現了差異。當在強調客家屬性時，就可能同時出現面向地方
與面向國家等不同類型族群性展現的相互作用。

首先，這是因為即便多數年輕世代參與會館事務比例越來越低，但
仍是有部分年輕人參與會館組織，並習得相關客家知識與論述。例如各
會館的青年團中，除了幹部以外，多數的青年團非核心成員縱使參與會
館本身活動程度不高，但在青年團推動的地方性、社區型活動，例如社
福工作、環保工作卻有著不低的參與度，而他們通常也參與其他跨族裔
社團的活動。由此來看可以發現，年輕世代沙巴客家的族群性形成與展
現，在不同脈絡（面向原鄉或面向在地）中，是無法清楚切割的，也常
具有多重屬性的。尤其，介於傳統會館邊緣的非核心成員，在參與此類
活動時，大多以地方事務、回饋地方為該行動進行定位。其次，三種類
型的族群性展現無法清楚切割的另一個例子是，面向國家的客家菁英希
望將客家麒麟打造成馬來西亞國家非物質文化遺產的行動，雖然其訴求
的是該文化項目可以被馬國官方所認可，進而將客家文化納入國家文化
清單，提升客家乃至華人在馬國的地位，但是在打造客家麒麟的過程
中，仍然不可避免的面向原鄉，向原鄉中國客家取經，學習傳統的麒麟

文化知識。因此，沙巴客家族群性展現的三種類型，無論是在參與成員與網絡、知識習得、與操作的方式上，並不能截然清楚切割，這是我們在觀察當代馬來西亞乃至東南亞客家認同與族群性展現多樣化時應該注意的。

參考文獻

Chow, Abednigo Yau Shung, 2016, *Keningau: Heritage and Legacy in the Interior Residency*. Sabah: Opus Publications Sdn. Bhd.

Cresswell, Tim 著，徐苔玲、王志弘譯，2006[2004]，《地方：記憶、想像與認同》。臺北：群學。

Hui, Yew-Foong, Hsin-Huang Michael Hsiao and Philippe Peycam, 2017, "Introduction: Finding the Grain of Heritage Politics." Pp. 1-14 in *Citizens, Civil Society and Heritage-Making in Asia*, edited by Hsin-Huang Michael Hsiao, Yew-Foong Hui, Philippe Peycam. Singapore: ISEAS.

Smith, Laurajane, 2014a, "Uses of Heritage". In *Encyclopedia of Global Archeology*, edited by Claire Smith. Springer.

_____, 2014b, "Heritage and Politics of Recognition and Misrecognition: Implications for Citizenship and Social Justice." Presentation at the International Conference on Citizens, Civil Society & the Cultural Politics of Heritage-Making in East and Southeast Asia, Taipei, Taiwan, 11-12 December.

_____, 2017, "Heritage, Identity and Power". Pp. 15-39 in *Citizens, Civil Society and Heritage-Making in Asia*, edited by Hsin-Huang Michael Hsiao, Yew-Foong Hui and Philippe Peycam. Singapore: ISEAS.

Sokial, Richard Nelson, 2012, *Colonial Townships in Sabah: West Coast*. Sabah: PAM Sabah Chapter.

Wong, Danny Tze-Ken, 2019, *One Crowded Moment of Glory: the Kinabalu Guerrillas and the 1943 Jesselton Uprising*. Kuala Lumpur: University of Malaya Press.

不著撰人，2010，〈沙巴遺產組織：召開艾京森鐘樓會議時應概括非政府組織〉。《詩華日報》2010 年 12 月 2 日。

_____，2014，〈各族文化融合生成 沙巴漢擁本土特色〉。《星洲網》2014 年 9 月 17 日。

_____，2016，〈華族文化列國家遺產太慢 陳永明：待遇也未明顯改善〉。《中國報》2016 年 10 月 01 日。

_____，2017a，〈楊德利非議新遺產法 指撤銷舊法內重要保護部份〉。《華僑日報》2017 年 5 月 7 日。

_____，2017b，〈抗議艾京生百年鐘樓面對威脅 沙團結聯盟青年團和平示威〉。《華僑日報》2017 年 5 月 7 日。

_____，2019，〈陳歷發指沙許多華裔年輕人對中華文化認識不深 往往分不清自己籍貫〉。《華僑日報》2019 年 12 月 31 日。

王麗萍，2016，〈被淡忘的歷史圖像〉。《星洲日報》2016 年 4 月 21 日。

李成金，2022，《呀吱百年：烏魯冷岳社區發展史略》。吉隆坡：林連玉基金。

李威宜，2019，〈檳城遺產行動的公民想像〉。《考古人類學刊》90：75-106。

吳佳翰，2023，《誰是"沙巴之子"？：Sino 與土著地位的距離》。Petaling Jaya：策略資訊研究中心。

吳益婷、蔡曉玲，2017，〈後現代精神與文化符號：馬來西亞華裔青年的原鄉重構〉。《哲學與文化》45（5）：67-80。

林仕粧，2022，〈大馬「檳城喬治市」〉。《聯合新聞網－轉角國際》，https://global.udn.com/global_vision/story/8664/6441298。

林承緯，2015，〈信仰可以保護嗎？「信仰」作為無形文化遺產申報與保護對象的檢討〉。《文化資產保存學刊》32：58-79。

林曼佳，2017，〈馬六甲的世界遺產論述研究〉。國立臺北藝術大學建築與文化資產研究所碩士論文。

林麗群、區達權，2008，《拿篤與華人》。沙巴：馬來西亞拿篤中華商會。

周厚榮，2017，《知知港開埠史料回憶錄》。Selangor: Kiong Chung Trading Co.。

洪伊君，2018，〈泛溢的遺產：安順地戲遺產化過程的跨地域連結與社群性〉。國立清華大學人類學研究所碩士論文。

范曉諭，2009，《漢哥漢嫂：養育之恩，永誌不忘》。Sabah: Opus Publications Sdn. Bhd.。

張雅梁，2020，〈東南亞的共享文化與無形文化遺產初探〉。《文化資產保存學刊》52：51-76。

張翰璧、白偉權、蔡芬芳，2021，〈信仰與族群關係：以馬來西亞仙四師爺信仰為例〉。《民俗曲藝》214：97-148。

張翰璧、蕭新煌，2021，〈總論：盤點臺灣客家研究的對外跨域比較〉。收錄於張翰璧、蕭新煌主編，《臺灣的海外客家研究》。高雄：巨流。

陳冬和編，2009，《北婆羅洲抗日神山游擊隊》。Kota Kinabalu: Opus Publications.。

陳耀威，2017，〈NGO 與世遺保存：以檳城喬治市為例〉。收錄於林寬裕主編，《「世界遺產保存與居民對話」國際研討會論文集》，頁175-186。新北：新北市立淡水古蹟博物館。

黃子堅，2015，〈基督教巴色會與沙巴的 130 年歷史〉。收錄於張德來主編，《沙巴的客家人故事》，頁 71-87。亞庇：沙巴神學院。

_____，2021，《神山游擊隊：1943 亞庇起義》。新竹：陽明交通大學

出版社／苗栗：客家委員會客家文化發展中心。

曾昭倫，2022，《親情：九江曾家記事》。Sabah: Opus Publications Sdn. Bhd.。

劉瑞超，2022，《沙巴客家的形成與發展》。高雄：巨流。

蕭新煌，2017，〈臺灣與東南亞客家認同的比較：延續、斷裂、重組與創新〉。收錄於蕭新煌主編，《臺灣與東南亞客家認同的比較：延續、斷裂、重組與創新》，頁 13-40。桃園：國立中央大學出版中心／臺北：遠流出版公司。

賴觀福，2016，《回首歷史往事》。吉隆坡：賴觀福。

魏月萍，2005，〈從「離心」到「主體」歷史意識的建構：獨立後馬華地方史初探〉。收錄於何國忠主編，《百年回眸：馬華社會與政治》，頁 63-79。吉隆坡：華社研究中心。